한국어로 내려온
New Bible

새로운
성 경

제25권

2부 | 총10부

하얀마음

하나님 말씀 중에서

1. 사랑의 하나님

- 세상을 창조하신 하나님은 모두를 사랑하신다. 인간만 특별히 더 사랑하지 않고, 우주 만물을 다 똑같이 사랑하신다. 그러니 하나님이 창조하신 천지 만물과 화친하고, 미물까지도 소중히 대하라.

- 하나님은 특정 종파나 민족만을 더 사랑하지 않으신다. 자기 자신만 구원받겠다는 욕심을 버리고, 자기 종파만 구원받는다는 편협한 교리에서 벗어나야 한다. 종파를 초월해서, 모두를 사랑하라.

- 원수까지 사랑하라 했으니, 이 세상에 사랑하지 못할 자가 누가 있겠는가? 종파가 다르다고 해서 부모 형제와 원수처럼 지내는 자는 인간의 근본을 모르는 자다. 가장 가까운 가족부터 사랑할 때 남도 진심으로 사랑할 수 있다.

- 한 사람을 원수같이 생각하던 마음에서 사랑하는 마음으로 돌리면, 자기 자신의 마음이 가장 기쁘고 행복하다. 하나님께서는 인간의 마음속에 무거움이 없이 기쁘고 행복한 삶을 살기를 바라신다.

- 이웃을 "내 몸처럼" 사랑하라 했으니, 마지막 한 장 남은 천국의 티켓도 이웃에게 양보하라. 자기 중심적인 신앙에서 벗어나서 남을 위해 살아야 한다.

- 독초도, 약초도, 이단도 사탄도 천사도 다 필요하기에 존재한다. 독초일지라도 극소량을 사용해서 생명을 살릴 수 있고, 약초라 하더라도 남용하면 생명을 잃을 수 있다.

- 세상 모든 것을 명약으로 활용하는 것은 인간의 지혜에 달렸다. 어떤 것이든 어떤 사람이든 적재적소에 꼭 필요한 명약으로 승화시키라.

- 사탄도 이단도 천사도 모두 하나님의 주관하에 존재한다. 진정한 하나님의 백성은 사탄과 마귀까지도 감화시켜서 천사로 거듭나게 한다.

2. 기도

- 하나님은 인간의 생각까지 모두를 다 알고 계신다. 우리의 소원도 이미 알고 계시기에, 소원의 기도를 할 필요가 없다. 우리가 받을 자격이 되면 내려 주신다.

- 죄를 짓고 아무리 회개를 해도 용서받지 못한다. 도둑질한 자는 용서해 달라고 기도하고, 도둑맞은 자는 도둑을 잡게 해 달라고 기도하면, 공의의 하나님은 누구의 편에 서시겠는가?

- 자기가 잘못한 것은 그 사람에게 직접 갚고 용서를 구하라. 그가 용서하면 하나님도 용서하신다. 땅에서 매면 하늘에서도 매이고, 땅에서 풀리면 하늘에서도 풀리는 이치다.

- "회당에서 기도하지 말고 골방에서 기도하라" 했다. 눈에 보이는 골방이 아니라, 골방과 같이 고요한 마음이다. 잡념을 버리고 하나님을 향해 마음을 집중하며, 사랑하고 용서하는 아름다운 생각만 나오도록 하라.

- "두드리면 열릴 것이다." 하는 것은 육의 소원을 위해 두드리라는 것이 아니라, 진리의 깨달음을 얻기 위해 두드리라는 것이다.

- 기도하는 방법: 생활 속에서 수시로 기도하는 삶을 살아야 한다.

- "저의 죄를 용서하여 주옵소서." 하는 회개의 기도를 하라.
- 범사에 "하나님! 감사합니다." 하라. 현재 가진 것에 감사하며, 과욕하지 말라. 자기 노력 이상의 것을 더 갖고자 기도하는 것은 도둑놈심보다. 공의의 하나님은 각자 노력한 만큼 주신다.
- "하나님 뜻대로 살아가겠나이다." 하며 마음의 각오를 다지라.

- 기도는 하나님의 말씀을 받아서 "행하는 것"이다. 하나님이 계심을 굳건히 믿고, 하늘을 향하여 한 점 부끄럼 없이 사는 삶 자체가 가장 위대한 기도이며, 삶이 곧 예배다.

3. 지도자

- 똑같이 사랑한다는 말을 해도, 순수하게 하는 말은 천사의 말이지만, 사기 쳐서 재산을 가로채려고 하는 말은 사탄의 말이다.

- 종교 지도자가 아무리 훌륭한 설교를 해도, 신도의 재물을 거둬서 더 큰 교회를 짓고 자기의 부귀영화를 바라며 설교하면 사탄의 가르침이 된다.

- ▪ "저희 교회는 만원사례요, 믿음은 다 같으니 이웃의 개척 교회에 가서 예배를 드리시오." 하며, 이웃 교회의 부흥을 먼저 생각하여 제 신도를 보내는 종교 지도자가 있다면 그를 따르라. 그가 하나님의 사랑을 실천하는 자다.

- ▪ "부자가 천국에 들어가는 것은 낙타가 바늘구멍을 통과하는 것보다 더 힘들다" 하였거늘, 지금의 교회에서는 부자가 되기만을 기도하고 소원하니, 이는 곧 천국을 포기하고 지옥 행 열차의 티켓을 사는 것과 같다.

- ▪ 예수는 빈손이었다. 종교 지도자가 예수보다 더 호화롭고 편안하게 살아간다면 잘못된 것이다. 부귀영화와 명예를 바라는 자는 절대로 갈 수 없는 좁고 협착한 길이 종교 지도자의 길이다.

- ▪ 종교 지도자는 유리로 비춰 봐 한 점의 부끄러움이 없이 살아야 한다. 의식주도 직접 일해서 해결하고, 예수의 가르침과 행함을 그대로 따라야 한다.

- ▪ 종말은 없다. 지금의 잘못 가는 종교 집단에게만 종말이 있다. 보이지 않는 하나님은 보이는 육의 종말은 관여하지 않으신다. 환경 파괴로 인간이 스스로 멸망을 자초하는 것이다. 종파끼리 싸우기 전에, 무너진 인성을 바로잡고 지구의 몸살을 해결하는 데 뜻을 모으는 게 급선무다.

4. 성전이란

- ▪ 이 세상 자체가 하나님께서 만드신 성전이다. 자연보다 더 아름다운 성전이 있는가? 보이는 건물이 성전이 아니라, 성스러운 마음가짐이 성전이다.

- ▪ 반석 위에 교회를 지으라 했다. 지상의 단단한 돌은 인간이 쪼갤 수 있으나, 마음속의 굳은 결의는 세상 무엇으로도 쪼갤 수 없다. 바르고 굳건한 믿음으로 성경의 가르침을 실천하는 것이 마음의 반석 위에 교회를 짓는 것이다.

- ▪ 손으로 지은 건물의 교회에 모여서 복음을 전하는 것이 아니라, 교회를 개인과 가정에 심어 주어야 한다. 무너지고 부서지는 건물을 짓지 말고, 마음속에 영원히 불변하는 참진리의 교회를 지으라.

5. 십계명

- 십계명은 인간이 죽어서 반드시 통과해야만 하는 열 개의 관문이다.

- 부모를 공경하지 아니한 자는 "네 부모를 공경하라." 하는 제5계명의 관문이 열리지 않으니 구원받을 수 없다.
- 살인, 간음, 거짓, 우상 등의 나머지 계명도 마찬가지다.

- 십계명은 하나님의 친필이다. 모기소리만 한 하나님의 음성이라도 들어 보겠다고 여기저기 찾아 헤매지 말고, 십계명부터 암송하고 지키라.

- 십계명은 영혼을 구원하는 양식이며, 십계명을 지키는 것이 구원을 받는 길이다. 인간이기에 지키고자 노력하고 또 노력한다면 지킬 수 있다.

- 십계명을 지키고 천사처럼 아름답게 살아가는 그 마음 하나면 세상에 이루어지지 않는 것이 없다.

6. 보물

- 하나님은 재물이 아니라 우리의 마음을 받으신다. 사랑을 실천하며 천사처럼 변하는 마음이 하나님께 바치는 보물이다.

- 보이지 않는 하나님께 재물을 바치려 하지 말고, 너희를 길러 준 부모에게 용돈 드리고, 찾아뵙고, 효성을 다하라. 그것이 하나님께 효도하는 것이다.

- 하늘에는 선과 악의 창고가 있다. 자기 창고에 선이 많으면 천국으로 구원을 받고, 악이 많으면 심판받아 지옥으로 간다. 그것이 바로 "선한 일을 행한 자는 생명의 부활로, 악한 일을 행한 자는 심판의 부활로" 나오는 것이다.

- "선악과를 따먹지 말라"는 것은 양심을 지키라는 것이다. 선과 악을 구분할 수 있는 양심을 최초에 인간에게 주셨다. 선한 열매는 취하고, 악한 열매는 버리며, 양심에 비추어 부끄럼 없는 삶을 살아가라.

- 가장 작은 거짓말을 하지 않고, 가장 작은 죄를 짓지 않으며, 가장 작은 선행을 하고, 가장 작은 악행을 멀리하는 것이 율법의 일점 일획도 빠뜨리지 말고 다 지키는 삶을 사는 것이다.

7. 우상

- 박물관에 있는 불상은 하나의 예술품이다. 그 조각품에 대고 제 소원을 빌 때 우상숭배가 된다. 십자가라 하여도 그 앞에서 소원을 빈다면 우상숭배하는 것이며, 하나님께 소원을 빈다면 하나님을 우상으로 전락시키는 것이다.

- 지금 기복신앙에 젖어 있는 모든 사람이 우상 앞에 절을 하고 있다. 조각품을 우상이라며 파괴하지 말고, 네 마음속에 있는 욕심의 우상을 무너트리라.

- 생수를 약초가 먹으면 약을 만들고 독사가 먹으면 독을 만든다. 같은 성경을 봐도 선한 지도자는 신도를 천사로 만드는 데 활용한다. 그러나 욕심이 가득한 지도자는 재물을 거두어들여 제가 부귀영화를 누리는 데 악용한다. 그가 바로 성경을 우상숭배의 도구로 전락시키는 거짓 선지자다.

- 성경을 한 획도 빼거나 더하지 말라는 것은, 그 가르침을 빠트리지 말고 온전히 지키라는 것이다. 성경 속에서 자기에게 유리한 구절만 보는 것은, 자기에게 불리한 구절들을 빼 버리는 것이다. 믿음이 제일이요, 행함은 구원과는 관계없다는 것은 자신에게 유리한 쪽으로 성경을 악용하는 것이다.

- 진정한 종교 지도자는 종파에 관계없이 어떤 종파든 어떤 책이든 접하고 보고 깨우쳐 견문을 넓히도록 인도한다. 참진리를 모르고 자신이 없는 자가 남을 이단이라며 배척하고, 신도들의 눈과 귀를 가린다.

8. 예수

- 예수의 재림은 없다. 예수가 다시 온다 해도, 과연 누가 그를 예수라고 믿겠는가? 예수와 같은 삶의 행함이 곧 예수의 재림이다. 각자 모두가 "재림 예수"가 되는, 차원 높은 믿음으로 가야 한다.

- 예수는 "주여 주여 하지 말고, 아버지의 뜻대로 행하라"고 했다. 예수가 전한 하나님의 뜻이 곧 "길이요, 진리요, 생명"이며, 그 가르침이 예수의 보혈처럼 소중한 것이다. 예수를 믿는 것은, 예수의 가르침을 믿고 따르는 것이다.

- 예수는 낮은 자로서 만백성을 섬기고자 했다. 만나는 모든 사람을 다 하나님이라 생각하라. 돈을 벌수록 겸손하고, 높은 지위를 얻을수록 낮아지라.

▪ 예수는 종파를 만들지 않았다. 인간이 만든 종교와 인간의 교리를 따르지 말고, 예수를 통해 전한 하나님의 참진리를 연구하고 따르라.

▪ 예수가 2천 년 전에 만백성을 위해 죽었으니, 지금 이 땅에는 예수의 가르침대로 사는 천사만 존재해야 한다. 예수가 죽어 가면서 바란 것은 만백성이 천사가 되어 예수의 자리를 채워 주는 것이지, 지금과 같이 재물을 바치면서 중언부언 제 소원만을 비는 백성들을 바란 것이 아니다.

9. 구원

▪ 천사가 사는 천국에는 천사만 갈 수 있으니, 천사 같은 마음을 길러야 한다.

- "천국 열쇠를 네게 주리니 땅에서 무엇이든지 매면 하늘에서도 매일 것이라" 했다. 땅에서 천사같이 사는 자가 하늘에서도 천사가 되어 천국에 들어간다. 모든 사람에게 천사같다는 말을 듣는 삶을 살아야 한다.

▪ 천사의 곱고 아름다운 마음은 부모를 공경하고 어른을 어른으로 대접하는 데에서 출발한다. 효도하는 자는 형제와 화목하게 지내기에 가정이 화목해지고, 이웃과 화목해지고, 국가가 화목해지고, 온 인류가 화목해진다.

- 그러므로 지상의 아름다운 소왕국은 가정에서부터 이루어야 한다.

▪ 선택된 14만 명만 구원받는 것이 아니라, 천사처럼 변하고자 하는 14만 명을 기초로 온 인류가 천사처럼 거듭나는 영적인 개혁이 시작되는 것이다.

▪ 천 년에 걸쳐서 하늘에서 이루어진 것같이 이 세상을 낙원으로 만들어, 만백성이 지상의 천국에서 살다가 죽어서 그대로 하늘의 천국으로 들어가는, 영원한 지상 낙원을 건설하는 것이 하나님의 계획이다.

- **이것이 구약과 신약에 이어 "새로운 성경"으로 역사하시는 하나님의 창조의 완성이다.**

▪ 지금의 믿음으로 구원받을 수 있다면 그 길을 가라. 그러나 자신이 없다면 하나님께서 직접 내리신 160권의 "새로운 성경"을 읽고 구원의 길을 보라!

하나님 머리말씀

이 새로운 성경을 읽는 너희 모두는
이 율법에 따라 행하면 영원히 구원받을 것이니라.

너희 인간이 수년, 수십 년, 평생
성서를 공부하고 기도하는 것은
하늘나라 나의 곁으로 오고 싶은 소망일진대,

몇천 년 전의 너희 인성과 생각이
지금의 너희와는 판이하게 다르니,

꺾여 가고 병들어 가는 너희를 고칠 수 있는 길은,
오늘 내가 선지자에게 내리는 새로운 성경과 같이
너희가 변화되는 것뿐이니라.

나의 예수가 태어난 것처럼
내가 아들 선지자를 선택하여
나의 새로운 성경을 온 세계에 전하고자 하니,

묵은 것은 버리고 새로운 것은 취하여,
너희 모두는
'여호와 하나님! 저의 죄를 용서하여 주옵소서.'
하는 기도문으로 기도하고, 죄를 뉘우치라.

이 새로운 성경은
수천 년간 내려온 성서를 요약한 것이니,
너희는 이 책을 정독하여 쉽게 깨달음을 얻고,
이대로 실천하여 하늘에 오르라.

대역자 머리말

■ 하나님의 율법을 지키는 선지자로 선택을 받도다.

저는 남들처럼 그저 열심히 살아온 평범한 사람이었습니다. 그러나 50대 중반에 사업에 실패하여 많은 부채에 시달렸으며, 건강도 악화되어 눈이 잘 안 보이고, 걷기도 어렵고, 두통이 심해서 잠을 이룰 수 없는 고통의 나날을 보냈습니다. 그때 제가 선택할 수 있는 것은 육의 삶을 끝내는 길뿐이었습니다.

죽기 직전에 그동안에 죄를 지은 이들에게 용서를 빌고 인생을 끝내기로 작정하였습니다. 어려서부터 지은 죄를 빌고 빌다 보니 끝이 없었고, 죽음으로도 그 많은 죄를 용서받을 길이 없다는 생각에 하염없이 눈물이 흘렀습니다. 그 순간 '재래식 화장실의 구더기는 죄를 짓지 않는데, 나는 인간으로서 구더기만도 못한 삶을 살았구나.' 하는 생각이 들면서 괴로움에 몸부림칠 때, 갑자기 하나님의 음성이 들렸습니다.

"나는 여호와 하나님이니라. 너는 십계명을 암송하고 내가 내려 주는 메시지를 받아 책으로 만들어 만백성을 구하라." 하시며, 제 눈을 손으로 문지르게 하시고, 아픈 머리와 다리를 손으로 두드리게 하셨습니다. 그러고 나니 눈도 잘 보이고 걸을 수 있었으며 머리의 통증도 말끔히 낫게 되었습니다. 그때부터 십계명을 암송하고 나면 들려주시는 말씀을 기록하였고, 1999년 8월부터 2004년 7월까지 권당 288쪽, 총 160권을 받아서 "새로운 성경"이라는 책으로 펴내게 되었습니다.

그러한 저에게 죽기보다도 힘든 길이 시작되었습니다. 모든 교인들이 저에게 사탄이요, 이단이요, 악마요, 마지막 시대에 온 거짓 선지자라 하면서 공격하였고, 저를 짐승을 보듯이 대하는가 하면, 편협한 종교 지도자들의 선동으로 신도들이 이 책을 직접 읽어 보고 평가할 기회마저 막아 버렸습니다. 그래서 하나님의 말씀을 세상에 내는 데 많은 어려움을 겪으며, 피를 토하는 심정으로 책을 전하고 있습니다.

그러나 아무리 인간의 힘으로 막으려 해도, 하나님의 뜻이 세상에 전해지는 위대한 역사는 계속될 것입니다. 책으로 전해지는 "하나님의 말씀"은 세상 끝날까지 항상 우리와 함께하실 것입니다. 사람은 죽어도, 책에 기록된 말씀은 영원히 남으니까요.

■ 따뜻한 실천

하나님께서는 어려운 사람들에게 삶의 터전을 마련해 주고, 미래를 열어 주는 것을 기뻐하십니다. 어려운 이웃이 스스로 자립할 수 있도록 이끌어 주는 것이 진정으로 이웃을 돕는 것이라고 말씀하셨습니다. 그래서 일자리가 없는 제자들에게 작은 사업장을 만들어 주는 "달란트 사업"을 하고 있습니다. 식당, 반찬 가게 등을 차려 주고, 기존의 어려운 사업장이 자립할 수 있도록 돕고 있습니다(커피숍, 미용실, 의상실 등).

하나님께서는 교회에 나와서 모든 시간과 재물을 쏟기를 원하지 않으시고, 그 시간과 재물을 교육에 투자하여 스스로 미래를 열어 가기를 원하십니다. 그래서 제때 공부하지 못한 제자들에게 학업을 이어 가도록 하였습니다. 중화요리 주방장을 하며 초등학교 검정고시부터 공부하여 2012년에 방통대를 졸업한 36세 남성, 만학도들의 2년제 중학교에 입학해서 2007년에 명지대학을 졸업한 38세 여성, 중학교 검정고시를 시작으로 숭의여자대학을 졸업한 47세 여성 등이 있습니다. 그밖에도 많은 제자들에게 나이를 초월하여 배우고 깨우쳐서 사회 속의 당당한 일원이 되도록 인도하고 있습니다.

학자금 대출로 힘겨워하는 젊은이들을 위해 "따뜻한 바람 장학회"를 발족하여(2016년 12월) 대출받은 학자금 전액을 매월 갚아 주고 있습니다. 또한, 다문화 가정을 위해 "다문화 가족 랜드"를 조성하여, 각종 시설을 무료로 활용하도록 하고 있습니다.

이러한 따뜻한 실천이 아직은 미약합니다. 그러나 책의 수입이 늘고, 저와 뜻을 같이하는 분들이 늘어나면 계속 확대할 것입니다. 지도자로서 신도의 재물을 헌금으로 거둬들여 착복하는 것이 아니라, 하나님께서 기뻐하시는 일에 사용하도록 중매 역할만 하며 살아가고자 합니다. 이런 제가 과연 사탄이고 이단인가요? 하나님께서 기뻐하시는 일이라면, 저에게 사탄이라 하든 거짓 선지자라 하든 굽히지 않고 실천해 나갈 것입니다.

끝으로, 일상의 삶 속에서 "지금 내가 하는 행동이 과연 하나님께서 기뻐하실까, 슬퍼하실까?" 생각하고, 매사에 하나님께서 기뻐하시는 길을 택하기 바랍니다. 교회에 모여서 집단적으로 예배 드리는 것이 아니라, 개인이나 가정 단위로 새로운 성경을 읽어 스스로 깨우치고 그대로 행하면 충분합니다. 그것이 마음속에 성전을 짓고, 신령과 진정으로 예배 드리는 길입니다. 그러면 천국의 문에 들어서게 됩니다.

2017. 2. 1.

하나님 말씀 대역자 김용철

차 례

- 하나님 말씀 중에서 ... 3
- 하나님 머리말씀 ... 9
- 대역자 머리말 ... 10
- 차 례 ... 12
- 십 계 명 ... 14

2002년 3월 ... 15

수요일

1,977 _ 2002년 3월 6일 00시 30분............*15*
1,978 _ 2002년 3월 6일 01시 05분............*17*
1,979 _ 2002년 3월 6일 01시 50분............*22*
1,980 _ 2002년 3월 6일 02시 05분............*25*
1,981 _ 2002년 3월 6일 06시 15분............*27*
1,982 _ 2002년 3월 6일 10시 00분............*30*
1,983 _ 2002년 3월 6일 10시 50분............*33*
1,984 _ 2002년 3월 6일 12시 30분............*37*
1,985 _ 2002년 3월 6일 16시 10분............*41*
1,986 _ 2002년 3월 6일 21시 25분............*46*
(강론을 마치며)
1,987 _ 2002년 3월 6일 23시 50분............*49*

목요일

1,988 _ 2002년 3월 7일 00시 15분............*50*
1,989 _ 2002년 3월 7일 01시 45분............*55*
1,990 _ 2002년 3월 7일 03시 10분............*58*
1,991 _ 2002년 3월 7일 09시 30분............*60*
1,992 _ 2002년 3월 7일 10시 30분............*62*
1,993 _ 2002년 3월 7일 23시 50분............*66*

금요일

1,994 _ 2002년 3월 8일 00시 20분............*70*
1,995 _ 2002년 3월 8일 01시 10분............*75*
1,996 _ 2002년 3월 8일 08시 40분............*81*
1,997 _ 2002년 3월 8일 10시 10분............*85*
1,998 _ 2002년 3월 8일 12시 30분............*90*
1,999 _ 2002년 3월 8일 13시 40분............*93*
2,000 _ 2002년 3월 8일 21시 10분............*98*
(강론을 마치며)

토요일

2,001 _ 2002년 3월 9일 00시 35분........... 100
2,002 _ 2002년 3월 9일 10시 20분........... 102
2,003 _ 2002년 3월 9일 11시 30분........... 106
2,004 _ 2002년 3월 9일 15시 30분........... 114
2,005 _ 2002년 3월 9일 18시 00분........... 116
2,006 _ 2002년 3월 9일 21시 30분........... 124
2,007 _ 2002년 3월 9일 23시 20분........... 131
2,008 _ 2002년 3월 9일 23시 45분........... 138

일요일

2,009 _ 2002년 3월 10일 00시 25분.......... 141
2,010 _ 2002년 3월 10일 08시 30분.......... 149
2,011 _ 2002년 3월 10일...................... 156
(강론을 마치며)
2,012 _ 2002년 3월 11일 00시 40분.......... 159

부 록 ... 164

【하나님께서 가르쳐 주신 운동】 164

간 행 사 ... 165

십 계 명

이 책은 십계명을 암송하고 나면 내려 주시는 "하나님의 음성"을 듣고 그대로 받아쓴 기록입니다. 하나님께서 십계명을 모세에게 내려 주셨지만, 그것은 만백성에게 내려 주신 것입니다. 마찬가지로 이 책의 모든 말씀도 저에게 내려 주셨지만, 만백성 각자에게 들려주시는 말씀입니다. 여러분도 이 책을 접할 때마다 십계명을 암송하고 나서 정독해 주시기 바랍니다.

제일은, 너는 나 외에는 다른 신들을 네게 있게 말지니라.

제이는, 너를 위하여 새긴 우상을 만들지 말고, 또 위로 하늘에 있는 것이나, 아래로 땅에 있는 것이나, 땅 아래 물 속에 있는 것의 아무 형상이든지 만들지 말며, 그것들에게 절하지 말며, 그것들을 섬기지 말라.

제삼은, 너는 너의 하나님 여호와의 이름을 망령되이 일컫지 말라.

제사는, 안식일을 기억하여 거룩히 지키라.

제오는, 네 부모를 공경하라.

제육은, 살인하지 말지니라.

제칠은, 간음하지 말지니라.

제팔은, 도적질하지 말지니라.

제구는, 네 이웃에 대하여 거짓 증거하지 말지니라.

제십은, 네 이웃의 집을 탐내지 말지니라.

나 여호와가 존재함을 믿는 그 자체가 구원의 길에 들어서는 기본이요, 근본이며, 나의 새로운 성경을 가슴에 안고 정독하는 자, 반석 위에 서서 하늘에 오르는 찬란한 빛을 보게 되는 영광을 얻게 됨이니라. 진정 나를 따르고 믿는 자는 감히 사탄이나 마귀도 근접하지 못하느니라.

〈하나님 말씀〉

2002년 3월

1,977 번째 하나님 말씀

2002년 3월 6일 0시 30분

1 사랑하는 선지자야!
2 "네, 여호와 하나님! 말씀하옵소서."
3 내가 직접 너희들에게 내린 십계명을
지키는 자만이 하늘에 오를 수 있다
하였음이니,
4 나의 피조물 만백성이 그를 다 버리
고, 그를 따르지 않고 그를 지키지 아
니하여 인간사에 너희 삶이 지금과 같
이 너희들이 형용할 수 없고 상상할
수도 없는 거칠고 험악한 시대에 와
있음이니,
5 누군가는 이것을 강조해야 하며, 이것
을 깨우쳐 줘야 하며, 이것을 가르쳐
야 하지 않겠는가?
6 나의 피조물 만백성을 이끌어 하나로
만들며, 거룩한 나의 에덴동산의 낙원
을 만들기 위하여 너희들이 변하여 살
아가야 하며 나의 계명을 지키고 살아
가야 됨이니,
7 이 세상 나의 피조물 만백성 중에 누
군가는 이것을 지키고 시행해야 된다
는 것을 전하고 또 전해야 되지 않는
가?
8 그리하여 내가 너를 선택하였으며 네
가 나로부터 선택되어 준비된 나의 선
지자라면 네가 믿겠는가?
9 아무것도 모르는 너에게 내가 명하여,
이 세상 나의 피조물 만백성 중에 십
계명을 가장 많이 암송하는 자가 되며
그를 가장 많이 암송하라 하였음이니
라.
10 이는 나의 법이요, 나를 대신하는 것
이며, 나의 피조물 만백성이 이를 암
송하고 지킴으로 인하여 하늘에 오를
수 있는 길이요, 답이 거기에 있기 때
문이었느니라.
11 그리하여 네가 가장 많이 암송하는 자
요, 가장 잘 지키는 나의 백성이요, 나
의 선지자로서 서라 하였음이니, 네가
그를 얼마나 잘 지키고 실천해 왔던가?
12 너는 수없이 나에게 언약을 하고 서약
을 하고 나의 십계명을 수없이 암송하
며 그 속에 들어 있는 나의 뜻을 깨달
음이니, 이와 같이 실천하고 지키는
자가 있으면 네 앞에 와서 말해 보라
하라.
13 나로부터 명을 받은 너는 이를 지키기
위하여 모두를 다하였으며,
14 나의 성령을 네가 빨리 법전으로 만들
어 세상에 내는 것이 만백성을 구하는
길이라 깨달아 밤과 낮을 가리지 아니
하고 나에게 경배의 기도를 드리며 나
로부터 메시지를 받아 나의 성령을 기
록하는 네 그 자세가 어떠하던가?
15 이보다 더한 자가 있겠는가? 너보다
더 열심히 할 수 있는 자가 있겠는가?
그리고 너와 같이 이리 변하여 갈 수
있는 자가 있다고 생각하는가?
16 너는 나의 계명을 이 세상 나의 피조
물 만백성 중에서 가장 많이 암송하
며, 가장 잘 지키고자 하며, 가장 열심

히 그 뜻을 따르고자 하며,
17 그것만이 너희들의 영혼을 구원하여
하늘에 오르는 길로 인도할 수 있는
것을 너만큼 깊이 보고 깨우쳐 알고
있는 자가 없음이니라.
18 그리하여 네가 나에게 매달려 이와 같
이 밤과 낮을 가리지 아니하고 나의
십계명을 지키겠다는 약속을 하며, 그
리고 나의 성령을 받아 나의 피조물
만백성을 하루라도 더 일찍, 더 많이
구원하고자 하여 네가 밤과 낮을 가리
지 아니하고 이리 기도하고 경배하니,
19 하루 이틀도 아니고 허구한 날 160권
이라는 나의 법전이 세상에 나올 때까
지 너와 같이 이렇게 투쟁을 하며 자
신을 달래고 나에게 이와 같이 경배의
기도를 드릴 수 있는 사람이 그리 많
다 생각하는가?
20 그리 많지 않음이니라. 그리고 아무나
그리 깨우쳐 갈 수가 없음이니라, 선
지자야!
21 사랑하는 선지자야!
22 "네, 여호와 하나님! 말씀하옵소서."
23 네가 두려워하고 불안해하며 그와 같
이 초조하여 울고 있는 너의 마음을
아느니라.
24 그러나 너는 염려치 말라.
25 누군가는 영혼의 양식이요, 너희들의
영혼을 구원하는 이 계명을 지키고 살
아야 한다는 것을 나의 피조물 만백성
에게 전하여 일깨워 주고 또 가르치고
지도해야만 되지 아니하는가?
26 그리고 지금 그와 같은 때가 왔음이니
라. 그리고 시작할 때가 되었음이니라.
27 시작할 때가 되어 누군가는 이를 시행
하고 지켜야 하기에 내가 너를 선택하
여 미리 준비시켰으며,
28 이와 같이 네가 행할 수 있도록 다 준
비된 나의 선지자요, 나의 종이요, 나
의 아들로서 대명을 수행할 책임을 맡
았으며 책무를 맡았음이니,
29 누군가는 해야 할 것을 네가 하는 것
뿐이니라.
30 내가 말하지 아니하였느냐? 많은 조
약돌이 깔려 있는 그 바닷가에 그곳을
거니는 한 여인이 돌 하나를 주웠을
때 그 조약돌은 그로 하여금 선택되며
그로 하여금 추천되며 그로 하여금 소
유할 수 있는 그와 같은 기적을 이룬
다 하였음이니,
31 바로 그와 같이 백사장의 모래보다도
더 많은 나의 피조물 만백성 중에서
네가 그 모두를 다 할 수 있는 선택된
자이며 준비된 자이니,
32 너는 두려워하지 말며 불안해하지 말
라. 그리고 울지 말지니라.
33 너는 해낼 수 있으며, 누군가는 나의
성령을 나의 피조물 만백성에게 전하
며, 또 그 목숨을 다 바쳐 십계명을 지
키고 사는 것만이 영혼을 구원하는 양
식이요, 보배임을 알려 줘야 되며,
34 이를 지금 나의 피조물 만백성에게 깨
우쳐 주며 일깨워 주지 아니하면 영원
히 나의 이 지구가 에덴동산으로 변할
수 없으며 거룩한 낙원으로 이루어질
수가 없음이니라.
35 지금이 그 시기이며 그 적기이니라.
그리고 지금이 또 시작할 때이니라.
36 그리하여 너를 선택하여 어렵고 힘든
이 길을 가고 있음이니,

37 너는 만백성을 구하는 나의 성령을 받
는 선택된 자로서, 네가 나의 성령을
받아 만들어 전하는 그 법전이 정녕
하늘에 오르는 그 영양소요, 길이요,
보배임을 의심치 말라, 선지자야!
38 너의 제자들이 알 것이니라.
39 네가 변하는 모습을 알며, 네가 가고
자 하는 것을 알며, 그리고 네가 설법
하는 그 내용을 들으며 그들의 가슴속
에 하나하나 심어짐이니,
40 나의 피조물 만백성에게 그와 같이 심
어질 것이니 두려워 말라.

1,978 번째 하나님 말씀

2002년 3월 6일 01시 05분

1 사랑하는 선지자야!
2 "네, 여호와 하나님! 말씀하옵소서."
3 지금 네가 나로부터 들어 모든 종교의
지도자들이 가고 있는 형태를 이제는
다 알 것이며, 그리고 잘못된 것을 너
는 알고 있을 것이니라.
4 그들을 바로잡아야 함이니, 이리하여
선지자요, 나의 종이요, 나의 아들이
라는 너에게 내 그리 기대를 걸며, 그
와 같이 생각하여 너를 세상에 내보내
오늘의 역사를 이루도록 하였음이니,
5 내가 법전이라 하여 세상에 내보내는
이 책들이 나의 성령이요, 이가 어디
잘못 가며 잘못 살라는 부분이 있으
며, 너희들이 인생을 대충대충 살면서
그리 기도하면 축복받으며 영광 받는
다는 내용이 있는가?
6 그렇지 아니하면 너희들이 나에게 재
물을 바치며 어찌 기도하면 너희 인간
의 육이 그리도 갈망하고 소원하는 재
물을 너희들에게 준다는 대목과 기록
이 있는가?
7 너희들이 나에게 달라 하며 나에게 구
원을 받고자 하는 애절한 기도요, 눈
물의 기도를 드린다 하여 내가 너희들
에게 무엇을 내려 준다 그리 기록한
대목이 이 책에 있던가?
8 나의 법전에 기록된 그 대목들은 내가
내린 계명을 철저히 지키며,
9 남에게 갚을 능력이 없으면 선물도 받
지 말라 했으며,
10 남에게 한 끼를 대접하면 '저와 같이
어리석고 못나고 바보스런 자에게, 그
리고 죄 많은 인생에게 이렇게 대접할
수 있는 영광의 기회를 선생께서 주셔
서 감사합니다.' 그리 인사하며 살라
하였으며,
11 모든 것을 남에게 함부로 받지 말며,
받지 아니하여도 받은 것보다 더 기쁘
고 감사하는 마음으로 살라 하였으며,
12 너희들이 어렵고 힘든 그 길만을 가도
록, 그리고 너희들이 아름답고 깨끗하
게 변하여 하늘에 오르는 그 내용을
나의 법전에 기록하여 내보냈음이니
라.
13 이제는 나와 너와 너의 제자들과 구분
하여야 될 일이 있느니라.
14 나의 성령을 태워서 너를 통하여 법전
으로 내린 나의 이 법전이 나의 성령
의 주옥같은 뜻이 아니며 너희들에게
잘못 살라, 잘못 가라 하는 그러한 내
용이 있다면 나는 정녕 너희들이 아는
너희들의 아버지요, 너희들을 만든 여
호와가 아님이니라.

15 그러니 너희들은 나를 믿지 아니하여
도 될 것이니라.
16 그러나 너희들이 나의 법전을 읽어 그
내용에 들어 있는 하나하나의 그 뜻을
깨우치면서, 이는 바르게 살며 인간으
로서 도리를 다 지키고 살며 아름답게
살라 하며, 너희들이 구원을 받을 수
있는 기본의 틀이며,
17 지금의 살아오는 종교 지도자들과 그
밑에서 구원을 받고자 하는 나의 피조
물 만백성이 잘못 가고 잘 가고 있는
것을 구분하여 너희들에게 내가 제시
하는 법전이라 하면,
18 나는 나 여호와로서 너희들을 통하여
만백성을 구할 수 있는 은혜와 은총을
내림을 다하였음이니, 나의 직분은 여
기서 끝남이니라.
19 이 법전이 잘못 가라 하며 잘못 살라
하며 너희들의 사악한 삶을 그대로 연
장하라 함이 아니니라.
20 잘못된 삶을 바로잡고, 지금 가고 있
는 너희들이 잘못되어 있기에 그를 어
찌 잡아야 할 것이며 너희들이 어찌
깨우쳐야 될 것인지 그러한 것을 내가
하나하나 너희들에게 심어 주는 내용
이라면 이는 나 여호와의 성령의 뜻이
요, 오로지 나만이 할 수 있는 길이라
는 것을 너희들이 알 것이니, 이는 나
여호와가 직접 내리는 것이며,
21 나의 선지자 또한 내가 직접 선택하여
너희들을 구하기 위하여 세상에 내려
온 진정한 선지자임을 너희들은 여기
서 믿어야 될 것이니라.
22 나의 법전의 내용을 보고 너희들이 그
와 같이 믿음을 확실히 한다 하면 나
여호와는 나의 피조물 만백성 너희들
을 구하기 위하여 나의 성령을 태워
세상에 내보내는 이것으로써 나의 모
든 너희들에게 내리는 은혜와 영광의
베풂이 끝이니라.
23 그다음의 몫은 선지자 너의 것이니라.
24 나의 성령을 태워 내려보낸 나의 법전
을 기록하는 너는 정녕 나 여호와로부
터 선택된 선지자이며, 나의 아들이
요, 또 나의 종이요, 만백성의 종으로,
25 거룩한 그 책무를 맡고 그 대업을 맡
고 수행하는 너는, 지금서부터의 몫은
네 몫이니라.
26 네가 정녕 남들이 갈 수 없는 그 길의
깨우침 속에서 네가 십계명을 철저히
지키며 나의 법전에 기록된 그 모든
내용대로 바르고 곧게 살아간다 하면,
너를 따르는 제자들이요, 나의 피조물
만백성은 너를 이단이요, 사탄이라 말
하지 아니할 것이니라.
27 나의 법전에 기록된 어떠한 내용이든
그것은 다 네 것이 아니며 내가 내린
것이기에, 그 법전에 있는 모든 내용
은 나 여호와가 책임져야 될 문제이며
그건 내 몫이니라.
28 그러니 그 법전을 보고 너를 공격하는
자, 너를 욕하는 자, 너를 이단이라 말
하는 자, 그들이 다 위선자요, 거짓 지
도자이며,
29 내가 내린 귀중한 그 생명을 파리처럼
여기며, 돈을 주고 거래하여 죽이고
살리고자 하는 그와 같은 흉악한 도둑
과 강도보다도 더한, 자식이 부모를
살해하는 그와 같은 흉악범보다도 더
한 사람이 그들이니라.

30 선지자 너는 여기서 네가 나의 계명을
그대로 지키며 그리고 나의 법전 속에
있는 그 내용을 그대로 네가 시행하고
지킨다 하면, 너를 보는 나의 피조물
만백성이요, 너의 제자들 누구도 너를
이단이라, 사탄이라 말하지 아니할 것
이니라.
31 그들이 나의 법전을 보고 이단이요,
사탄이라 시시비비를 하며 갑론을박
한다면 그것은 네 몫이 아니고 나의
몫이니라. 나의 책임이니라.
32 그리하여 그들보고 너에게 마지막 시
대에 오는 거짓 선지자요, 위선자라
하는 말을 하지 말라 하라.
33 나의 법전은 내가 너를 통하여 내린
것이니, 나에게 그들이 시비를 걸 것
이며 나에게 응답을 구하라 하라.
34 그러나 내가 그것을 내려 너에게 시행
하게 하려 너의 생명을 연장해 주었으
며, 이 모두를 시행하는 책무를 맡은
너는,
35 네가 십계명 그대로 살아가며, 나의
법전에 있는 내용 그대로 살아가며,
거룩히 아름답게 너 스스로 변하여 누
구도 너를 따라올 수 없는 그와 같은
변화된 모습으로써 세상사를 살아가
는 것은 네 몫이며,
36 네가 거짓 선지자요, 아니요 하는 것
은 네가 살아가는 모습과 네가 변해
가는 모습에서 네가 책임져야 될 문제
며, 그는 너의 몫이니라.
37 네가 나의 계명을 따르며 나의 뜻에
따라 내가 이루고자 하는 새로운 거룩
한 나라를 건설하는 데 한 점의 부끄
러움 없이 살아가는 사람으로 변화해
야 될 것이며,
38 그리고 나의 피조물 만백성이 너를 볼
때 그들이 스스로 고개를 숙이며, '그
는 정녕 여호와 하나님으로부터 선택
된 선지자요, 종이라' 하여 네가 네 자
리를 지키는 것은 네 몫이니라.
39 나의 몫이 아니니라, 선지자야!
40 네가 나의 뜻대로, 나의 법전대로 살
아가면 만백성이 너를 보며 너를 선지
자요, 나의 아들이요, 나의 종이라 인
정하며 너를 따를 것이며,
41 네가 하는 행위와 네 행실이 바르지
못하고 겉과 속이 다르며, 나의 법전
과 나의 십계명대로 네가 살아가지 아
니한다면 그들로부터 네가 이단이요,
사탄이라 지탄을 받을 것이니,
42 그건 나와는 아무런 관계도 없음이니
라. 그건 네가 지키고 가야 할 너의 몫
이니라. 너와 나의 차이와 한계가 여
기에 있으며,
43 너의 제자들 또한 확실히 자기들이 가
야 할 길이 있음이니라.
44 그들은 나의 법전을 읽고 깨우쳐 저희
들이 하늘에 오르고자 하여 나의 성전
에 네 앞에 와서 공부를 하며 너를 통
하여 내리는 나의 성령의 뜻을 들으니,
45 그들이 나의 음성이요, 나의 법전을
보고 그 가르침이 정녕 잘 되었나 못
되었나 하는 것을 그들 스스로 깨우쳐
저희들이 따르든 안 따르든 그것은 그
들의 몫이니라.
46 그리고 책이 잘못되었으며 법전이 잘
못되었다면 그것은 너의 탓이 아니라
나의 탓이니, 그것도 또한 나에게 항
변하여 나에게 기도로써 응답을 들으

라, 그리하여 물으라 하라.
47 너와는 무관한 내용이니라.
48 그러나 선지자가 잘못 살아갔을 때 그
것은 너희들이 단죄할 수 있으며, 거
짓 선지자요, 진정한 선지자요, 나 여
호와의 아들인가 아닌가 하는 것은 너
희들이 구분하여 너희들이 판단하여
알 것이며,
49 또한, 그와 같은 나의 아들이요, 나의
선지자 앞에서 배우는 선지자의 제자
너희들은 너희들이 정녕 구원을 받을
것인가 받지 못할 것인가,
50 그리고 지금의 기독교요, 불교요, 천
주교요, 또 각종 종파 속에 너희들이
남아 있어서 그들과 더불어 가면 자연
스럽게 너희들의 인생의 향락을 즐기
면서 느끼면서 구원을 받을 수 있을
것을, 이곳에 잘못 왔다 생각하고 의
심하고 불안해한다 해도 그것은 너희
들의 몫이니라.
51 너희들이 나의 선지자를 통하여 내리
는 나의 뜻에, 나의 법전에 따라 그대
로 산다 하면, 그리고 내가 강조하는
나의 십계명을 지키고 나의 법전을 지
키며 그대로 바르고 옳게 살아간다 하
면,
52 너희들은 과연 바른길을 가는 것인가
바른길을 가지 아니하는 것인가를 너
희 스스로 판단할 수 있을 것이니라.
53 너희들이 정녕 바른길로 가며, 너희들
이 변해 가며, 아름다운 사람으로서
변해 가는 그 역경을 겪고 간다 하면,
54 그리고 너희들이 살아오면서 잘못된
부분들의 누더기 같은 죄를 하나하나
털어 버리고 지워 버리며 깨끗하고 아
름다운 백합 한 송이와 같이 너희 마
음이 변해 가고 있다 하면,
55 너희들이 나 여호와의 심판을 받아 지
옥 불에서 그 고통의 세월을 겪지 아
니하는 것은 당연한 일이 아니던가?
56 너희들이 지금 사악한 자들의 그 속으
로 갈까 그렇지 않으면 나의 선지자를
따라갈까 하고 생각하며, 어느 것이
너희들에게 유리하고 득이 될까 하는
것을 생각한다 하면,
57 너희들은 지금 너희들이 변해 가며 너
희들이 나의 계명대로, 나의 법전대로
살아가고 있는가 그것부터 깨우치라.
58 너희들이 내가 내린 법전대로 살아가
고 그리 행하여 간다 하면 너희들은
당연히 구원을 받을 것이라는 것을 알
지 않는가?
59 그리 변하여 가는 것이 너희들이 아름
답고 깨끗한 모습으로 변화되는 것인
가, 지금 혼탁한 세상 속에서 모든 종
파의 그 세파 속에 흘러가는 그 종교
집단 속에 들어가서 그들과 더불어 가
는 것이 너희들이 하얀 백합꽃 같이
아름답고 깨끗하게 변해 가는 것인가?
60 둘 중에 하나를 선택하는 것은 너희
들에게 달렸음이니라. 그리고 너희들
이 구원을 받고 못 받는 것은 너희들
에게 달렸음이니라.
61 이제 선택권은 너희들에게 있음이니
라.
62 나 여호와가 너희들을 심판함이 아니
니라. 너희들이 심판을 받으며 너희
스스로 너희들을 심판하여 너희 스스
로 다스려 가는 것이니라.
63 너희들이 정녕 나의 법전을 읽어 십계

명을 지키며 나의 법전대로 그리 살아 간다 하면 너희들은 두렵고 무서울 것이 없느니라.

64 그와 같이 살아가지 못하며 지금 불안한 마음을 가지고 있는 자는 그와 같이 변하지 못하는 자이니라.

65 이제 모든 구원의 길에 오르고 못 오름은 너희들에게 있음이니, 선택권은 너희들에게 있음이니라.

66 너희들이 십계명을 지키고 나의 법전대로 지키고 살아온다 하면 구원을 받는 것이 당연한 일이며, 그렇지 못할 때는 구원을 받지 못하게 되어 있음이니,

67 이제 너희들이 구원을 받고 못 받고, 나의 선지자가 가짜 선지자요, 거짓 선지자요, 그리고 사탄의 우두머리요, 사악한 무리요 하며 그러한 시선으로 선지자를 보고 평가하는 마음을 오늘 이후부터 버려야 될 것이니라.

68 이는 너희들이 선지자를 보기 전에 너희 스스로 나의 법전을 가슴에 안고 그리 깨우쳐 실행하면 너희들은 구원을 받을 것이니,

69 나의 선지자를 보고 너희들이 왈가왈부하여 그를 보고 따르지 말라. 너희 스스로 깨우쳐 실행하면 될 것이니라.

70 그리하여 오늘 선지자에게 모든 것을 다 구분하며 깨우쳐 줌이니, 너희들은 이와 같은 뜻을 깊이 새겨야 될 것이니라.

71 법전이 세상에 전해진 그 내용이 잘되고 잘못된 것은 나 여호와의 책임이며,

72 만백성을 깨우쳐 새로운 시대를 열며 너희들을 다 하나로 통일하여 거룩한 하늘나라의 시대, 새로운 땅과 새로운 태양과 새로운 바람이 부는, 그리고 나의 피조물 만백성이 영혼에서 깨어나 새로 태어나는 그와 같은 찬란한 역사를 이룰 수 있는 내용의 법전이라면 나는 내 책무를 다하였으며,

73 나는 너희들에게 크나큰 은혜의 사랑을 베풀고 모든 영광을 내려 주었음이니라.

74 재물을 주는 것도 아니요, 너희들에게 부귀영화를 주는 것도 아니요, 인간이 갈구하는 진주와 보석을 내려 주는 것이 아니라,

75 그것보다도 열배 백배 더 소중하고 귀한, 너희들의 육신이 아닌 영혼을 살리는 그와 같은 내용으로 나의 법전에 서술되어서 너희들 가슴에 와 닿는다 하면 이는 진정한 나의 뜻이요, 이는 내가 내린 것이나,

76 이것이 잘못되었다 할 때는 너희들은 나에게 시시비비를 가리도록 하라.

77 그리고 선지자 네가 선지자로서 자리를 지키고 못 지키는 것은 네 몫이니라. 이는 너에게 달렸음이니라.

78 내가 너를 그리 만들고 이끌어 줌이 아니니라. 이게 네 몫이니라.

79 그리고 너의 제자들에게 이르라.

80 나의 법전을 읽고 깨우치는 만백성 너희들이 구원을 받고 못 받는 것은 너희들 마음이 어찌 가느냐에, 너희 스스로 살아가는 행동과 순종함과 행함에 달렸음이니, 그것은 너희들의 몫이니,

81 이와 같이 오늘 내가 확실한 선을 그어 각자의 임무를 너희들에게 명함이

니,
82 이 또한 너희들만이 직접 들을 수 있
는 하늘의 비밀이며, 너희들이 말하는
천기를 누설하는 것과 같은 이 소중한
뜻을 나 여호와가 너희들에게 내리는
것이니 그리 알라.

1,979 번째 하나님 말씀

2002년 3월 6일 01시 50분

1 사랑하는 선지자야!
2 "네, 여호와 하나님! 말씀하옵소서."
3 내가 하늘의 뜻을 너에게 내려, 나의
모든 성령을 태워 내려보내는 나의 법
전이 잘되고 잘못됨은 나의 책임이요,
4 네가 선지자로서 만백성에게 인정을
받고 못 받음은 너 자신에게 달렸으며
네 생활에 달렸으며,
5 너의 제자들이 구원을 받고 못 받는
것은 그들의 삶에 달렸다 내가 말하였
느니라.
6 이와 같은 뜻과 자기가 해야 할 일과
책임의 한계가 엄연히 모든 일에서 분
명하게 구분되어 있음이니라.
7 지금 네 밑에 와 너를 따르는 너의 제
자들의 개개인 하나하나를 놓고 볼 때
그들이 어떠한 능력이 있는가?
8 남들처럼 출중하고 뛰어난 재주와 능
력을 가진 사람들로서 선택되지 아니
하였으며, 그저 평범한 보통 사람들로
서 그들이 선택되어 있음이니라.
9 그러나 그들은 내가 그들에게 임하여
그들에게 내가 명을 내리고 어떤 대임
을 주었을 때, 누구도 상상할 수 없는
능력을 발휘할 것이며, 그리고 자신과
희망과 용기를 가지고 일을 해 나갈
것이니라.
10 그리하여 그들이 지금 모두 스스로 훈
련을 겪고 자신을 다스려 나가고 있으
며, 자신을 비추어 보고 있는 그와 같
은 길을 가고 있음이니,
11 내가 해야 할 일과 네가 해야 할 일과
너의 제자들이 해야 할 일이 모두 다
구분되어 있듯이,
12 너의 제자들 한 사람 한 사람이 그냥
나에게 불려 옴이 아니니라.
13 너의 제자라 하여 네 앞에 와 나의 법
전을 공부하고 저희들의 목숨을 바쳐
이 길을 가고자 하는 자,
14 그는 내가 알곡식 중에서 골라 네 앞
에 갖다 놓은 자들이며, 그들은 다 그
들이 행해야 할 책임과 임무와 소명이
있음이니라.
15 그러니 너는 그들을 사랑하고 그들을
잘 보살피며,
16 그들에 따라 네가 이다음에 그들에게
소명을 주어 내가 이루고자 하는 새로
운 시대를 이루는 그 틀 속에서 하나
하나 자기 직분을 충실히 수행할 수
있는 그와 같이 나에게 선택된 제자들
이며 나의 백성들이니라.
17 그리하여 그들을 내가 알곡식처럼 거
두어서 네 앞에 제자라 내가 임명하여
너에게 세례를 주도록 하였으며, 그들
의 이름을 낙원에 내가 받아 기록해
놓았음이니,
18 이는 그들이 그만큼 내가 이루고자 하
는, 모든 세상을 하나로 만들고자 하
는 그 일을 수행할 자들이며,
19 그들은 한 점의 실수 없이 너의 뜻에

따라 너와 더불어 역사를 이룰 나의
소중한 백성들이니라.
20 사랑하는 선지자야!
21 "네, 여호와 하나님! 말씀하옵소서."
22 내가 너에게 일찍 일깨워 주지 아니하
였던가?
23 너희 육신의 삶은 연습이 없다 말하였
느니라.
24 그 육신은 너희들이 잠깐 머물러 가
있다 오면 너희들과 인연이 끝나 한
줌의 흙으로 되는 것이니라.
25 그리고 너희들의 그 영혼만이 나에게
와 심판을 받음이니,
26 너희가 나로부터 죄를 받아 다시 인간
으로 태어나는 그와 같은 벌을 받고
세상에 나온다 해도 너희들이 지금 지
니고 있던 그 집인 육신은 너희들과
같이 영원히 다시 태어나는 것이 아니
니,
27 이는 그리하여 두 번 다시 만날 수 없
으며, 두 번 다시 너희들의 육신에 연
습이 없다 말함이 여기에 있느니라.
28 너희 육신이 한 번 죽어 흙으로 돌아
가며 너희 영혼은 하늘에 와 나에게
심판을 받아 벌 받을 자, 낙원에 그저
존재할 자, 다시 인간으로 나갈 자로
구분되니,
29 너희들이 지었던 그 죄를 사할 수 있
는 기회를 나에게 다시 받는다 해도
그는 세상에 나갈 때 제가 지니고 있
던 집인 그 육신을 다시 받아 나가지
못함이며 그 육신과는 이미 인연이 끊
어졌으니,
30 새로운 육신 속에 너희 영혼이 존재하
며 살아가게 되는 그러한 역사를 이루
는 자도 있으며 그와 같은 혜택과 은
혜를 받는 자도 있음이니라.
31 그러하니, 너희 삶에 연습이 없느니라.
32 그리하여 육의 삶이 얼마나 소중한가
를 또한 너희들이 깨달아야 될 것이니
라.
33 너희들이 육으로부터 영이 분리되는
그 순간에 너희들이 어찌 잘못하고 잘
했는가를 보게 되며,
34 너희가 육으로써 너희 영을 좀 더 아
름답게 받쳐 주며, 영으로써 육을 좀
더 건전하고 아름답고 새로운 뜻으로
지도하고 서로 협조하지 못함을 그때
가서 후회하게 됨이니라.
35 그리고 한 줌의 흙으로 돌아가는 그
육이 얼마만큼 자신을 지키고 지키지
못하였느냐에 따라서 그 형태를 너희
눈으로 보게 됨이니라.
36 내가 너희들에게 '인생에는 연습이 없
다.' 하였음이니,
37 또한, 너희들은 살아가면서 너희들이
지금 나에게 와 심판을 받는 그것을
보며 그 형상을 깨닫고 그를 체험할
수 있다 하면, 너희들은 얼마나 바르
고 옳은 인생을 살아가겠는가?
38 허나 너희들은 모르느니라.
39 너희들이 정녕 나 여호와에게 영혼이
오고 안 오는 것과, 와서 심판을 받고
안 받는 것은 너희들이 죽음 직전에
그때서부터 깨닫기 시작함이니,
40 그때는 이미 돌이킬 수도 없으며 넘출
수도 없으며 대신할 수도 없으며 바꿀
수도 없으며 돌아갈 수도 없는 그와
같은 형국에 임하여 너희들이 그를 알
게 됨이니,

41 그때 너희들의 죄목이요, 너희들이 지
은 죄에 대한 그 대가를 받는 너희들
이 얼마나 황당하며 그 영혼의 세계에
서 얼마나 고통스럽고 괴롭고 힘든 그
죄를 받는가 하는 것을,
42 너희들은 지금 그 사실이 그대로 존재
함을 믿고 깨우쳐야 될 것이니라.
43 이제 너의 제자들과 나의 법전을 읽는
백성들에게 너는 강론하며 일깨워 주
라.
44 너희들이 죽어서 피할 수 없는 그 길
을 오게 됨이니, 얼마 남지 않은 육의
삶과 영의 삶이 분리되는 그 순간까지
육과 영을 잘 다스려 후회 없는 삶을
살아, 너희들이 영원히 사는 그 세상
에서 고통을 겪는 그와 같은 엄청난
우를 범하지 말라 이르라.
45 너희들이 육을 가지고 있는 인간사의
세속에서는 너희들이 죄를 지었다 하
며 무엇인가를 잘못했을 때, 그를 보
상하는 법이 있으며, 또한 너희들의
몸으로써 그 죄의 대가를 치러 그 죄
를 사할 수 있는 기회가 있다 하나,
46 영의 세계는 그러한 것이 없느니라.
47 사할 수 있는 기간이 없느니라.
48 그저 너희들이 받은 그 죄목에 가면
그 속에서 너희가 살아가게 됨이니,
49 그와 같이 너희들이 제한된 어떠한 업
을 때우고 죄에 대한 대가를 때우고
너희들이 새로 태어나고 변하는 그와
같은 역사가 없음이니라.
50 너희들이 한 번 지은 그 죄는 그 죄목
에 따라서, 너희들이 받는 그 벌의 형
태에 따라서 그것이 영원히 너희들을
지속하게 함이니 어찌하겠는가?
51 불바다에 가는 그 죄를 지은 자, 불바
다에서 영원히 존재하며, 바늘 방석을
걷는 자, 영원히 바늘 방석을 걷는 그
고통을 면함이 없으며 벗어남이 없으
며 면죄부가 없는 그 죄를 받고 산다
는 것을 너의 제자들에게 일깨워 주라.
52 이와 같은 엄청나고 무서운, 그리고
너희들이 상상할 수 없는 그 고통의
세월 속에서 그 죄를 치르고 삶이니,
이는 벗어날 수도 없고 도피할 수도
없는 일이니라.
53 너희들이 살아서는 그를 모르며 생각
할 수 없으나, 너희들이 돌이킬 수 없
는 그 죽음의 문턱에 섰을 때 너희들
은 그와 같은 엄청난 죄의 대가를 치
른다는 것을, 그리고 나 여호와의 법
도에 따라 너희들이 그 대가를 치러야
한다는 것을 그때서야 깨닫게 되니,
54 그때 너희들이 얼마나 무섭고 두려운
인생인가를 알아, 지금 얼마 남지 않
은 인생에 그 모두의 죄를 씻으며, 지
금까지 살아와 너희들에게 더덕더덕
붙은 그 죄의 대가를 죽어서 치르지
말며,
55 육과 영혼이 같이 있는 이 지상에서
너희들의 생활 속에서 그를 다 털어
버리고 지워 버리는 그 삶을 살 수 있
도록 하라 하여 내가 법전을 내려 너
희들을 깨우침이니,
56 이를 깊이 지켜 시행하고 구원을 얻는
현명한 너희들이 되도록 그리 깨우쳐
주라, 선지자야!
57 이게 너의 제자들과 나의 법전을 읽고
깨우친 자가 해야 할 소명임을 잊지
말라.

1,980 번째 하나님 말씀

2002년 3월 6일 02시 05분

1 사랑하는 선지자야!
2 "네, 여호와 하나님! 말씀하옵소서."
3 네가 네 육신의 삶에서 어느 날 나에
게 부름을 받아 나의 뜻에 따라 기록
하라 하여 아무것도 모르는 네가 십계
명을 암송하기 시작하며 나의 법전을
기록하여 만백성에게 전하는 이 역사
적인 대업을 이루며, 새로운 나라를
건설하는 그 기초를 다져 가며 네가
울기도 많이 울었음이니라.
4 그리고 네가 고통스럽고 인내하기 힘
들어 눈물을 흘릴 때 내가 너에게 일
렀느니라.
5 네 눈물은 지옥 불로 가는 너의 형제
요, 나의 피조물 만백성을 구원하는
눈물이라 하였으니, 지금의 우는 너의
고통이, 너의 그 눈물이 피조물 나의
백성들을 지옥 불에서 구원하는 눈물
이라 하지 않았더냐?
6 그 뜻을 네가 이제야 알겠느냐?
7 "네, 여호와 하나님! 그 뜻과 그 말씀
을 이제야 알았사옵나이다.
8 제가 오늘 이 밤에 여호와 하나님께
기도드려 하나님의 말씀의 뜻을 기록
하는 그것은,
9 제가 더 많이 받아 많은 법전을 짧은
시간에 세상에 내보냈을 때, 이를 보
고 깨우쳐 구원의 길을 받는 그 많은
저의 형제들이요, 여호와 하나님의 피
조물 만백성이 깨달음을 많이 얻을 때,
10 그리고 그들이 많이 구원을 받을 때
그들과 같이 제가 더불어 여호와 하나
님께서 내리신 그 찬송의 찬미를 부르
며 저희들이 아버님께 가는 피조물 만
백성의 그 영혼들이 제가 오늘 얼마만
큼 기도를 열심히 받아 여호와 하나님
의 말씀을 얼마나 많이 전하며 이 어
렵고 힘든 육신의 그 고통을 즐거움이
요, 행복이요, 영광으로 생각하며,
11 제가 많은 법전을 빠른 시간에 만백성
에게 전할 때,
12 여호와 하나님께서 아름답게 만드신
저희 피조물 만백성이 짧은 육의 그
삶의 욕심 때문에 하늘에 와 벌 받고
죄의 대가를 치르는 것을 보기에 가슴
아프다 그리하셨음이니,
13 제가 더 열심히 더 피나는 노력으로써
하나님의 말씀을 듣고 접하여 법전을
빠른 시간에 많이 만들어 냄으로 인하
여 많은 피조물 만백성이 구원을 받은
자들이 손에 손을 잡고 여호와 하나님
앞으로 나가는 이 영광된 그림을 보여
주심을 보고 제가 이제야 깨달았사옵
니다.
14 제 눈물이 많은 피조물 만백성의 지옥
으로 가는 자를 구원하는 것이며 많은
백성을 구하는 길이라 말씀하셨던 뜻
을,
15 그리고 이 법전을 제가 열심히 여호와
하나님으로부터 받아 짧은 시간에 많
은 말씀을 전할 수 있는 그것으로 제
대명이요, 제 책무가 끝나는 줄 알았
사오니,
16 이제 여호와 하나님께서 저에게 보여
주시는 이 찬란하고 아름다운 그림을
보며 그 모습들을 보며 제가 또 저의
제자들이 얼마만큼 많은 백성을 깨우

쳐야만 그들과 더불어 하나님 앞으로
천사처럼 날아갈 수 있는가를 깨달았
으니,
17 손에 손 잡고 많은 피조물 만백성을
구하는 길이 여기에 있는 것을 이제야
보아 깨달았사옵니다, 여호와 하나님!
18 모든 열과 성의를 다하여 빠른 시간
내에 여호와 하나님의 성령을 받아 세
상에 내보내는 일은 눈물과 시련의 길
이나, 영광과 축복이라 생각하며,
19 많은 여호와 하나님의 아들딸들이 손
에 손 잡고 천사가 되어 하늘을 뒤덮
듯이 그와 같이 아버님께 갈 수 있는
그 영광의 그 길을 위하여 살아가겠사
옵나이다.
20 그리고 저의 제자들에게 또한 일깨워
그들로 하여금 또 그들이 많은 백성들
을 천사로 만들어 손에 손 잡고 하늘
을 덮듯이 그와 같이 많은 백성들을
구할 수 있는 그들의 대명이요, 그들
의 맡은 바 소임을 다하도록 그리 일
깨워 주겠사옵나이다, 여호와 하나
님!"
21 선지자야,
22 많은 백성들이 너희들이 깨우친 미래
에 나는 참새 떼처럼 천사의 복장으로
써 그들의 영혼을 구원하여 나에게 날
아오는 그 모습을 네가 보았음이니,
그게 바로 얼마나 영광되며 보람된 일
이던가?
23 그와 같은 역사를 이루는 너와 너의
제자들은 오늘의 삶이 고통이요, 시련
이라 하지 말며, 두려워하지 말며 불
안해하지 말라.
24 열심히 너희들이 나의 계명대로, 나의
법전대로 깨우쳐 너희들 먼저 하얀 천
사가 되어 너희들을 보고 깨우치는 그
백성들의 손에 손을 잡고 너희들이 하
늘을 덮는 참새 떼처럼 천사가 되어
나에게 날아오는 내가 보여 준 그 그
림처럼 그 영광을 이루어 너희들이 나
에게 와 은혜를 받으라 하라.
25 너희들이 혼자 구원을 받아 쓸쓸히 오
는 그 길보다, 너의 제자들 또한 혼자
쓸쓸히 구원의 길을 받아 나에게 오르
는 그 모습보다,
26 많은 나의 피조물 만백성이 너희들의
형제들을 구원하여 그들과 같이 손에
손을 잡고 하늘을 날아오르는 그 영광
된 모습을 그들에게 보여 주며 그들에
게 알려 주라.
27 구원의 길을 홀로 고독히 외로이 오는
너희들이 되지 말며, 너의 제자들이
되지 말며, 나의 법전을 깨우친 나의
백성이 외롭고 고독한 그 길을 혼자
오르려 하지 말며,
28 많은 나의 피조물 만백성을 천사로 만
들어 그들과 같이 하늘을 날아 나에게
오는 그와 같은 기쁨의 영광을 얻으라
하라.
29 그 많은 천사를 이끌고 너희들이 나에
게 올 때, 그 마음이 얼마나 영광되고
기쁘며 행복하겠는가?
30 부모에게 줄 선물을 한 아름 안고 고
향을 찾아가는 너희들의 꿈 많은 그
시절처럼, 그보다 열배 백배 천배 만
배 더한 영광을 얻는 것을 잊지 말라
이르라.
31 내가 하늘의 비밀을 너희들의 가슴에
심어 줌이니, 이 영광을 잊지 말라.

32 너희들이 어렵고 어려운 생활 속에 너
희들이 가슴의 조그마한 그 소망을 이
루었을 때,
33 그 소망과 거기에 대한 기쁨을 안고
너희들이 부모 앞에 가서 그 기쁨을
전해 주는 그 순간과 찾아가는 그 길
보다도 열배 백배 천배 만배 더 기쁨
이 있는 것이 너희들이 나의 피조물
만백성을 천사로 인도하여 그들과 같
이 나에게 날아오는 그 순간이니,
34 그 아름다운 영광을 버리지 말라 이르
라, 선지자야!

1,981 번째 하나님 말씀

2002년 3월 6일 06시 15분

1 사랑하는 선지자야!
2 "네, 여호와 하나님! 말씀하옵소서."
3 네가 정녕 만백성을 구하고자 나의 성
령을 받아 법전을 만드는 그 대업에
너 자신이 나의 법전을 얼마만큼 세상
에 빨리 전하느냐에 따라서 너의 형제
요, 나의 사랑하는 피조물 만백성 그
들이 얼마나 더 많은 사람들이 천사가
되어 하늘에 오르는가 하는 것이 달렸
다 말하였으니,
4 오늘의 힘들고 어려운 너희들의 그 모
든 마음이요, 육신의 생활 그 자체를
너희들은 어렵고 힘들다 돌아보지 말
라 하였음이니라.
5 "여호와 하나님!
6 이 세상에 여호와 하나님의 성령을 태
워 내려보내는, 그리고 그를 법전이라
하여 만백성을 구하기 위하여 전하는
그것이 잘못되었으며 그 내용이 사악
한 내용이며, 만백성을 구하는 길이
아니라 하면 이는 진정한 여호와 하나
님이 아니시며 하나님의 뜻이 아니라
말씀하셨사옵나이다.
7 그러나 하나님께서 성령을 태워 법전
이라 하여 세상에 내보내는 그 말씀이
만백성이 곱고 아름답게 살아가며 영
혼을 구하는 그 길이라 하면 그는 하
나님의 몫으로서 하나님께서 하실 일
이라 하셨으며,
8 그리고 제가 만인에게 선지자라 하는
그 음성이요, 그 모습이요, 그와 같이
칭송을 들을 수 있는 것은 제 몫이라
하셨습니다.
9 십계명을 지키며 법전대로 살아가며
만백성을 구하기 위하여 기도를 드리
는 것은, 그리고 제가 한 점의 부끄러
움이 없는 삶을 살아가는 것은, 그리
하여 만대에 만백성의 거울이 되며
10 한 점의 부끄러움이 없는 삶을, 누구
도 갈 수 없는 그 길을 가는 것은 제
몫이라 말씀하셨습니다.
11 제가 쓰러져 죽는 한이 있다 하여도
저는 여호와 하나님께 한 점의 부끄러
움이 없는 삶을 살아서 선지자로서의
제 몫을 다하겠사옵나이다.
12 그리고 저의 제자들이 구원을 받고 못
받는 것, 피조물 만백성이 구원을 받
고 못 받는 것은 그들이 어찌 사느냐
에 달렸음이니 그건 그들의 몫이라 하
셨사옵나이다.
13 여호와 하나님!
14 어떠한 고통과 역경이 따른다 하여도
저는 선지자로서의 제 몫을 다할 것이
옵나이다.

15 저에게 힘과 용기와 자신을 버틸 수
있는, 그리고 모두와 다 싸워서 이길
수 있는, 그리고 제 육신이 버틸 수 있
고 견딜 수 있는 저를 기억하여 주옵
소서, 여호와 하나님!
16 어떠한 상황이든, 어떠한 현상이든,
저는 저의 제자들과 만백성에게 부끄
러운 행위와 질서에 어긋나는 짓은 하
지 아니하며,
17 어떠한 비바람과 태풍이 불어오며 저
를 휩쓸어 간다 해도 저는 제 몫인, 선
지자로서 만인에게 본보기가 되며 만
인이 스스로 저를 선지자라 인정해 주
는, 제가 맡아야 할 그 덕목을 어찌하
든지 행하여 지킬 것이옵나이다.
18 아버지께서 말씀하시기를, 선지자로
서 제가 서고 못 서는 것은, 제가 만백
성으로부터 선지자로 칭송을 듣고 누
구도 갈 수 없는 그 길을 가 그들이 인
정하고 못함은 저 자신의 몫이라 하신
그 말씀을,
19 하나님께서 하셔야 할 몫이 있으며,
제가 선지자로서 해야 할 몫이 있으
며, 제자들이 해야 할 몫이 있으며 가
야 할 몫이 있다 하는 그 말씀을 저는
지키고 가겠사옵나이다.
20 어떠한 역경이 있어도, 하나님께서 창
조하신 많은 피조물 만백성이 하나님
이 계시고 하늘이 있음을 모르고 살다
그들이 죽음 직전에 심판을 받아야 되
며 저희들이 지은 죄의 그 역경을 겪
어야 하는 그 무서움을 느끼는 그들을
구원할 수 있는 그 길을 저는 갈 것이
옵나이다.
21 그리고 저의 제자들 또한 그들이 아름
다운 마음으로 변하며 법전을 보고 깨
우치고 느끼는 대로 행하면 구원을 받
는다는 것을, 그리고 그들이 지키고
못 지키는 것은 그들의 덕목이라 말하
여 그들을 일깨워 줄 것이옵나이다.
22 그리고 그들이 계명을 지키며 또 여호
와 하나님의 법전을 지켜서 그들이 죽
어 하나님 앞에 갈 때, 스스로 자기들
혼자 고독한 모습으로써 하나님께서
내려 주신 그 에덴동산을 위해 가는
것이 아니라,
23 바로 살고 만백성에게 본보기가 되며
만백성이 우러러보는 여호와 하나님
의 법전을 지키고 사는 사람으로서,
천사가 되어,
24 참새 떼가 하늘을 덮듯이 여호와 하나
님께서 만드신 피조물 만백성을 천사
로 만들어 그와 같이 하나님께 가는
영광을 얻고 못 얻는 것은 그들의 덕
목이나,
25 그들에게 하늘의 그 비밀을 일깨워 주
어 그들이 갈 수 있도록, 위로는 하나
님의 성령을 받아 기록하는 데 정성을
다하며,
26 저 자신으로서는 만백성에게 선지자
로서의 그 자세가 조금도 추하고 더러
우며 부끄러움이 없는 길을 갈 것이며,
27 아래로는 저의 제자들에게 하늘의 비
밀을 가르쳐 주며 여호와 하나님의 뜻
을 가르쳐 주며,
28 그가 구원을 받으며 구원의 길을 갈
때, 자신이 혼자 갈 것인가 만백성을
구하여 이끌고 갈 것인가 하는 깨우침
을 그들에게 알려 주어,
29 그들의 선택의 길은 그들의 덕목이라

하였으나, 그들에게 많은 백성을 깨우
쳐 갈 수 있도록 그리 가르치고 인도
하겠사옵나이다."
30 사랑하는 선지자야!
31 "네, 여호와 하나님! 말씀하옵소서."
32 모든 것은 각자의 몫이 있으며 각자가
지켜야 할 길이 있으며 각자가 가야
할 길이 있느니라.
33 너희들 인간사에 살아가는 것도 그 직
급에 따라 지키고 행하는 일이 다르
며, 또 그 직업에 따라 하는 일이 다르
며 살아가는 방법이 다르며,
34 그가 선한 길을 선택하여 가느냐 악한
길을 선택하여 가느냐 하는 것도 그들
이 다 천태만상의 살아가는 형태가 있
다 하였으니,
35 너희들이 영의 세계에 와 구원을 받고
구원을 받지 못함도, 또한 나로부터
선택되어 너희들이 존재하는 것도 다
각자 자기가 해야 할 덕목이 있고 자
기가 지켜야 할 길이 있음이니,
36 그를 그가 얼마만큼 지키고 못 지키느
냐 하는 것은 각자 스스로 자신에게
달렸음이니라.
37 이제는 내가 너희들에게 일깨워 줄 만
큼 일깨워 주었느니라.
38 지금의 종교 지도자요, 믿음을 가지고
있는 자들이 행하고 있는 그 추하고
더러운 모습은 더러운 모습대로, 그리
고 아름다운 것은 아름다운 것대로 내
가 나의 법전을 통하여 너희들에게 일
러 주었으며,
39 그리고 나의 법전에 따라 공부하는 방
법과 그리고 너희들이 깨우치는 것과
법전을 통하여 내가 너희들에게 무엇
을 원하며 너희들이 어찌 가야 하는지
그 모두를 견주어 볼 수 있는 안목의
깨달음까지도 나의 법전에 다 기록하
여 너희들을 깨우쳐 주었음이니,
40 이는 너희들이 선별하여 스스로 각자
자기가 알아서 자기 자신을 통제하고
깨우쳐 너희 스스로 구원을 받고 받지
않는 것은 너희들에게 달렸으며,
41 나의 법전에 너희들을 구원할 수 있는
그 내용이 기록되었으며 기록되지 아
니하였다는 것은,
42 너희들이 하늘에 오르는 길로서 천사
가 되는 그 내용을 내가 기록하였느냐
사악한 무리가 되는 그 내용을 내가
기록하였느냐 하는 것은 너희들이 깨
우쳐,
43 내가 정녕 너희들의 하나님이요, 아니
요 하는 것을 너희 스스로 깨달으며,
44 선지자가 살아가는 모습을 보고 그가
선지자로서 자격이 있고 없는 것은 너
희들 스스로 깨달아 알 것이며,
45 또 내가 내린 나의 법전을 보고 깨우
쳐 너희들이 그를 배워 너희 스스로
천사가 되느냐 사악한 무리가 되느냐
하는 것은 너희들 자신의 몫이니,
46 각자 자기의 몫이요, 자기 직분을 스
스로 깨달아,
47 남을 원망하며 남을 저주하며 남을 의
심하며 남으로 인해 제가 잘못되었다
하는 그와 같은 불평과 불만의 마음을
가져서는 아니 되며 그는 있을 수도
없음이니,
48 이를 너의 제자들에게 바르게 깨우쳐,
자기 덕목만을 자기가 지킬 수 있도록
그리 가르치도록 하라, 선지자야!

1,982 번째 하나님 말씀

2002년 3월 6일 10시

1 사랑하는 선지자야!
2 "네, 여호와 하나님! 말씀하옵소서."
3 구약의 4천 년 역사요, 신약의 2천 년
이요, 6천 년이라는 기나긴 너희들의
그 세월 속에, 기억도 할 수 없으며 기
록으로 남길 수도 없었던 그 길고도
긴 세월 속에서 너희들이 살아왔으며,
4 또한 그 속에서 구약과 신약이라는 그
성서를 가지고 나의 피조물 만백성을
하늘에 오르는 길로 인도하고 깨우쳐
구원을 받고자 너희들이 많은 세월 속
에 살아왔음이니,
5 그러나 지금 내가 너희들에게 이르기
를 그 구약과 신약은 제3의 시대를 열
기 위하여 준비되어 온 과정이라 말하
였음이니라.
6 지금 내가 너에게 말하노니, 제3의 시
대에 천 년에 걸쳐 이 낙원의 에덴동
산에 새로운 나라를 세우며 나의 뜻에
따라 아름답고 천사와 같은 자들만이
존재하는 그 역사를 이루기 시작함이
니,
7 구약과 신약의 이와 같은 그 역사를
다 덮고 새로운 역사를 위하여 제3의
시대를 열어 감이니,
8 지금 바로 내가 법전을 세상에 내며,
나의 성령을 태워 너희들에게 내려보
내는 이 법전만이 새로이 제3의 시대
를 열어 나의 피조물 만백성이 바로
서고 깨우쳐 하늘에 와 구원을 받는
그 기틀을 내려보냄이니,
9 지금까지 나에게 오를 수 있는 길이라
하여 나의 피조물 만백성을 이끌어 온
모든 종파들 또한 이제 문을 닫아야
될 것이니라.
10 그들이 문을 닫지 아니하면 이 세상에
새로운 나의 법전이요, 내가 새로 추
구하는 새로운 낙원을 이룰 수 없게
된다는 뜻을 너희들은 모르는가?
11 이제 나의 피조물 만백성이 제3의 시
대에 태어나 나의 법전을 읽고 깨우쳐
하늘에 오르는 그와 같은 역사를 이루
며 이 지상에 낙원을 이룬다 하면 6천
년의 기나긴 역사를 덮고 새로운 시대
가 열리듯이,
12 너희들이 지금까지 믿어 왔으며 각종
종파에서 너희들이 구원받으려 울부
짖고 지금까지 온 것은, 다시 말하면
6천 년 동안의 역사가 준비 단계이듯
이, 너희들이 나의 법전이 세상에 나
가 나의 피조물 만백성을 구원하는 그
를 위한 준비 단계였음이니,
13 이제는 정녕 구원하는 나의 성령이 세
상에 나가 그들에게 전파되며 그들을
깨우쳐 하늘에 오르는 역사가 시작됨
이니,
14 지금의 모든 종파들이 다 문을 닫아야
되며, 닫게 되어 있음이니라.
15 문을 닫지 아니하고 그들의 문이 열려
있어 그들이 존속된다면, 천 년이 아
니라 만 년이라는 세월이 가도 새로운
에덴동산의 낙원이 건설되지 못하며,
이 세상에 새로운 땅이, 새로운 하늘
이 열릴 수 없는 것이 아니던가?
16 사랑하는 선지자야,
17 너와 너의 제자들은 어찌하여 이 뜻을
깨우치지 못하는가?

18 내가 너희들에게 말하기를 너희들이
승자요, 모든 지금 종교의 성전이라
하여 저희들이 만들어 놓은 곳에는 거
미줄을 치며 문을 닫게 됨이라 하였으
니,
19 그들은 6천 년 동안 역사가 흐르면서
오늘의 제3의 시대에 나의 법전이 나
와 너희들을 깨우쳐 하늘에 오르는 그
역사를 이루기 위한 준비 단계였으며,
그를 위하여 그들이 존재하여 지금까
지 왔다면 너희들은 이 말을 믿겠는가?
20 이는 엄연히 오늘의 시대를 위하여 너
희들이 준비되어 왔음이니라.
21 6천 년 동안 너희들이 이와 같이 뿌리
를 내린 그 모두가 천 년에 걸쳐 다 문
을 닫고 다 이 지상에서 사라지는 그
역사가 이루어짐이니,
22 나의 법전이 오늘에 얼마나 소중한 것
인가를, 그리고 나의 성령임을 너희들
이 알아야 될 것이며,
23 오로지 그를 다 지상에서 없애 버리고
제거하며 그들의 문을 닫게 하는 이와
같은 역사는 나의 성령밖에는 할 수
없음이니라.
24 그러하니 이와 같은 역사를 이루는 자
라 하여 선택된 선지자 네가 얼마나
소중하고 귀한 자인가를 알아야 될 것
이며,
25 너에게 선택된 너의 제자들 또한 얼마
나 그 소임이 대단하며 소중한 자들인
가를 알아야 할 것이니라.
26 내가 너희들에게 말하여 성서는 비밀
로 되어 있다 하였으며 나의 법전 또
한 비밀이라 하였느니라.
27 나의 법전 한 구절을 깨우치려면 너희
들이 내가 말하는 그 뜻이 앞으로 행
해질 것과 또 앞으로 내가 요구하는
것이, 원하는 것이 무엇인가를, 그리
고 그로 하여금 파생되는 모두를 생각
할 수 있는 그와 같은 마음의 자세로
나의 법전을 읽을 때만이 너희들이 나
의 뜻을 안다 하였음이니라.
28 내가 구약의 그 역사를 이루며 그 기
적을 이루었던 시대와, 그리고 나의
아들이 너희들이 상상할 수 없고 이룰
수도 없는 그 고통 속에서 내가 존재
함을 만백성에게 깨우쳐 대대손손 너
희들을 구하고자 피 흘려 죽어 가는
그와 같은 역사를 이루었던 그 세월이
다 오늘의 나의 선지자가 나의 성령을
받아 기록하는 이 역사를 위한 준비
단계이며 계획된 단계며, 그를 위하여
그들이 엮어 온 그 세월이라면,
29 얼마나 어렵고 힘든 값을 지불하며 그
대가를 지불하였는가 너희들은 한번
생각해 봐야 될 것이니라.
30 그리하여 나의 아들이 죽어 가는 그와
같은 대가를 지불하였으며 모든 역사
와 기적을 이루었던 그와 같은 너희들
이 상상할 수 없는 것들을 보고 들었
음이니,
31 그 모두는 다 오늘의 나의 선지자를
통하여 나의 법전을 세상에 내려보내
기 위한, 제3의 시대를 열기 위한 준
비 단계였다면, 너희들은 오늘의 준비
를 위하여 얼마나 그 나큰 대가를 지불
하였으며 그 역사가 이 지구상에 거쳐
가면서 시들어 갔는가 이와 같은 생각
을 다시 한 번 해 봐야 될 것이니라.
32 그리하면 지금 몇천 년 동안 너희 인

간들이 이루어 왔으며 그리고 그들이
하늘에 오르는 길이라 하여 사악한 집
단을 팽창하게 하였으며,
33 모두는 사악한 무리들이 이 세상에 존
재하며 지배하는 그와 같은 너희들 형
태를 이룬 것을 내가 문을 닫게 하며
그곳에 거미줄을 치게 하여 그들을 다
존속시키지 아니하고 그들이 존재할
수 없는 것이며,
34 저희들이 성전이라 만든 모든 건물이
요, 그 간판이 다 내려질 것이며, 거기
에 거미줄이 쳐지며 그들이 다 없어져
야 된다는 내가 너에게 알리는 이 뜻
이 무엇이 그리 방대하며 그 무엇이
위대하다 생각하느냐?
35 내가 나의 아들을 죽여 가면서까지,
그가 죽어 가는 그 형국에까지 치르며
많은 기적들을 직접 이루도록 한 그
모든 역사를 다 덮고자 함이니,
36 다 덮으며 제3의 시대가 열리는 것에
비유한다면,
37 지금까지 잘못 이끌어 오고 잘못 온
그 사악한 무리들이 나에게 오르겠다,
나에게 구원을 받겠다 하여, 나에게
오를 수 있는 길이라 하여 너희들에게
고통과 시련을 주고 살아온 그 잘못된
뿌리들의 간판을 내리며 문을 닫게 하
며 그들의 뿌리를 이 지구상에서 제거
하는 것이 무엇이 그리 위대한 역사며
대단한 역사더냐?
38 이는 아무것도 아님이니라.
39 그리하여 그와 같은 역사를 이룸이니,
이를 너희들은 알아야 될 것이며, 너
와 나의 법전을 읽고 따르는 나의 피
조물 만백성에게 너는 반드시 이 구절
을 가르쳐야 될 것이니라.
40 모든 종파들이 간판을 내리며 모든 종
파들이 문을 닫을 때, 나의 법전이 세
상에서 이루고자 하는 그 지상의 낙원
이 이루어진다는 것을,
41 그리하여 모든 종파들이 문을 닫아야
만 새로운 역사가 태어난다는 것을 나
의 백성들에게 너는 전하여야 될 것이
니 그리 알라.
42 모든 종파들이 문을 닫아 죽어짐이 제
3의 시대요, 나의 법전의 시대요, 하
나가 되는 거룩한 시대를 열어 가는
역사가 이루어지는 것이며,
43 그리하여 나의 법전이 세상에 전해지
며 너희들이 하나가 되어 또 한 덩어
리가 또 하나가 되어 너희들이 하나가
되는 그와 같은 마음으로 굳어져 갈
때 그들은 서서히 시들어져 가며,
44 그리하여 많은 나의 피조물 만백성이
나의 법전을 읽고 그들이 하늘에 오르
는 길을 정확히 알았을 때,
45 그때가 되면 너희들은 알 것이니라,
모든 종파의 문은 닫아져 있음을.
46 그리고 후세에 나의 피조물 만백성은,
너희 자손대대 후손들은 오늘 내가 선
지자를 통하여 내린 나의 성령이 나
여호와의 뜻이며 나의 음성이며 나의
모두를 내려보낸 그것을 그들이 알게
될 것이며,
47 그들이 나 여호와에게 경배하는 마음
이 또한 그들 나름대로 자리를 잡아
갈 것이며,
48 그들은 오로지 선한 백성으로서 나를
경배하며 영의 세계에서 영을 살려 그
영이 구원을 받는 그와 같은 역사를

이루며 오늘의 이와 같은 뜻을 그들이
감사하는 마음으로써 살아갈 때가 있
을 것이니,
49 그들만이 증명할 수 있을 것이니라.
50 이를 나의 백성들에게, 나의 피조물
만백성에게, 너를 따르는 제자들에게
일깨워 주도록 그리하라.

1,983 번째 하나님 말씀

2002년 3월 6일 10시 50분

1 사랑하는 선지자야!
2 "네, 여호와 하나님! 말씀하옵소서."
3 너와 너의 제자들, 그리고 나의 법전
을 읽고 깨우친 나의 피조물 만백성에
게 이리 전하라.
4 이제는 너희들의 기복 신앙을 중단하
라 그리 이르라. 그리고 너희들은 어
떠한 종파든, 어떠한 방법으로 만들었
든, 그들의 성전이며 그들 앞에 나가
나 여호와에게 오르고자 하는 그 구원
의 기도를 드리지 말라 하라.
5 나는 정녕 그들과는 아무런 관계가 없
음이니라.
6 내가 6천 년의 단계를 준비 단계로 하
였으며,
7 그 모두의 그들이 믿음의 길을 오는
것도 그들이 나의 십계명을 지키고 나
의 뜻에 살아오고 나의 뜻을 그들에게
가르치며 깨우치는 그러한 방법으로
오지 아니하였으며,
8 저희들의 육신과 저희들의 인간사의
삶을 위하여 그들이 그리 왔으며,
9 그 복을 위하여, 또 저희들이 편하게
살기 위하여 지금까지 모든 종파들이
나의 피조물 만백성을 그리 우롱하며
그리 끌고 왔음이니라.
10 그러니 그들이 다 저희들의 기복 신앙
속에서 무엇인가를 구하고자 하며 그
성전에 가 기도하고 또 그들의 뜻에
따라 움직였음이니,
11 이제는 그와 같은 기도의 방법은 나는
듣지도 않으며 나와는 관계도 없음을
내가 너희들에게 알려 주나니,
12 이제는 그들에게 전하라.
13 그러한 성전이고 저희들이 지금까지
만든, 나아가 저희들이 무엇인가를 얻
고자 믿었던 그 모든 종파에서 발걸음
을 돌리라 그리 이르라.
14 그리고 그들을 그리 깨우쳐야 할 것이
니라.
15 오로지 나 여호와에게 오르는 자는 개
인이요, 가족 단위요, 그저 너희들 이
웃과 더불어서 나에게 기도를 하면 되
는 것이며,
16 그 기도 소리를 내가 들어주고, 그 기
도 소리를 내가 듣고 너희들이 오르는
그 아름다운 마음을 내가 보고 있다
함을 너희들이 알려야 될 것이며,
17 그리하여 나의 뜻대로 기도하고 그리
나를 경배하고 마음을 비워 갈 때 너
희들의 영혼을 구원받는 것을 그들에
게 일깨워 줘야 될 것이니라.
18 이제는 그와 같은, 너희들이 지금까지
믿어 왔던 그 모든 믿음에서 발길을
돌리며,
19 너희들이 혼자 기도하며 가족 단위로
기도하며 때와 장소를 가리지 말고 너
희 가정에서, 너희 다락방에서, 너희
일터에서 그리 나에게 기도를 드리면

내가 너희들의 기도 소리를 들으며 그
뜻을 받아들인다 그리 전하라.
20 '여호와 하나님! 저의 죄를 용서하여
주옵시고, 모두 여호와 하나님의 은혜
와 은총에서 이루어짐이니 감사합니
다.'
21 그저 편안한 마음으로 너희들이 나 여
호와에게 '감사합니다.' 그리 기도드
리는 것이 최상의 기도며, 그게 너희
들이 구원을 받을 수 있는 길의 기도
라 하는 것을 나의 피조물 만백성에게
일깨워 주도록 그리하라.
22 이제는 너희들이 만든 그 성전이요,
너희들이 지금 구원의 길로 이끈다 말
하는 그들에 현혹되어 그 귀하고 값진
너희들의 시간과 너희 인생의 모두를
거기다 바치며,
23 그리고 내가 너희들에게 내린 금화와
은화요, 그는 내가 너희들에게 준 복
이거늘 그 복마저 너희들이 갖다 바치
면서 그와 같은 잘못된 기복 신앙의
대표적인 종교 집단에 가서 너희들의
그 인생을 죽어 가는 삶으로 이끌지
말라.
24 너희들이 그 기복 신앙이요, 지금까지
믿어 왔던 이 지상의 모든 종파에 나
가 기도하고 원하고 갈구하는 것은 다
기복 신앙의 앞에 가 너희들이 복을
비는 그러한 형태이니,
25 하나도 너희들이 바르고 옳은 믿음이
없다는 것을 알라.
26 지금까지 너희들이 그 웅대하다는, 그
리고 대단하고 형용할 수 없는 모든
종파의 집단이요, 그 능력은 지금 내
가 새로운 제3의 시대를 열면서 나의
성령을 태워 나의 법전을 세상에 내보
내는, 그리고 새로운 역사를 출발하고
이루기 위한 준비 단계였으며,
27 그리하여 그간에 나로부터 그와 같은
준비 단계에 살아오면서 너희들이 바
르고 옳은 길로 오지 못하며 잘못된
길로 흘러갔기에, 이제는 그들의 앞에
가 너희들이 기도하여 너희들의 영혼
을 죽이는 그러한 행위를 하지 말라는
것을 나의 피조물 만백성에게 전하여
야 될 것이니라.
28 이 지상에서 나의 피조물 만백성이 구
원을 받는 그 기도는 하나로 통일해야
될 것이니라.
29 '여호와 하나님! 저의 죄를 용서해 주
옵소서. 모두는 여호와 하나님의 은혜
이니, 감사합니다.' 하고 너희들이 생
각하며, 그리고 '하나님! 감사합니다.'
'하나님! 감사합니다.' 그 말로써 너희
들의 모든 기도를 다 대변하니,
30 너희들 생각대로 너희들 머릿속에서
떠오르는 말귀나 글귀를 갖다 붙여 대
면서 나의 피조물 만백성을 현혹하며
자극하여 광란의 세계로 끌어가는 그
런 허무맹랑한 짓은 하지 말며 그 소
리를 듣지도 말라.
31 너희들은 내가 너희에게 일깨워 주지
아니하였던가?
32 너희보다 더 사악하며 너희보다 죄를
더 많이 지으며 너희들이 보지 않는
곳에서 더 추악한 짓을 하며 남의 재
물을 그저 거둬들이는 그러한 자가,
너희들보다 깨끗하지 못한 자가 어찌
하여 너희같이 깨끗한 자의 그 기도를
드릴 수 있다고 하는가?

33 그들은 말로써 너희들을 현혹하며 사
랑을 베풀며 나눔을 베풀며 그리고 천
사와 같이 살라 말하느니라.
34 그러나 그들의 행동은 그렇지 못하니,
추잡하고 더러운 그 행위 속에서 살아
가는 지도자가 수없이 많이 있으며 그
렇게 흘러왔느니라.
35 그러나 그 말을 듣고 그리 행하라 한
다 하여 그리 행하고 그리 순종하며
따라가고자 하는 나의 피조물 만백성,
신도라 하는 너희들이 더 위대하고 더
깨끗하며 더 소중하며 더 아름다운 마
음 자세를 가지고 산다는 것을 알아야
할 것이니라.
36 나의 사랑하는 피조물 만백성은 들으
라.
37 너희들이 믿고 따르는 그 종교 지도자
요, 너희들 앞에 설법하는 자가 과연
너희보다 더 아름답고 더 깨끗하며 더
소중한 인생의 아름다움을 갖고 나를
향하여 그들이 나의 계명에 따라 살아
가는 자들인가 보라.
38 그렇지 못할 것이니라. 그들의 세 치
혓바닥으로 지껄이는 그 말을 듣고 그
에 따라 지키고자 하는 너희들이 더
깨끗하고 아름다움이니,
39 더러운 자가 더 깨끗한 자를 위하여
기도할 수 없으며 그 기도는 기도가
아니라 내가 말하였음이니라.
40 나의 사랑하는 피조물 만백성 너희들
은 지금 내가 선지자를 통하여 내리는
내 뜻을 잘 알아 기도하는 방법을 오
늘부터 고치며,
41 너희들 스스로 다락방에서, 너희 가정
에서, 너희 일터에서 나에게 그저 '하
나님! 감사합니다.' 그리 기도하라.
42 그러면 되는 것을, 어찌하여 너희들은
그리도 험악한 자들 앞에 험악하고 힘
든 그 믿음의 세계라는 곳을 가려 하
는가?
43 내가 그리하여 선지자에게 말하였느
니라.
44 내가 너희들을 위하여 내리는 나의 법
전에 잘못 가라는 내용이 써 있으면
나의 선지자가 너희들에게 적어 낸 그
법전의 내용이 나 여호와가 내리는 것
이 아니며, 나 여호와의 것이 아니며,
나 여호와의 성령이 아니라 하였으며,
45 그리고 그게 정녕 잘못되어 있다면 그
것은 나 여호와의 책임이요, 내가 책
임져야 할 부분이라 말하였느니라.
46 그리하여 내가 선지자에게 이르기를,
47 그가 선지자로서 자세를 지키며 선지
자로서 만백성에게 칭송을 듣고 못 듣
는 것은 그에게 달렸음이니,
48 그가 선지자가 되고 못 되는 것은 그
의 능력이라 하였으며 그의 마음 자세
라 하였느니라.
49 그리하여 선지자 그가 곧고 바른 자세
로 살아가고자 얼마나 힘들고 어려운
고통의 세월을 가는가?
50 그와 같이 변해 가야 되는 것이니라.
51 너희들 또한 그리 변하여 가는 것이
너희 제자들이 변하는 길이니,
52 그리고 이와 같은 내용을 듣는 나의
피조물 만백성 너희들은 너희 스스로
깨우쳐 나 여호와가 명하는 그대로 간
단한 방법으로써
53 '하나님! 저의 죄를 용서하여 주옵시
고, 모두는 여호와 하나님의 은혜와

은총입니다. 감사합니다.' 이 기도만
드리라 하는 것을, 너희들은 어찌하여
내 이 뜻을 듣지 아니하는가?
54 나 여호와가 나에게 오르는 그 기도
방법을, 이 기도를 모든 백성들에게
통일하여 이 지구상에 있는 나의 피조
물 만백성이 이와 같이 기도드릴 때
그 소리를 내가 다 들음이며 그들의
기도를 받아들이니,
55 내 품으로 돌아올 수 있는 그들의 영
혼을 죽은 자 가운데서 살리고 있는
그와 같은 역사를 이루라 하는 것을
어찌하여 너희들은 듣지 아니하는가?
56 선지자의 제자들과 그리고 나의 피조
물 만백성 너희들은 들어야 할 것이니
라.
57 너희보다 깨끗하지 못한 자가 너희들
을 위하여 기도할 수 없으며, 나에게
천거할 수 없음이니라.
58 그리하여 나의 선지자가 얼마나 깨끗
하고 아름답게 가고자 하며 그가 노력
하며 그 스스로 고통의 세월을 겪고
있는가를 너희들이 와서 한번 직접 보
고 그 말을 들어 보라.
59 나의 선지자가 남을 위하여 기도한다
면, 그보다 깨끗하지 못하면 그가 기
도할 수 없음이니라. 자격이 없음이니
라.
60 지금 원천적으로, 근본적으로 잘못 가
는 종교 지도자들이 오로지 기복 신앙
을 위하여, 너희들이 이야기하는 무당
이요, 미신을 믿는 자보다도 더 추악
하고 더러운 방법으로써 살아가고 있
거늘,
61 그들이 어찌하여 너희들보다 깨끗하
다 하며, 너희들보다 더 아름다운 삶
을 살아가서 너희들의 기도를 대신 드
려 줄 수 있다 하는가?
62 사랑하는 선지자야!
63 "네, 여호와 하나님! 말씀하옵소서."
64 너의 형제요, 나의 모든 피조물 만백
성에게 일깨워 주라.
65 너희들이 나에게 바친다는 모든 기금
이요, 헌금을 갖다 바치기 위해서 너
희들이 허리띠를 매고 살아가느니라.
66 나에게 헌금이라 하여 천 원이라는 지
폐 한 장을 바치기 위해서 노인이 많
은 시간을 걸어가며 먹지 않고 굶주려
서 바치는 그 헌금은 그 정성이 얼마
나 갸륵하고 아름답더냐?
67 그의 그와 같은 마음과 정성은 아름다
운 것이니라.
68 그가 그 재물을 바치는 것이 아니라
바치고자 하는 그 정성이 아름다우니,
그 정성의 아름다움을 가지고 바치는
것을 거두어들이는 자는 그것을 그만
큼 소중하고 값지게 바라보고 그리 쓰
는가 물어보라.
69 10리라는 길을 걸어가 천 원을 넣는,
그 늙은 노인이 넣는 그 정성의 천 원
의 그 재물을 가지고 부귀영화를 누리
고 있는 그가 얼마나 그게 그만큼 소
중한가를 알며, 그 노인이 천 원을 갖
다 바치는 그 아름다운 마음으로 그가
받고, 받아 쓰는가 물어보라.
70 그들은 그저 거둬들임이니라.
71 그리고 그걸 함부로 저희들의 영달을
위해서 써 가며 저희들의 명예를 위해
서 써 간다는 것을 너희들은 어찌 그
리도 모르느냐?

72 내가 선지자에게 말하였느니라.
73 선물을 사 주고자 하는 자에게 선물을
받지 아니하고 그가 선물을 주고자 했
던 그 아름다운 마음을 가슴에 새기는
것이 나의 백성이요, 하늘에 오르는
길이라 했음이니,
74 너희들이 말하는 10리의 길을 걸어가
그 천 원이요, 2천 원을 바치는 가난
한 노인의 정성을, 받지 아니하고도
그 정성을 읽는 종교 지도자가 되어야
할 것이거늘,
75 그를 그저 거침없이 받아들이며, 당연
한 듯 챙기며, 그리고 그 정성의 가치
도 모르며 그 뜻도 모르면서 제 마음
대로 휘둘러 쓰는 그 사악한 짐승만도
못한 자들의 그 행위를 보고
76 어찌 너희들은 그들의 기도 소리로써
구원받는다 하며, 그들이 너희를 하늘
로 인도하는 지도자라 믿으며, 그들의
그 더러운 혓바닥에서 나오는 그 소리
를 듣고자 하며, 그것이 너희들이 구
원을 받을 수 있는 길이라 그리 생각
하는가?
77 이는 아니니라.
78 내가 나의 선지자를 통하여 천 년의
역사를 위하여 아름다운 지상의 낙원
을 만들고자 하는 나의 뜻에 너희들을
동참시키고자 하는 나 여호와의 간절
한 이 뜻을 너희들 스스로 깨우쳐, 구
원을 받고 못 받는 그 영광의 선택은
너희들의 몫이니라.

1,984 번째 하나님 말씀

2002년 3월 6일 12시 30분

1 사랑하는 선지자야!
2 "네, 여호와 하나님! 말씀하옵소서."
3 지금 나의 피조물 만백성이 구원을 받
고자 저희들의 종교의 집단에 가서 기
도하고 경배하는 자가 있는가 하면,
또 믿지 아니하고 살아가는 자들이 있
느니라.
4 나를 믿는 자들이 지금 잘못 가고 잘
못되어 있다 함을 내가 너에게 수차
여러 가지로 명하여 나의 피조물 만백
성에게 전하라 하였음이니,
5 오늘 또한 네가 나의 십계명에 명시되
어 있는 한 구절을 놓고 한번 생각해
보라. 엄연히 내가 너희들에게 명하여
내렸느니라.
6 '네 부모를 공경하라.' 함이니라.
7 여기에는 너희들이 나를 섬기고 나를
따르기 전에, 너희들을 육신으로 낳아
주고 길러 준 부모의 은혜와 공에 감
사함을 먼저 가지라 함을 내가 명하였
거늘,
8 지금 나를 믿는 너희들이 과연 너희
부모를 얼마나 공경하며, 얼마나 자식
의 도리와 인간관계의 도리를 하고 사
는가 한번 물어보자.
9 십계명을 지키지 아니하고 그를 모르
는 자들, 그 뜻을 모르는 일반 백성들
이 살아가는 모습이 어떻던가?
10 그들은 순수하며 소박함이 있느니라.
그리고 부모에 대한 모든 정성과 아련
한 마음을 항상 가슴 한구석에 안고
살아가느니라. 그리고 기본적으로 인

간의 세상사에 살아가는 인간으로부
터 배운 그 교육에 의한 그들의 도리
를 지켜 가고자 하느니라.
11 그러나 인간의 도리를 벗어나 나 여호
와의 뜻을 공부하고 나 여호와의 뜻을
배우며 구원의 영광을 얻고자 하는 너
희들은, 나로부터 선택되었다는 종교
지도자들로부터 배우며 깨우쳐 가는
너희들은 어찌하며 살아가는가?
12 너희들은 정녕 나에게 한 점의 부끄럼
이 없는 삶을 살며 살아간다고 이야기
하고 있으나,
13 너희들을 낳아 주고 길러 준 그 부모
에게 먼저 효성을 다하라 내가 너희들
에게 명하였거늘, 너희들은 과연 이
명을 얼마나 지키고 순종하는가?
14 너희들이 너희 부모에게 얼마만큼 순
종하며 그의 은혜에 감사하며 살아가
고 있는가 오늘 너희 가슴에 손을 얹
고 생각해 봐야 될 것이니라.
15 너희들은 주일이라 하는 그 날짜에 너
희들이 만든 그 성전에 가서 재물을
바치고 그곳에 가서 시간을 보내며 그
리고 너희들이 구원을 받고자 애걸복
걸하는 기복 신앙을 찬양함이니라.
16 그리고 너희는 너희 노력의 대가의 일
부분이요, 그리고 수시로 너희들의 이
름을 나 여호와가 기억하게 하고자 너
희들이 하늘에 오를 수 있는 길이라
하여 그 재물로써 하늘에 오르는 표를
한 장 한 장 사는 그와 같은 욕심으로
써 너희들의 잘못된 지도자들이요, 기
복 신앙의 대표자인 그들 앞에 얼마나
갖다 바치며 얼마나 시간을 낭비하는
가?
17 그리고 그들이 너희 가정을 방문했을
때, 너희들은 얼마나 정성껏 그들에게
바치는가?
18 오늘 내가 너희들에게 하나를 물어봄
이니라.
19 너희들을 길러 주고 낳아 준 노부모가
어렵사리 힘들여 너희들을 찾아왔을
때, 너희들은 너희 부모에게 공경하는
자세와 너희 부모를 향하여 하는 그
자세와 너희 마음의 뜻이 어디에 가
있으며 그 부모를 얼마나 소중히 받드
는가?
20 그러나 너희들은 기복 신앙의 대표자
요, 너희들을 지옥 불로 이끌어 가는
종교 지도자란 자들이 너희 집을 방문
하여 그들이 제 마음대로 흥분되어 지
껄이는 그 말에 '아멘'이요, '아멘'이요
하고 나서 너희들은 그를 어찌 대접하
는가?
21 너희 부모와 가짜의 잘못된 종교 지도
자가 너희 집에 와서 같이 있을 때, 너
희는 누구를 먼저 섬기며 누구를 먼저
받들어야 하는가?
22 낳아 주고 길러 준 너희 부모니라. 그
리고 내가 너희들에게 명하였느니라.
네 부모를 공경함을 먼저 하라 내가
가르쳐 주었거늘,
23 너희들은 나의 그와 같은 가르침의 명
이 있지만 그를 무시하며,
24 너희 부모의 상에 놓는 과일과 반찬보
다 너희 종교 지도자라는, 세 치 혓바
닥으로써 모두를 팔아먹고 착취하는
그 사악한 가짜 무리의 상에 놓는 과
일과 반찬을 더 정성스럽게 놓지는 아
니하는가? 그리고 가짓수를 더 많이

놓지는 아니하는가?
25 어렵사리 오랜만에 찾아온 너희 부모는 한쪽 방으로 밀어 넣고,
26 너희들을 영원히 구원해 준다는 그 잘못된 기복 신앙의 대표자 앞에서 너희는 고개 숙이고 눈물지으며 그를 정성껏 따뜻한 방, 넓은 방, 고운 방에 모시지는 아니하는가?
27 너희들이 지금 내가 선지자를 통하여 말하는 이와 같은 행위를 저질렀다면,
28 너희를 낳아 주고 길러 준 부모를 한쪽으로 제쳐 놓고, 너희들을 구원의 길로 인도하여 천당이라는 곳에 보내 준다 하며 너희들을 지상의 낙원으로 인도하며 천국으로 인도한다 하는 그 사악한 기복 신앙의 대표자요, 기복 신앙의 종노릇을 하고 있는 너희 종교 지도자를 너희 부모보다 더 존경하고 더 받들고 더 조심스럽게 그를 우선으로 모신 백성이 있다 하면,
29 그와 같은 행위를 한 자는 영원히 나의 앞에 와 구원을 받을 수 없으며, 하늘에 오르는 꿈도 꾸지 말라.
30 그와 같은 너희를 내가 벌하고자 함은, 첫 번째는 내가 너희들에게 명한 너희를 낳아 주고 길러 준 부모를 나보다 먼저 공경하며, 그를 받들고 공경하는 속에서 그 기본이 갖춰진 다음에 나를 향하여 기도하고 나에게 경배하라 하였음이니, 너희들은 나의 계명이요, 나의 뜻을 하나 어긴 첫 번째 죄요,
31 그리고 두 번째는 너희들을 낳아 주고 길러 준 부모의 감사함과 공을 알기 전에 너희들을 천당으로 보내 준다는 그 현혹된 말에 천당을 가고자 하는 그 욕심으로써 그를 너희 부모보다도 더 정성껏 경배하고 모시고 대접하는 행위를 했다 하면 이것이 또한 너희가 사고팔고자 하는 것이니,
32 나를 잘못 보고 있으며 나를 거래하는 장사꾼만도 못하게 너희 가슴속에 그리 생각하기 때문에, 그를 통하여 무엇인가를 얻고 사고자 하는 네 도둑놈과 같은 그 심보를 내가 용서할 수 없음이니, 두 번째의 죄를 짓는 것이니,
33 너희가 지금까지 그러한 생활을 했다 하면 그것 하나만 보더라도 너희들이 얼마나 잘못 가고 있고 잘못된 자들인가를 깨우쳐야 할 것이니라.
34 그와 같은 행위를 한 자, 내가 용서할 수 없음이니라.
35 그와 같은 행위를 하고 나에게 기도한 자, 지금 나의 법전이 세상에 나가 이것을 너희들이 읽는 그 순간부터 기복 신앙의 대표적인 사악한 그 무리를 대접하는 것이 아니라,
36 그보다 더 열배 백배 더한 정성으로써 너희 부모를 공경하는 그와 같은 마음 자세와 행동으로 바꾸지 아니하면 너희들이 얼마나 무서운 지옥 불에 떨어져 가는 것인가를 알아야 될 것이니라.
37 그리고 그러한 대우를 당당히 받는 자, 당연한 듯 받는 자, 그리고 제가 가장 높은 자인 듯 제가 가장 상좌에 앉아 모두를 누리고 받고자 하는 기복 신앙의 사악한 무리의 종이 된 그 가짜 지도자를 또한 내가 용서치 않을 것이니, 그의 행위를 보며 너희들은 깨달아야 할 것이니라.

38 그도 저를 길러 주고 낳아 준 부모가
있음이니라.
39 아무리 사악한 무리의 종이 되어 그
밑에서 사악한 짓을 한다 하더라도 저
를 낳아 주고 저를 길러 준 제 부모가
있거늘,
40 저의 노부모를 공경할 줄도 모르는 그
런 사악한 자의 그 가르침이 어찌하여
진정한 나의 하늘에 오르는 길이라 너
희들은 생각하며, 그것이 나를 향하여
오는 믿음이라 생각하는가?
41 이것 하나만 봐도 너희들이 깨달을 것
이거늘, 어찌 그 하나를 분별할 수 있
는 안목이 없는가?
42 내가 너희들에게 다시 한 번 강조하여
알려 주노라.
43 엄연히 나의 십계명은 영을 살리는 양
식이요, 영양의 공급처라 했으며, 이
는 절대적으로 지키는 것이 천국에 오
르는 길의 기본이라 했으니,
44 거기에 '네 부모를 공경하라.'는 대목
이 있느니라. 너희 부모를 공경치 아
니하고는 이루어질 수 없음을 알라.
45 그리고 부모를 공경하는 것보다 지도
자 저를 더 받들고 저를 위하여 더 봉
사와 희생을 하기를 강요한다면 그는
진정한 종교 지도자가 아니니라.
46 그게 바로 무엇이더냐?
47 사악한 사탄의 종이 되어 그 밑에 가
서 사탄에게 힘과 능력을 주고, 그리
고 만인을 지배하고자 하는 그 사악한
마음이 가슴속에서 우러나도록 하는
그 장본인의 행위가 됨이니라.
48 이제는 너희들이 깨달을 때가 되었음
이니라. 그리고 새 시대가 열려 오기
에 너희들이 깨달아야 하는 것이니라.
49 이 한 구절을 놓고 너희들이 생각해
보라. 너희들을 어찌 가도록 유도하
고, 어찌 가도록 가르치는가?
50 정도요, 도덕이요, 사회의 질서요, 관
행에 어긋나는 행위는 정녕 나의 뜻이
아니니라.
51 너희들의 육이 잘못 살아옴은 영이 죽
음이 된다 하였음이니라.
52 그러니 너희들이 인간 세속에서 살아
가는 그 도덕과 윤리와 그 기본 질서
를 지키고 사는 것만이 나에게 오를
수 있는 영광의 기초며 기본이며, 나
에게 오르는, 천국에 오르는 길의 연
장선에 있으며 이어져 감을 너희들이
어찌하여 그리도 모르는가?
53 너희들이 육신의 세계에서 서로 부딪
치고 만지고 스쳐 가며 그리고 서로
보고 대화하며 서로 힘을 합쳐 의논하
고 어렵고 슬픈 일을 같이 나누며 살
아가는 너희들의 그 육신의 세계에서
의 본분을 다 못 하는 자는 영의 세계
의 본분을 다 할 수도 없으며, 영의 세
계를 볼 수도 없으며, 영의 세계의 그
위대함을 볼 수도 없는 잘못된 자이니
라.
54 이와 같은 나의 이치를 깨달아 너희들
이 행함을 바르게 해야 될 것이니라.
55 내가 오늘날 선지자를 따르는 제자들
에게 말했듯이, 구원을 받고 못 받는
것은 너희 자신에게 달렸다 하였으니,
56 너희 자신이 깨달아 판단하고 못 함은
너희에게 달렸음이니,
57 나의 애절한 뜻의 전함을 너희들이 소
홀히 들어 우매하고 어리석은 행위를

하지 말라.

1,985 번째 하나님 말씀

2002년 3월 6일 16시 10분

1 사랑하는 선지자야!
2 "네, 여호와 하나님! 말씀하옵소서."
3 나 여호와가 지금의 너희들의 믿음이
요, 하늘에 오르며 나의 종이라 하여
가르치고 인도하는 그들과 그들을 따
르는 자들이 잘못되었다 하여 단죄를
함이니,
4 이는 내가 많은 세월 동안에 그들이
지켜 온 그 실상을 너무나 잘 알고 있
으며, 그들의 움직임을 단 하나도 놓
치지 않고 나 여호와가 알고 있으며,
또한 그들이 나를 속일 수도 없기 때
문이니라.
5 지금 내가 나의 성령을 태워 너에게
내려보내는 나의 법전이 어느 구절이
잘못되었으며 어느 구절에 너희들에
게 잘못 살라 하는 그런 내용이 있는
가?
6 그리고 너희들이 재물이요, 금화와 은
화를 그저 갖다 바치며 그를 바침으로
인하여 너희들이 축복받고 영광 받는
인생을 살 수 있다는 것이 어디 있으
며,
7 너희들이 재물을 갖다 바침으로써 그
와 같이 창고에 그득히 재물을 쌓아
주며, 또한 그 재물을 바친 덕으로 인
하여 하늘에 올라와 구원의 영광을 받
는다는 그러한 내용이 나의 법전에 어
디 있는가?
8 지금 종교 지도자 너희들이 그와 같이
허무맹랑한 방법으로써 나의 피조물
만백성을 이끌어 왔음이니,
9 지금 너희들은 나의 피조물 만백성을
구원하여 이끌어 온다 하며,
10 예수가 탄생하고 그가 어려운 고통을
겪고 간 그 후세에 너희들은 새로운
신약이라는 시대를 열어 나의 피조물
만백성을 구원하여 하늘에 오르도록
인도한다 하여 만백성의 모든 재물과
금화와 은화를 수없이 거둬들여 너희
들 손으로 그와 같이 웅장한 성전이라
는 것을 수없이 이 지구상에 지어 나
의 이 에덴동산을 오염케 한 장본인들
이니라.
11 너희들은 여기서 들어야 할 것이니라.
12 나의 법전을 깨우쳐 나의 성전에 와서
나의 성령을 선지자를 통하여 듣는 그
제자들은 그들의 마음에 부담이 없으
며 고통이 없느니라.
13 어떠한 명분이든 헌금이요, 십일조요,
재물을 바치는 일이 그들은 없기 때문
이니라.
14 너희들은 지금 어떠한 역사를 흘러왔
는가?
15 수천 년 역사를 흘러오면서 너희들이
이룬 것이라는 것은 그저 나의 피조물
만백성에게 재물을 거둬들이는 그 방
법을 연구한 것밖에는 없느니라.
16 가난하고 어렵고 제 육신이 살아가기
도 힘든 자들에게
17 '너희 육신이 사는 집은 추하고 더러
워도 여호와 하나님을 만나는 성전은
아름답고 웅장하게 꾸며야 되니, 너희
들의 재산을 다 팔아서 이 성전을 건
축하는 데 바치는 자가 축복을 받고

영광을 받는다.'는 그와 같은 해괴망
측한 사기극을 벌여 왔으며,
18 나의 피조물 만백성을 그리 우롱한 역
사만이 남아 있는 것이 아닌가?
19 그리고 무엇이 있는가?
20 나의 피조물 만백성의 재물을 수없이
긁어모아 너희들의 육신이 편안하게
살아옴과, 그리고 누구보다도 큰 성전
을 지으며 많은 신도라는 자들을 거느
리는 것이 너희들은 출세한 것이며 이
세상에 성공한 자라 하며,
21 그것이 바로 나 여호와로부터 축복을
받은 것이라 그리 생각하고 그것에만
연연하고 살아왔던 것이 너희들이 아
닌가?
22 그리하여 너희들은 십일조요, 또는 기
타 헌금으로써 받아들이는 것도 부족
하여, 나의 성서요, 성경에 기록되어
있지도 않은 명칭으로써 나의 피조물
만백성에게 그 직급이라는 것을 내려
주고 팔아먹었음이니라.
23 그리하여 자신도 모르게 금화와 은화
를 주고 그 직급을 받은 자는 평생 그
가 죽을 때까지 그 굴레에서 벗어나지
못하며, 코 꿴 망아지와 같은 신세가
되어 그저 시간과 모든 재물을 생기는
대로 평생 동안 바치는 그와 같은 어
리석고 불쌍한 삶을 살아왔으니,
24 너희들이 지금까지의 믿음이라는 것
을 돌이켜 생각해 보라.
25 높은 직급을 갖고 높은 직급을 받은
자일수록 너희들이 지금 믿음을 향하
여 지나온 과거사를 돌이켜 보라.
26 어떠한 방법으로써 얼마나 수없는 헌
금을 바쳤으며, 너희들의 소중한 시간
을 거기다 바쳤으며, 너희들은 얼마나
많은 재물들을 그곳에 바쳤는가?
27 너희들은 지금 돌이켜 생각하면 그 재
물을 바친 역사밖에 너희 기억에 남는
것이 없을 것이니라.
28 그리고 너희들은 그걸 바치기 위해서
너무도 어렵고 힘든 세월을 살아왔으
며,
29 너희들이 때로는 권태롭고 때로는 환
멸을 느끼나, 너희들이 갖다 바치고
던진 것이 너무 억울하고, 그곳에서
너희들이 직급이요, 호칭이요, 대우를
받는 그것 때문에 너희들이 지금 떠나
오지도 못하며,
30 아직도 너희들이 살아 있는 그 세월
동안 코 꿴 망아지처럼 그저 계속 바
치라는 대로 바쳐야 될 것이며,
31 무슨 일이요, 무슨 행사만 있을 때에
도 너희들은 그 직급에 따라 분담을
받아 그 재물을 바치고 있음이니,
32 정녕 10년, 20년, 30년, 평생을 나 여
호와에게 오르겠다고 믿어 온 너희들
이 과연 어떠한 길에 구원을 받았으며
지금 어디까지 구원을 받아 와 있는가
를 너희들 스스로 한번 생각해 보도록
하라.
33 너희들의 머리와 너희들의 기억에 남
는 건 그저 금화를 바치고 재물을 바
치며, 그 설교하는 자에게 가서 너희
들이 '아멘, 아멘!' 하고 소리 지르며
오도방정을 떤 것밖에는 추억에 남는
게 뭐 있는가?
34 그리고 어렵고도 힘들게 그 재물을 바
치며 축복이라는 것을 받지 아니하나
하여 그와 같은 기대에서 너희들은 여

태껏 끌려왔음이니,
35 또 너희들은 그 직급을 한 번 받은 자
로서 그 직급 때문에 앞으로도 너희들
이 죽을 때까지 그 모든 것을, 시간과
노동력과 재물과 금화와 은화를 수없
이 갖다 바치며 살아가야 되니,
36 그 너희들의 답답하고 암담한 심정을
너희들은 모르는가?
37 너희들이 실패하여 쓰러졌으면서도
갖다 바쳐야 되는 그 고통과 어렵고
힘든 그 길을 살아오게 하고 너희들을
그리 착취해 온 것이 지금 종교 지도
자이니,
38 너희들은 20년, 30년 많은 세월을 다
녔다 하나, 너희들이 과연 영혼이 어
찌 구원을 받았으며 너희들이 어디까
지 구원을 받아 너희들이 있는 위치가
어디인가를 생각해 보라.
39 다만, 너희들은 그저 바치라 하는 것
을 바칠 때마다 고통스럽고 힘든 그
고비를 넘기고 넘기는 그러한 역사 속
에 지금까지 살아왔으며 앞으로도 너
희들은 계속 그러한 형국에 젖어 갈
것이니,
40 이것이 정녕 나의 피조물 만백성을 구
하는 종교 지도자가 해야 할 일이며
가야 할 길이라 너희들은 생각하는가?
41 나의 성전이라는 곳에 와 나의 음성을
들으며 나의 뜻을 받는 자는 너희들이
그저 사랑하는 부모를 만나러 가는,
객지에 살다 고향을 찾아가는 것처럼
즐겁고 설레는 행복한 마음으로써 너
희들이 나를 만나고자 성전에 모여드
는 것이 아니면 그건 다 가짜며 사기
극을 벌이는 자들이니라.
42 너희들이 그 성전에 가기가 마음이 무
서우며 그가 요구하는 것을 바치기가
힘들며 그가 요구하는 것을 너희들이
준비하여 갖다 바치고 상납하기가 바
쁘고 힘든 인생을 산다 하면, 너희들
은 지금 잘못된 믿음의 길을 가고 있
음이니라.
43 지금까지 너희들이 바치기 힘들었던
그 역사의 고달픔만이 너희들 머릿속
에 남았을 것이며, 앞으로도 너희들이
죽을 때까지 평생 바쳐야 될 그 재물
의 바침에 대한 그 중압감으로써 너희
들은 지금도 마음에 부담을 갖고 있을
것이니,
44 이게 정녕 너희들이 하늘에 오르는 길
을 가는 자들인가?
45 나 여호와가 나의 백성이, 나의 자식
이 아버지 품에 온다는데, 내 앞에, 부
모의 품에 오면서 어떠한 금화와 은화
를 준비해서 바쳐야 되며 재물을 바쳐
야 되며 떡과 생선을 갖다 바쳐야만
나 여호와가 받아 준다 하는 그와 같
은 몰지각하고 매몰차며 인정 없는 나
여호와로 너희들이 만들지 말라.
46 너희들은 내가 너희들의 어버이라 하
며, 자식이 어버이 품에 오면서 모든
것을 바치고 갖다 또 쌓아 놓아야만
은혜와 은총을 내린다 그리하니, 그러
한 계산된 사랑이 어디 있는가?
47 너희 육신의 부모도 여러 자식이 있을
때, 너희들에게 재물을 바치고 물건을
바치며 금화와 은화를 바치고 생선을
바치며 떡을 바치는 그러한 자식만이
부모 앞에 올 수 있다 하며 한계를 정
하고 그와 같은 방법으로써 부모와 자

식을 만나도록 그 선을 쳐 놓았다면,
그게 부모가 할 도리이며, 부모와 자
식 사이에 그러한 일이 있을 수 있다
하는가?
48 너희들 육신의 관계에서도 부모를 만
나려면 금화와 은화요, 금은보화를 싸
가지고 가지 아니하면 만날 수 없다
하면 이는 인륜이요, 천륜의 관계까지
끊어 놓는 것이니, 지금 너희 종교 지
도자들이 하고 있는 행위가 그와 같은
형태로 흘러감이니라.
49 어찌하여 나의 자식이요, 나의 아들딸
들인 나의 피조물 만백성이, 나 여호
와를 만나며 나의 음성을 듣고자 하여
모이는 그들이 재물을 바쳐야 되며,
50 십일조와 헌금이요, 각종 재물의 명분
을 갖다가 바쳐야만 나를 만날 수 있
다 하며, 하늘에 그를 많이 쌓아 놓을
수록 내가 사랑을 내린다 하는가?
51 너희 육신의 부모도 많이 바치는 자식
을 더 사랑하며 그를 더 제 앞에 두고
자 하는 그러한 부모가 없을진대, 없
고 가난한 자식을 더 생각하며 마음
아파하는 것이 너희 육신의 부모일 것
이니라.
52 너희 육신의 부모도, 너희도 그러는가?
53 많이 바치는 자, 많이 갖다 너희들 앞
에 쌓아 놓는 자만 사랑하며 그들만을
너희들은 기억해 주며 그들만이 너희
자식이라 말하고,
54 어렵고 힘들고 가난한 자는 아예 자식
으로 인정하지도 않으며, 성씨는 같다
하여도 그들이 너희 자식이 아니라 그
리 말하며,
55 그리 쌓아 놓고 바쳐야만 너희 부모에
게 은혜와 사랑을 받을 수 있는 것이
너희들의 인간관계에서 이루어지는
현상이던가?
56 이 사악하고 간악한 무리들아!
57 어찌하여 너희들은 어버이요, 창조주
인 나에게 올라오고자 하는 나의 자식
이요, 나의 아들딸들에게 재물을 바치
며, 금화를 바치며, 십일조를 바치며
각종 헌금을 바쳐야만 그것이 나에게
오를 수 있는 길이고 나를 볼 수 있는
길이요, 구원을 얻을 수 있는 길이라
하여 재물을 바치라 하며,
58 그 모두는 너희들이 중간에 챙겨 너희
들이 사악한 방법으로 남용하는 그와
같은 천인공노할 사기극을 벌이고 있
는가?
59 내가 내린 계명을 지키며 효성스럽고
사랑스러운 마음을 가지고 살면 나에
게 오를 수 있다 내가 하였거늘,
60 너희들은 그는 접어 두면서 나의 뜻과
는 전혀 관계도 없이 어찌하여 자식이
어버이를 만나러 오는데 그 만나는
급행료를 내야 되며 그 만나는 대가를
지불해야 되며,
61 그에 상응하는 금화와 은화를 바쳐야
만 나에게 올 수 있으며 나를 만날 수
있다 그리 가르치는가?
62 너희들은 나의 피조물 만백성으로부
터 재물을 거둬들이는 크나큰 죄를 짓
고 있으며, 사기극을 벌이고 있으며,
살인자보다 더 잔인한 방법으로써 그
가 평생 죽어서 갈 때까지 거둬들이는
그러한 사악한 자들이니라.
63 그들이 나를 만나고자 하며 어버이요,
창조주인 나를 만나러 오는 그것마저

도 너희들이 막고 나와 자식과의 사이
를 벌려 놓는 그와 같은 사악한 짓을
하니, 그게 무엇이더냐?
64 사탄이요, 악마요, 마귀이니라.
65 어찌하여 내가 사랑하는 피조물, 나의
자식들인 딸과 아들을 내가 만나며 그
들이 나를 만나러 오고자 하는데 너희
들이 가운데에 서서 그들을 막아 놓고
만나지 못하도록 하는가?
66 저희 아버지와 어머니에게 가지 못하
도록 하는 것이 가장 흉악한 악마요,
마귀요, 이단들이 하는 짓이니라.
67 창조주인 너희 아버지, 나에게 오르며
나에게 기도드리고 경배하며 내 품에
오겠다 하는 그들을 너희들이 가운데
서서 칼과 몽둥이를 들고 흉기를 들고
서 통행료를 내지 않으면 못 간다 하
며,
68 가지고 있는 재물을 다 바치지 아니하
면 그 선을 넘어서 나 여호와에게 갈
수 없다 하며 너희들이 중간에서 그리
가로채고 막고 있으니,
69 이는 너희 인간사의 패륜아도 그런 패
륜아가 없으며, 살인하는 자도 그와
같이 사악한 짓을 평생을 두고 하지는
못할 것이니라.
70 지금 종교 지도자 너희들이 하는 짓이
무엇인 줄 알고 있는가?
71 창조주이며 낳아 주고 길러 준 저희
아버지요, 저희 부모를 만나러 오겠다
하는 나의 아들딸들에게, 그저 아름다
운 마음, 편안한 마음, 기쁜 마음으로
써 또 사랑하는 마음으로써 십계명을
지키며 나의 계율을 지키며 살아가는
그 효성스러운 그 아들딸이 그리 못
오게 만들며,
72 가운데에서 너희들이 모든 흉악한 병
장기를 들고, 나를 만나러 오는 그 순
하고도 아름다운 나의 아들딸들에게
'모든 재물과 금화와 은화를 바치며
그 통행료를 바치지 않으면 갈 수 없
다.' 하여 막고 있는 이와 같은 흉악한
짓을 하고 있음이니,
73 그들이 나에게 오기 위하여 재물과 양
식과 물이 필요하거늘,
74 너희들은 그것까지 다 뺏어 나의 아들
과 딸들이 나에게 지치고 힘들어서 오
지 못하도록 그와 같은 형국을 하여
그들이 죽어 가는 이와 같은 현 시대
에 사악한, 말로써 표현할 수 없는 악
귀보다도 더한 지독한 그와 같은 패륜
아의 행위를 너희들이 지금 하고 있음
이니,
75 너희들이 곧 강도요, 살인자요, 세상
을 도적질하는 자들이니라. 이것이 바
로 지금 종교 지도자들이니라.
76 어찌하여 너희들은 재물을 바치고 금
화를 바치며 모두를 다 너희들에게 바
쳐야만 그 선을 넘고 통과할 수 있다
하는가?
77 그것을 바침으로써 그들이 지쳐서 나
에게 올 수 없도록 너희들이 그리 만
듦이니,
78 이것이 지금 종교 지도자들이 재물을
바치면 복을 주며 재물을 하늘에 많이
쌓아 놓으면 구원을 받는다는 감언이
설로 너희들을 현혹하고 있는 이 시점
이며 현주소이니라.
79 너희들은 들으라.
80 나의 성령을 받아 나의 법전을 만들어

세상에 전하는 나의 선지자가,
81 너희들이 십계명을 외우며 나를 경배
하러 오는데 그가 재물을 내라 하던
가, 돈을 내라 하던가, 생선을 바치라
하던가?
82 너희들이 나에게 오겠다 하면 그 길을
안내해 주며, 가는 길을 안내해 주며,
바로 나에게 올 수 있는 그 길을 안내
해 주는 것이 나의 선지자가 지금 하
고 있는 그 행위가 아니던가?
83 그가 통행료를 받던가, 그가 너희가
가지고 있는 재물을 받던가, 병장기를
가지고 너희들을 위협하고 협박하고
공갈치며, 너희들이 나에게 오면서 필
요하여 쓰고자 하는 그 재물까지도 그
가 뺏어 가로채던가?
84 지금 재물과 금화와 은화와 떡을 바쳐
야만 구원을 받는다고 말하는 그들은
나의 사랑하는 아들딸들이 나를 편안
한 마음으로 만나고자 하는 그 모두를
중간에서 빼앗고, 저희들에게 통행료
를 내라 하여 너희들을 위협하고 공갈
치는 그와 같은 사악한 도적질을 하고
있는 자들이니,
85 나의 사랑하는 피조물 만백성은 나의
법전이 세상에 나가거든 이 뜻을 깨우
쳐야 할 것이며,
86 이를 읽고도 너희들이 정신을 차리지
못하며 너희들이 그 길을 통과하겠다
하여 그 길을 통과시키지 않는 그 사
악한 무리에게 무엇인가를 바치고 갖
다 전하며 또 그들의 종이 되어 그들
에게 맹종하는 자가 되어 있는 것 없
는 것을 다 바치고 지쳐 쓰러지는 그
와 같은 삶을 계속 살아서는 아니 됨
이니,
87 그 굴레에서 빨리 벗어나야 될 것이
니, 그곳에서 너희들이 눈을 떠 나의
성령으로써 내려보내는 나의 법전을
읽고 깨우쳐,
88 너희들이 아무 곳에서나 아름다운 마
음으로 기도하며, 너희들이 하늘에 오
르고자 할 때 나의 선지자에게 와 너
희들이 바로 볼 수 있는 그 길을 인도
해 주는 것을 깨우쳐 그 영광과 은혜
를 받도록 그리하라, 나의 사랑하는
피조물 만백성들아!

1,986 번째 하나님 말씀

2002년 3월 6일 21시 25분

(강론을 마치며)

1 사랑하는 선지자야!
2 "네, 여호와 하나님! 말씀하옵소서."
3 너의 제자들에게 내가 일러 미리 전하
였느니라.
4 너희들이 나의 법전을 가슴에 안고 이
게 나의 성령이요, 나의 뜻이라 깨달
아,
5 지금까지 너희들이 살아온 인간관계
요, 또 너희들이 속했던 그 집단 생활
속에서 너희들이 얻고 취할 것 그 모
두를 다 버리고, 나의 선지자를 따라
너희들이 이 성전에 와 나의 법전을
가슴에 안고 정독하니,
6 그것이 바로 너희들이 나에게 너희들
의 그 소중한 생명을 바쳤음이라 일렀
으니, 그리하여 내가 너희들을 구원하
였다 하였음이니라.
7 여기서 너희들은 또 하나를 더 깨닫고

오늘 돌아가야 될 것이니라.
8 너희들이 지금 나의 법전을 읽고 이것
이 정녕 나 여호와가 내리는 성령의
뜻이라 깨달음으로 인하여 살아 있는
육 속에 있는 그 죽어 있던 영혼이 다
시 삶이니,
9 너희들이 또한 나에게 너희 목숨을 한
번 바친 것은 너희들의 죽어 있는 그
영혼이 다시 살아남이니, 너희들이 죽
은 자 가운데 다시 세상에 태어남이니
라.
10 내가 말하여 일렀느니라.
11 너희들의 육신은 산소요, 공기요, 모
든 내가 너희들에게 내린 축복의 동식
물로써 지탱하나, 너희들의 그 속에
있는 영은 내가 불로 써 내려 너희들
에게 지키고 살다 하늘에 오르라 하는
그 십계명으로 지탱한다 하였음이니,
12 그것이 너희들의 영양의 공급원이며,
그를 공급받는 자만이 구원을 받을 수
있음이니라.
13 너희들이 구원을 받아 하늘에 오르겠
다 하며, 나에게 와 나 여호와가 있는
천국이라는 그 아름다운 환상의 이곳
을 너희들은 긴가민가, 또는 있을까
없을까 그러한 생각 속에서 너희들이
반신반의하며 믿어 오며 또 너희들이
그리 살아오고 있음이니라.
14 이와 같은 생각 때문에 너희들이 나의
법전, 나의 십계명의 소중함을 모르고
살아감이니,
15 나 여호와에게 와 구원을 받는 그 길
은 너희들이 '설마' 하는 그런 생각조
차도 해서는 아니 됨이니라.
16 내가 너희들에게 일러 알려 주었느니
라. 나의 아들 예수가 그 젊은 나이에
그 생명을 그와 같이 험하고 힘들고
어려운 고통 속에서 던진 것은 뭐라
말하였더냐?
17 나 여호와가 존재하며, 나의 피조물
만백성이 죽어 하늘에 와 심판을 받게
되며, 그 심판을 받음에 의해서 너희
들의 영원히 꺼지지 않는 그 영혼의
생명이 그 죄 속에서, 그 벌 속에서 벗
어나지 못하는 그 고통의 아픔을 나의
아들 예수가 너희들에게 전하여 주며
그를 보여 주려 하였으나,
18 그리하여 그를 깨우쳐 너희들이 바르
고 옳은 길을 살아가도록 하라 그리
외치고 그를 너희들에게 일깨워 주고
싶었으나,
19 너희들은 그를 믿지 아니하였으며, 그
에게 돌팔매질을 하였으며, 그의 생명
까지도 팔아먹는 그와 같은 형국을 저
지른 것이 나의 피조물 만백성 너희들
이 가지고 있는 마음의 형태이니라.
20 그는 그리하여 그 목숨을 바쳤느니라.
21 그리하여 너희들이 깨우쳐 너희 스스
로 판단해야 될 것이 여기에 또 하나
가 있음이니라.
22 너희들이 정녕 많은 나의 피조물 만백
성을 구하는 역사와 너희들이 또 무엇
인가를 이루기 위해 대의명분에 의하
여 너희 자식을 버림으로써 많은 백성
을 위하는 길을 선택할 수 있을 때 너
희들의 그 자식을 버렸나 하자.
23 그러나 너희 자식을 버려 그를 구하고
자 하였으나 그것이 이루어지지 아니
하고 성취되지 아니하였다 하면 그다
음에는 무엇이 있겠는가?

24 너희들이 그를 일깨워 너희 죽어 간
자식과 너희들이 보고 있는 바른 그
길을 위하여 너희 스스로 그곳에 뛰어
들 것이니라. 그리하여 그를 바로잡고
자 할 것이니라.
25 나의 피조물 만백성, 내가 가장 아름
답고 보기 좋은 형태로 만든 너희들이
지금 너희들의 잘못된 육신의 삶을 위
하여 살다 죽어 나에게 와 심판을 받
고 그 고충의 세월을 지내는 것이 너
무 안타깝고 그를 볼 수 없는 나의 심
정이기에 내가 나의 아들을 너희들에
게 보냈으며,
26 그러나 그가 이루지 못하여 지금 내가
직접 나의 성령을 태워 너희들에게 전
하는 것이니라.
27 내가 육신의 형체로써 너희들에게 내
려가서 내가 너희들이 갈구하는 여호
와 하나님이라 한들 너희들이 그를 믿
겠는가?
28 너희들은 더 크나큰 사탄이요, 더 사
악한 자요, 너희들이 지금 마지막 종
말의 시대에 살고 있으면서도 그 종말
에 나타난 거짓 선지자라 하여 나의
아들 예수보다 더 처참한 방법으로써
나를 시해할 것이니,
29 그 세월이 또한 몇천 년이 흐른 다음
에 너희들을 바로잡을 수 있는, 또 새
로운 역사를 이룰 수 있는 것이 있느
냐 하면, 천년만년이 지나도, 내가 직
접 내려가 너희들에게 희생된다 하여
도 이는 바로잡을 수 없음이니라.
30 내가 너희들에게 육신으로써, 육의 체
험으로써, 육의 기적으로써 나의 아들
이 내가 존재함을 그 목숨을 던져서
보여 주었으나 너희들이 지금과 같은
사악한 형국에 이르렀기에,
31 이제는 유하고 부드러운 방법으로써
너희들에게 봄비가 내려 너희 옷을 적
시듯이 나의 법전이 세상에 내려가 너
희들 손에 들려 주며,
32 이를 보고 깨우쳐 너희들 스스로 구원
하는 그 방법을 천 년의 역사 속에 이
루고자 하는 것이 나의 뜻이니라.
33 나의 뜻이란 너희들의 새로운 창조요,
아름다운 시대요, 그리고 내가 이루는
지상의 에덴동산을 하나로 이루며 지
상의 낙원을 만들고자 하는 것이니라.
34 이를 지금 내가, 나의 형체가 내려가
서 너희들을 구원하는 것이 아니요,
내가 구약의 시대처럼 모든 역사와 기
적을 보여서 너희 마음을 바로잡을 수
도 없음이니,
35 이는 너희들이 물 흐르듯이 흐르는,
그리고 너희들이 찢어 버리고 태워도
그를 영원히 지울 수 없는 나의 법전
이요, 나의 책이라는 이곳에 나의 성
령을 담아 너희들에게 봄바람처럼 전
하도록 하여,
36 나의 피조물 만백성이 일깨워 천 년
후에 이르러 지금의 사악한 무리의 뿌
리를 뽑으며 선하고 선한, 나의 천사
와 같은 백성들만이 이 낙원에 존재할
수 있도록 하고자 하는 것이 나의 뜻
이니라.
37 나의 법전을 너희들이 읽되, 정독하고
그 속에 있는 뜻을 깨우쳐 내가 원하
는 그 길을 너희들이 바라볼 수 있도
록 그리 행하여야 할 것이니라.

1,987 번째 하나님 말씀

2002년 3월 6일 23시 50분

1 사랑하는 선지자야!
2 "네, 여호와 하나님! 말씀하옵소서."
3 구약 시대에 그 많은 역사와 기적을 보였으며 너희들로서는 꿈이요, 환상과 같은, 생각할 수도 없는 그 많은 기적을 이루어 나의 백성들을 이끌어 냈으며, 그들로 하여금 온 세상의 하나의 아름다운 동산을 이루려 하였으나, 그들의 욕심과 우상을 섬기는 그들의 그 행위로 인하여 모두가 다 그 뜻을 이루지 못하였으며,
4 그리하여 또 신약이라는 그 시대가 이루어져 나의 아들이 그와 같은 고통 속에 간 것을 너희들이 알고 있음이니,
5 그 모두를 다 접어 두고 제3의 시대를 열어 간다는 그것이 너희들은 얼마나 위대한 역사의 사업인가를 알고 있는가?
6 그 많은 세월과 너희들의 그 많은 세월의 흐름 속에서 그 모두를 다 접어 두고 제3의 시대를 열어 나의 백성들의 진정한 에덴동산이요, 낙원을 이루고자 하는 나의 뜻이 얼마나 강하고 강렬하면 나의 성령을 다 태워 너희들에게 내려보내며,
7 나의 법전을, 나의 성령을 글로 만들어 너희들에게 읽히고 깨우쳐 너희들을 구원하고자 하겠는가?
8 나의 이 마음을 너희들은 과연 어찌 생각하는가?
9 너희들은 이와 같은 부분을 나 여호와가 당연히 하여야 할 일이라 그리 생각하지 말라.
10 이는 내가 너희들을 무척 사랑하며 너희들을 소중히 생각하며,
11 이 세상 모든 만물을 다 창조한 나 여호와가 가장 아름다운 모습으로써 너희들을 만들었다 함은 너희들이 가장 잘 나의 뜻을 따를 수 있으며 나의 심성을 따라올 수 있으며 내가 생각하고자 하는 것을 따라 시행할 수 있다는 것이니라.
12 또한, 내가 제일 아름답게 만든 너희들이 가장 잘 나의 뜻을 관철하며 나의 뜻을 따르며 나에게 순종할 수 있는 자들이니라.
13 지금 세상 동식물 중에 내가 모두를 만든 그들을 위하여 내가 그들을 일깨우고 다스려 만든다 하여도 그들이 너희들처럼 생각하는 것과 계획하는 것과 나에게 순종하며 나에게 오르는 길을 열어 갈 수 있으며 받아들일 수 있다 생각하는가?
14 아무도 그와 같은 역사를 이루는 동식물은 없음이니라.
15 그리하여 너희들이 제일 으뜸이요, 너희들에게 많은 은혜와 은총을 내려 마음대로 너희들이 움직여 쓰고 표현할 수 있는 능력과 재능을 주어 너희들이 나에게 가장 많이 근접해 올 수 있으며, 가장 많이 모든 것을 나로부터 받았으며, 나의 뜻과 나의 행하고자 하는 것을 시행하고 집행할 수 있는 것이 너희들이니라.
16 그리하여 너희들로 하여금 내가 아름다운 지상의 낙원을 이 세상에 이루고자 하나,

17 나의 뜻에 따라 가장 잘 순종하며 나
의 뜻에 따라 행해야 할 너희들이 육
신의 욕심이요, 그 사악한 마음 때문
에 너희들은 각자의 기복 신앙이라는
것을 따로 믿으며, 너희들의 육신의
안일과 평안을 위한 그 생각밖에 너희
들 마음속에 잠재해짐이 없으니,
18 그러나 너희들을 버리지 아니하며 너
희들에게 다시 한 번 기회를 주고자
하는 것이 나의 뜻이니라.
19 너희들같이 나의 뜻을 많이 알 수 있
으며, 내가 명하는 것을 알아들을 수
있으며, 내가 너희들을 다스려 길들여
너희들을 인도할 때 그래도 이 지상의
낙원을 아름답게 꾸미고 새로운 시대
를 열 수 있는 것은 너희들밖에 없음
이니,
20 내가 인간 너희들에게 다시 한 번 구
약이요, 신약이라는 그 시험의 시대를
지나 제3의 시대인 나의 성령으로써
너희들을 다스리며 내가 원하는 지상
의 낙원에서 너희들 대대손손 천사와
같은 자들만이 존재하며 살도록 하고
자 하는, 그리 이루고자 하는 뜻이 있
음이니,
21 오로지 이는 너희들만을 통하여 너희
들로 하여금 이루는 길밖에 없음이니
라.
22 그리하여 내가 지금 제3의 시대를 열
어 나의 선지자를 택하여 너희들에게
나의 성령을 태우는 그 아픔보다 더
진한 마음으로 너희들이 하나하나 깨
우쳐,
23 나를 보며, 하늘에 오르는 길을 보며,
그리고 새로운 역사를 이룰 수 있는
대명을 내려 이를 지키고 시행하고자
함이니라.
24 그래서 하늘에서 이루어진 것같이 이
땅에서 낙원을 이루고 에덴동산을 이
루고자 하는 나의 뜻을 너희들만이 이
룰 수 있으며 시행할 수 있으며 지킬
수 있으며 건설할 수 있기에, 내가 너
희들에게 마지막 제3의 시대를 열어
너희들을 깨우쳐 내가 이루고자 하는
그 뜻을 이루고자 함이니,
25 이와 같은 나의 깊은 뜻을 너희들이
헤아리고 깨우쳐야 할 것이니라.

1,988 번째 하나님 말씀

2002년 3월 7일 0시 15분

1 사랑하는 선지자야!
2 "네, 여호와 하나님! 말씀하옵소서."
3 너희들이 아름답고 찬란한 진주라 하
는 것도 제자리를 지켜야 되며 또 꿰
어야 보배라 하는 말이 있느니라.
4 나 여호와가 너의 마음의 아픔과 슬픔
을 알고 있노라.
5 그러나 너는 네 마음을 너 스스로 다
지고 닫고 나가야 할 것이니라.
6 아무리 소중하고 귀한 것이라 해도 너
희 것이 아니면 너희들에게는 아무런
관계가 없지 않더냐?
7 아무리 이웃집의 자식이 유능하고 잘
났다 해도, 그를 너희들이 칭찬해 주
고 격려해 줄 수는 있으나 너희 자식
들만큼은 못 하는 것이 인간사의 사는
척도가 아니던가?
8 아무리 배우고 능력 있는 나의 피조물
만백성이라 하여도, 천군만마를 거느

려 힘있는 자요, 권력 있는 자요, 세속
에서 말하는 금화와 은화를 가지고 부
를 누리고 있는 자라 하여도,
9 나의 법전을 읽고 깨우쳐 이게 나 여
호와의 진정한 뜻이며 가르침이라 생
각지 못한다 하면, 그가 나의 법전의
뚜껑을 열지 아니하고 나의 법전의 내
용이 나 여호와가 만백성을 구하기 위
하여 내려보내는 나의 뜻이라는 걸 깨
닫지 못하면 무엇하겠는가?
10 길거리에 지나가는 사람에게 동전 몇
닢을 얻어 생활하는 자라도, 그가 나
의 법전을 읽고 깨우쳐 이게 정녕 나
여호와 하나님이 만백성을 구하기 위
하여 선지자를 통하여 세상에 낸 나의
성령이라는 것을 깨닫는다면,
11 그와 천군만마를 가진 자 중에 나의
법전을 세상에 전하는 그 역사를 이루
는 데 누가 선택된 자이며 소중한 자
라 생각하는가?
12 너의 사랑하는 제자들은 다 나름대로
개성이 있고 특성이 있으며 또한 그들
을 쓸 자리가 있으며 그들이 해야 할
임무가 다 각자 있어 나 여호와가 그
들을 선택하여 너의 제자라 임명하였
음이니,
13 너는 오늘의 너의 위치와 너의 환경과
네가 접해 있는 네 생활에 마음의 아
픔을 갖지 말고, 너의 제자들이 어렵
고 힘든 그 길을 가는 것을 네가 가슴
에 안고 슬퍼하는 그와 같은 마음을
갖지 말라.
14 그들은 하늘에 오르는 길을 보고 있는
자이며 나의 성령의 뜻을 듣는 자들로
서,
15 이 세상 누구보다도 크나큰 은혜와 영
광을 얻으며 그들보다 행복한 자가 없
음을 너는 알아야 할 것이니라.
16 사랑하는 선지자야!
17 아무리 능력이 많이 있는 자면 뭘 하
는가?
18 나의 법전을 바라보지 아니하는 자는
나와는 아무런 관계가 없으며, 내가
새로운 시대요, 새로운 이 땅의 역사
를 이루고자 하는 데 그는 아무런 관
계가 없느니라.
19 그러나 비록 네가 보기에 지금 나약하
고 힘들고 어려운 길을 가는 너의 제
자들이라도 그들은 나의 법전을 읽고
깨우쳤으며 그리고 그들이 깨우쳐 변
해 가고자 하는 그 마음의 태동이 용
솟음치는 것을 너는 모르겠는가?
20 바다의 파도보다도, 험난한 홍수에 밀
려오는 것보다도, 지금 그들이 깨우쳐
그들의 마음에 요동을 이루는 것이 더
위대함이니라.
21 그 바다의 요동함은 시간이 지나면 끝
나는 것이며, 노도와 같이 밀리는 홍
수도 그때를 지나면 끝나는 것이니라.
22 그러나 너의 제자들이 깨우쳐 그 마음
에 용솟음치는 것이 자리를 잡아, 나
를 보며 나에게 오를 수 있는 그 마음
이 굳어졌을 때,
23 그는 저의 생명이 다할 때까지 그 모
두를 나를 위하여 바칠 것이며,
24 그가 남기고 가는 그 업적이 또한 대
대손손 나의 피조물들이 그를 보고 거
울삼아 깨우쳐 올 수 있는 그와 같은
위대함이 남아 있으니,
25 그들이 얼마나 소중한 너의 제자들인

가를 네가 알아야 될 것이며,
26 네가 그들의 어렵고 힘든 그 부분만을
보고 가슴 아파 울어서는 안 되는 것
이니라.
27 그들은 너와 같이 갈 자들이니라.
28 너를 받들어 너와 같이 가며 나의 법
전을 가슴에 안고 세상에 전하는 데
그들은 저희들의 몸을 아끼지 아니할
자들이니라.
29 그들이 하나의 뜻으로 이루어져 나의
법전을 세상에 전할 때,
30 천군만마를 거느린 자요, 재물을 가진
자요, 금화와 은화를 썩어 나가도록
쌓아 가지고 있는 자라 하더라도, 그
들 천 명, 만 명보다도 너의 제자 한
명이 더 소중한 것이 나의 뜻이며,
31 내가 가고자 하는 길이며, 내가 알곡
식을 구하여 쓰는 그와 같은 이치가
거기 있음을 너는 알아야 할 것이니라.
32 이와 같이 너의 제자들이 소중함이니
라.
33 내 소중한 너의 제자들을 나 여호와가
어찌 버리겠는가? 그리고 그들의 고
통과 시련을 내가 모르겠는가?
34 그들의 마음속에 지금 용솟음치고 있
는 그 속에서 그들이 깨어나야 함이니
라.
35 걸러 낼 것은 걸러 내고 버릴 것은 버
려야 될 것이며, 우선은 그들의 마음
에 안정이 잡혀야 될 것이니라.
36 그들에게 지금 태풍이 불면, 인간의
역사가 임하며 사악한 자들이 그들의
소매를 잡고 끌어들이고자 할 때, 그
들이 아직 그를 뿌리칠 수 있는 용기
가 없음이니라.
37 그 마음이 그들에게 중요함이니라.
38 너는 예수의 열두 제자 중에서 예수를
팔아 버린 자를 모르는가?
39 그 모두는 나의 역사의 계획에 의하여
내가 주관하는 속에서 다 짜진 하나의
계획이라 할지라도,
40 너희들의 육을 가지고 있는 삶에서 볼
때, 그는 당연히 배신자요, 나의 아들
예수를 판 자이니라.
41 그가 무엇 때문에 팔았는가?
42 그가 나의 아들 예수를 팔면서 무엇을
받았는지 너는 생각을 못 하는가?
43 그는 확실한 신념과 확실한 믿음이 없
고, 예수가 나의 아들이며 나 여호와
가 존재함을 믿지 못하였기 때문이니
라.
44 나 여호와가 존재한다고 그가 믿었으
며 예수가 나의 아들로서 만백성을 구
하는, 후세에 길이 남을 나의 아들이
라 생각했다 하면 그가 금화와 은화
몇 닢에 예수를 팔아넘길 수 있었겠는
가?
45 그의 제자들이 그와 같이 흔들리는 마
음이었기에 그들이 구원받은 자 없다
하였음이니라.
46 지금 너의 제자들이 그러하니라.
47 나는 두 번 다시 그러한 절차를 밟지
아니하며, 그러한 오류를 남기지 아니
하며, 그리고 너의 제자들 속에 그러
한 자가 나오지 아니하게 하기 위하여
더 단단하고 굳은 길을 가고 있음이니
라.
48 너희들이 남에게 힘을 가하여 타격을
주는 것은 그 한 번으로써 끝나며 그
아픔이 지나면 또한 그걸 잊게 됨이니

라.
49 그러나 그들에게 양심과 교양과 도덕
과 진리를 한 줄 가르쳐 그가 하나를
깨우쳤다면, 그가 평생을 살아가는 데
그의 스승으로서 그의 삶에 지표가 되
는 가르침이 되는 것이니라.
50 그리하여 내가 너에게 오늘 일러 말하
였느니라.
51 구약 시대에 누구도 상상할 수 없고
황홀에 빠질 만큼, 너희들이 경배할
만큼, 너희들이 영원히 기억하고 싶을
만큼, 그리고 너희들 앞에 그와 같이
이루어지길 소망하는 그 수많은 기적
들이 그 시대에 이루어졌으나 그는 다
지워졌으며,
52 오늘에 와 너희들이 하늘에 오르는 길
을 감에 있어서 어떠한 보탬이 되며
어떠한 깨우침이 되는가?
53 나의 아들 예수가 그와 같이 죽어 간
것 또한 마찬가지이니라.
54 이는 바로 너희들끼리 하나의 힘있는
자가 힘없는 자에게 타격을 가하며 그
에게 물리적인 행사를 했다 하더라도
그 아픔이 지나며 그 상처가 치유되면
또한 그것을 잊어버리게 되는 것이니,
55 그와 같은 것이 지금 6천 년 역사에
흘러온 교훈이요, 본보기이니라.
56 그와 같은 물리적인 행사로써, 기적을
보이는 것으로써 너희들에게 병든 자
고쳐 주는 그와 같은 육신의 영화로운
것으로써는 너희들이 잠시 있는 동안
에 기억에서 사라지며,
57 너희들이 죽고 난 다음에 그를 보지
못한 후손들은 그러려니 생각하며, 오
늘과 같이 너희들 앞에 거의 옛날의
그 지난 역사 속에 기적이 이루어지길
바라는 그 소망을 갖되 그들도 그와
같은 소망을 가지며 확실한 믿음이 없
이 갈 것이니라.
58 그러나 유하고 부드러운 나의 성령을
나의 법전이라 기록하여 나의 피조물
만백성에게 대장정의 160권이라는 이
장서를 남기니,
59 그들이 이것을 읽고 깨우치고 또 깨우
치는 그 역사의 사업이 그 기적을 이
루는 것보다 수천수만 배 더 위대하
며, 그리고 내가 이루고자 하는 그 역
사를 이룰 수 있고 성과를 거둘 수 있
는 것이니라.
60 한 번의 가격을 통해서 피해를 입힌
그 아픔은 시간이 지나면 잊어버리나,
한 줄의 깨우침을 가르쳐 주는 것은
그가 죽을 때까지 그에게 삶의 지표가
되듯이,
61 지금의 내가 가고자 하는 역사가 그와
같은 것이니라.
62 그리하여 지금은 힘있는 자, 재물을
가진 자, 권력이 있는 자, 그러한 자가
나에게는 필요 없느니라.
63 지금처럼 남에게 나눔을 알며, 사랑을
알며,
64 네가 어렵고 힘든 그 부분들을 바라볼
수 있는 그들의 곱고 아름다운 마음과
그들의 마음의 정성이면 네가 버티고
갈 수 있는, 다 그와 같은 능력을 가진
너의 제자들이니라.
65 그리하여 그들이 필요하여 내가 선택
하였느니라.
66 천군만마를 거느리며 재물을 산더미
처럼 쌓아 놓은 자라 하여도 그가 나

의 법전의 뚜껑을 열지 아니하면 나와
관계없으며 너와 또한 아무런 관계도
없음이니라.
67 그러나 비록 나약하고 힘이 없는 너의
제자들이라도 너와 같이 가며 나 여호
와를 경배하며,
68 내가 너희들에게 가르쳐 준 그대로
'저의 죄를 용서해 주옵소서.' 그리고
항상 모두는 '여호와 하나님께 감사합
니다.' 하는 그 기도를 드리고 살아가
는 그들이 정통의 지름길에 있으며,
나에게 순종하는 백성이며, 나에게 오
를 수 있는 자들이니라.
69 지금 너희들이 육 중에서 그 무엇을
가지고, 천만금이 아니라 세상을 다
지배하는 자라도 내가 명하는 나에게
기도하는 방법을 모르며 나에게 감사
하는 걸 모르며 나에게 오르는 그 길
을 모르면, 그 육신이 몇천 년을 간다
하더냐?
70 그는 몇십 년도 안 되는 그 생애를 마
치고 나와는 아무런 관계가 없듯이 지
옥 불로 흘러감이니, 그런 자가 필요
없느니라.
71 다만, 지금의 너의 제자들이 네 주변
에 필요하며,
72 그들의 마음 자세와 그들의 생각함이
네 마음을 편안히 하며,
73 너를 따라오며 너를 따라 내가 너를
통하여 내리는 나의 음성을 들어 그들
이 내 뜻이라는 것을 깨닫고 그리 하
늘에 오르고자 만백성을 이끌어 가는
일익을 담당할 때,
74 그들은 목숨을 다 바쳐 모두를 다하여
일할 것이니, 그들은 이리할 것이니
라, 선지자야!
75 '아무것도 없으며 가진 것도 없으며
배움도 없는 자요, 그리고 내놓을 수
없는 자요, 이러한 나같이 미미한 존
재를 여호와 하나님께서 선택하여 선
지자의 제자라 하여 오늘 내가 이 대
임을 받았다.'고 생각하니,
76 그때 가서 그들이 일을 치고 나갈 때
는 저희 목숨이 아깝지 아니하며, 저
희 목숨을 던져서라도 나갈 수 있는
그와 같은 자들이기 때문에 그들이 전
사이니라.
77 지금 많이 가지고 있고 능력 있는 자,
잘났다고 뽐내는 자, 권력 있는 자를
아무리 갖다 내가 너에게 붙여 준다
해도,
78 네가 어려운 가운데 힘차게 차고 나갈
때, 그들이 목숨을 던져야 할 때, 그리
고 어려운 고비를 넘길 때, 너를 업고
강을 건너야 할 때, 네가 강을 갈 때
사람의 다리를 논다 할 때,
79 그들은 그 몸을 엎드리지 아니하며 피
해 갈 것이니라.
80 지금 너의 제자들은 내가 저희들을 선
택한 것을 알며, 나 여호와가 진정 승
리자며 너희들이 승리자라는 것을 알
며,
81 그들은 그들 자신을 선택해 준 것에
감사하며 그 영광됨으로 인하여, 네가
강을 건너고자 하나 다리를 놓을 수
없을 때, 그들이 몸으로써 다리를 놓
아 네가 강을 건널 수 있게 하는 자들
이니,
82 그들이 그때 가서 앞을 향하여 일할
때는 너를 다 보호하며, 너의 손발이

되며, 너의 생명줄이 되며, 너의 피가
되고 살이 되고 뼈가 될 자들이니라.
83 네가 그들의 피가 필요할 때, 그들의
뼈가 필요할 때, 그들의 살점이 필요
할 때,
84 가진 자, 능력 있는 자들은 그와 같이
내놓을 수 없음이니라.
85 그러나 미미하며 내놓을 것 없는 불쌍
히 살아온 너의 제자들을 내가 그리
중히 쓰고, 만백성을 구원하여야 된다
는 그 뜻을 그들이 알며,
86 스스로 그들이 어떠한 길을 가며 얼마
나 축복과 영광을 받은 것인지 알며
전지전능한 너희들의 아버지라는 창
조주인 나 여호와가 저희들을 불러 쓴
것을 알 때,
87 그들은 네가 달라는 그 모두를 다 도
려내어 너에게 줄 수 있는 자들이니라.
88 그들을 사랑하라. 그리고 그들의 소중
함을 네가 알아야 될 것이니라.
89 내가 그들에게 한 번의 소중하다는 말
을 내릴 때, 너는 열 번 백 번의 소중
하다는 말을 할 것이며,
90 내가 그들에게 떡을 하나 주고자 할
때 너는 열 개 백 개의 떡을 그들에게
줄 수 있는 그와 같은 네가 되어야 하
는 것이 나의 선지자가 가야 할 길이
니 그리 알라.
91 그들은 너에게 모두를 다 바칠 것이니
라.
92 그들이 비록 지금은 능력이 없고 가진
것이 없다 하여도, 능력 없고 가진 것
없는 그들을 내가 선택하여 쓰고자 하
는 그 감사함을 그들이 깨닫고 알 때
너의 육신이 되어 너를 받들 것이니,
93 나의 선지자요, 나의 아들 앞에 저희
들의 목숨을 바칠 수 있는 자가 나에
게 필요한 것이며,
94 저희들의 목숨과 피와 살이 필요할 때
도망가는 그러한 자가 필요한 것이 아
니기에 그들을 네 앞에 보냈음이니라,
선지자야!
95 그리하여 그들을 깨우쳐 그들이 바로
설 때까지 오늘의 그들의 그 시련은
영광된 삶이라 그리 알라.
96 선지자야, 아파하지 말라.
97 너희들이 죽기 전에 나의 이 법전이
성령으로써 기록된 것이며, 이것이 나
라는 것을 너희들이 알 날이 있다 내
가 말하였음이니라, 선지자야!

1,989 번째 하나님 말씀

2002년 3월 7일 01시 45분

1 사랑하는 선지자야!
2 "네, 여호와 하나님! 말씀하옵소서."
3 지금 수천 년의 역사를 흘러오는 동안
에 나의 피조물 만백성이 바른길을 선
택하여 그들이 나 여호와가 내린 계명
을 지키고 나의 율법을 지키며 나의
사랑과 나의 뜻과 나의 품 안에 살다
하늘에 오르는 그 영광을 얻는 것이
얼마나 그들에게 기쁜 일이며 영광된
길이라 할 수 있겠는가?
4 그러나 지금은 너희들의 그 인성이 변
하여 너희들 자신이 형용할 수 없는
욕심이요, 그 사악한 성격과, 야생동
물이 강자가 약자를 죽이고 약자를 취
하는 그와 같은 것보다도 더 포악하고
잔인한 그와 같은 형태가 이루어져 있

음이니,
5 이를 너희 스스로 돌이켜 볼 때, 어찌
다스리며 어찌 깨우칠 수 있겠는가?
6 너희들은 정녕 나 여호와가 너희들을
버리며, 내가 너희들과 인연을 끊으며,
7 너희 육신이 방탕한 그 세월 속에서
살다 나에게 와 심판을 받으며 그와
같이 살아가도록 하는 것이 너희들에
게 선하고 편한 길이라 생각하는가?
8 나 여호와가 나의 피조물 만백성 너희
들을 통제하며, 그리고 너희들이 구원
의 길을 볼 수 있도록 나의 아들 예수
를 그와 같이 너희들에게 던져 주어
그가 내가 존재함을 일깨워 주는 그와
같은 역사의 세월 속에, 너희들이 그
리도 나를 찾는 자 있으며,
9 내가 존재함을 믿고자 하여 살아온 너
희들이 지금과 같이 험악한 이와 같은
형태가 이루어졌으니,
10 정녕 내가 너희들의 끈을 놓으며 너희
들과 내가 모든 인연의 관계를 끊어
버린다 할 때, 너희들은 어떠한 형국
이 이루어지겠는가?
11 너희들은 말할 수 없는 오합지졸의 형
국이 이루어지며, 모두를 너희 스스로
파괴하는 그와 같은 형국이 이루어져,
너희들이 살아가는 그 처참한 형태는
상상할 수 없으며 생각할 수도 없는
무자비한 그와 같은 형태로 벌어질 것
이니라.
12 그것이 너희들이 말하는 말세요,
13 바람이요, 비요, 불이요, 물이요, 그와
같은 것으로 너희들에게 내리는 형벌
보다도 더 처참하고 더 가혹한 너희
인간 간의 싸움이 이루어질 것이니,
14 그 처참하고 비참한 형국은 바라볼 수
가 없음이니라.
15 그리하여 너희들의 그와 같은 처참한
형상을 막기 위하여 내가 너희들에게
마지막으로 나의 법전을 내려보내게
되었으며,
16 그리고 내가 나의 선지자를 통하여 지
금 너희들을 구원하고자 하여 내려보
내는 뜻이 여기에 있는 것이니라.
17 그러나 지금 너희들은 어찌 보는가?
18 내가 선지자를 통하여 말하였듯이, 진
정한 참진리의 길을 가며 나에게 오르
고자 하는 자들이 너희들 눈에는 이단
이요, 사탄이요, 사악한 무리로 비쳐
지며, 너희들이 그를 저주하고 그들을
뿌리째 뽑아 버리려는 그와 같은 사악
한 형국이 이루어져 있음이니,
19 이 또한 너희들을 다스릴 수가 없는
형국에 이르렀음이니라.
20 그리하여 내가 나의 피조물 만백성에
게 나의 성령을 태워 내린 나의 법전
으로써 조용하고 유하며 마음이 곱고
여린 자들을 통하여 나의 법전의 뚜껑
을 열어 그들을 깨우치게 하여,
21 나의 백성들이 서서히 물 흐르듯이 하
나 둘 나의 법전을 읽고 깨우쳐 하늘
에 오르는 그 길을 향하여 모여드는
자들이 있도록 내가 만들고 있음이니
라.
22 그리하여 유하고 선한 자들의 결속이
굳어지며 그들의 깨우침의 뿌리가 깊
어짐으로 인하여 그들이 맺어졌을 때,
그리고 그들이 형성되었을 때는 강하
고 강한 자들의 결속보다 백배 천배
더 강한 힘을 발휘할 수 있는 너희들

의 결속의 끈이 연결됨이니라.
23 그리하여 지금은 내가 선하고 유한 자
들로 하여금 나의 법전을 깨우치도록
그리하고 있음이니라.
24 사랑하는 선지자야!
25 "네, 여호와 하나님! 말씀하옵소서."
26 나 여호와의 심성을 너희들에게 전한
다 하면, 나는 너희들을 잡고 있는 그
끈을 놓고 싶은 마음이니라.
27 너희들이 지금 행하고 살아가고 있는
그 사악한 행위가 극에 달하고 있으
며, 더 이상 사악한 행위를 하려 해도
할 수 없는 마지막 종착역까지 와 있
음이니라.
28 그리하여 너희들이 지금 말세에 와 살
고 있으며 말세에 존재하고 있음이니
라.
29 그러한 너희들에게 내가 마지막이라
말하여 한 번의 기회를 더 주며, 내가
여태껏 이루고자 했던 지상의 낙원을
이루고자 하는 그 결실을 맺어 가고자
함이니,
30 이와 같은 내가 나의 성령을 태워 내
려보내어 천 년에 걸쳐서 이루고자 하
는 그 역사에 거역하는 자, 이에 순응
치 아니하는 자, 그 모두의 뿌리를 내
가 다 지상에서 뽑아낼 것이며 그들이
존재치 못하도록 할 것이니라.
31 그러나 그와 같은 역사를 이루는 그동
안에 기초를 다지며 기반을 닦는 너희
들이 순하고 평탄한 길만을 갈 수는
없음이니라.
32 너희들이 나의 법전을 세상에 전하여
천 년의 역사를 이루어 선한 자들이
이 세상에 존재하게 하는 그 과정에서
나의 선지자의 몸에 피를 흘리는 그
상처가 수십 번 이루어지는 그 고비를
넘겨야 될 것이며,
33 그가 상처투성이인 몸으로써 그 사악
한 자들로부터 뼈가 나오고 살이 찢어
지는 그와 같은 시련과 봉변을 당하면
서 딛고 이겨 나가는 역사가 이루어지
는 그 과정이 있음이니,
34 이와 같이 힘든 고비를 넘겨야 이루어
짐이니라.
35 그때 정녕 너를 따르는 너의 제자들이
등 돌리고 너를 버리는 자가 나와서는
아니 됨이니,
36 그리하여 그들이 지금 저희 스스로 바
로 세우고 저희 자신을 다스리며 저희
자신이 굳건히 서는 그와 같은 시련의
싸움의 길을 자신들의 마음속에 가고
있음이니라.
37 그리하여 그들이 자신의 싸움에서 승
자가 되었을 때,
38 네가 정신을 잃어 쓰러지며 피투성이
가 되어 인간의 형상을 하지 못하며,
네가 사람의 구실을 할 수 없다는 그
와 같이 어렵고 힘든 그 고비를 넘길
때마다 그들이 너를 버리지 아니하고
너에게 순종하며 너를 따를 것이니,
39 그렇지 아니한 너의 제자들이 너를 떠
나는 것은 하루아침에 바람에 스쳐 가
는 그와 같은 역사만도 못함이니라.
40 그와 같은 변화만도 못한 그 순간에
모두가 너를 떠날 것이며,
41 지금 너를 따르는 제자들이 네가 어렵
고 힘들며 네 뼈가 나오고 살이 찢어
지고 피투성이가 되어 네가 인간의 도
리를 다할 수 없다 하며 그리 버려지

는 형국이 올 때, 그들이 한 번 떠난다
하면 다시 제자들의 기반의 역사를 이
루기가 너무나도 힘들고 어려움이니,
42 나의 기초를 다지기가 얼마나 힘들고
어렵겠는가?
43 그리하여 그들이 네가 쓰러져 죽어
가는 그 순간까지도 네 옆을 지키고
너를 따르며, 그들이 흐트러지지 아니
하며,
44 그들이 그와 같이 너에게 피해를 입히
고 가해를 한 그들이 이 세상에서 뿌
리를 내리지 못하도록 하는 데 앞에
서는 그러한 그들의 용기와 힘을 다져
주는 것이 지금 필요함이니라.
45 그리하여 그들이 지금의 살아가는 이
형국에서 저희들 스스로 그 싸움을 이
길 수 있는 자신을 갖도록 그때까지
내가 그들을 바라보고 있음이니라.
46 나의 사랑하는 선지자가 살이 찢어지
고 뼈가 보이며 피로써 뒤범벅이 되어
그가 세상에 인간으로서 견딜 수 없
는, 그리고 인간으로서 인간의 삶을
영위할 수 없는, 그리고 인간으로서
다시 그가 살아갈 수 없는 그와 같은
험악한 형국에 부닥칠 때,
47 그를 지켜 주는 너의 제자들을 육성하
고 기르기 위한 지금이 훈련의 세월임
을 너는 알아야 될 것이며,
48 너의 제자들 또한 이와 같은 나의 뜻
의 깨우침을 알아야 할 것이니라.

1,990 번째 하나님 말씀

2002년 3월 7일 03시 10분

1 사랑하는 선지자야!
2 "네, 여호와 하나님! 말씀하옵소서."
3 네가 나의 법전을 세상에 전하며 나의
피조물 만백성이 나의 법전을 접하여
이게 정녕 나 여호와 하나님의 말씀이
며, 너희들이 구원을 받을 수 있는 지
표요, 기본이라 깨닫는 그 과정까지,
4 그리고 천 년의 역사 동안에 사악한
무리들을 다 뿌리 뽑고, 선하고 아름
다운 자들이요, 천사와 같은 자들이
나의 에덴동산에서 살아갈 수 있는 그
기틀을 잡고 기본을 세우는 그동안 네
가 몇 번의 피 흘려 죽을 고비를 넘겨
야 한다 내가 너에게 말하였느니라.
5 그와 같은 역경의 고비를 넘고 넘어
네가 기틀을 바로잡아야 할 것이니,
6 네 마음 자세의 다스림에 있어서 네
육신은 이 지상의 세상 속에 살며 네
영혼은 나의 법전의 법의 테두리 앞에
서 사는 그 깨달음을 얻었듯이,
7 네 육신의 그 고통이 정녕 너의 영혼
을 아프게까지는 할 수 없음을 너는
알 것이니라.
8 네가 네 영혼이 바로 서 나의 피조물
만백성을 인도하는 그 책무를 다할 수
있을 때까지 너는 육의 그 고통의 시
련을 인내하고 참아야 할 것이니,
9 네 마음의 가짐과 생각의 준비를 지금
서부터 해 나가야 할 것이니라.
10 네 살이 찢어지고 뼈가 튀어나오는 그
와 같은 육신의 시련의 고통을 겪게
될 것이며 그와 같이 험하고 힘든 길
을 가야 함이나,
11 너를 박해하는 자, 그들이 네 영혼까
지 건들지는 못할 것이니라.
12 그리고 그들이 얼마나 고통스런 세월

속에 영원히 사는 나의 나라에 와서
저희들이 그 시련을 겪어야 될 것인가
는 그들이 죽어 내 앞에 왔을 때 알게
될 것이니라.
13 사랑하는 선지자야!
14 "네, 여호와 하나님! 말씀하옵소서."
15 나의 아들 예수가 내가 존재함을 전하
며 나의 피조물 만백성을 구하기 위하
여 그 길을 택했던 것은 그의 소중한
육신의 생명을 그 고통 속에 저버리며
그를 전하고자 하였음이니라.
16 그와 같은 고통과 시련의 아픔을 겪었
던, 그리고 보았던 나 여호와가 너의
아프고 고통스러운 그 시련을 한 번
더 바라봐야 한다는 것을, 나의 아픈
마음을 누가 알겠는가?
17 내 사랑하는 피조물 만백성 너희는 들
으라.
18 내가 나의 아들이 그만큼 너희들을 구
원하기 위하여 고통 속에 죽어 가는
그와 같은 시련을 보았으며,
19 그 가슴 찢어지는 아픔에 내 가슴이
저려 옴을 지금도 내가 지우지 못하고
있음이니,
20 며칠 사이에 또 나의 아들 선지자가
사선을 넘는 그와 같은 고통의 시간을
넘겨야 함이니,
21 이와 같은 일을 내려다보는 나 여호와
의 찢어지는 이 가슴 아픔을 너희들은
막아 줄 마음은 없는가?
22 너희들이 나의 법전의 뚜껑을 열어 그
내용을 들여다보고 읽으며,
23 그리고 '이것은 여호와 하나님께서 우
리 피조물 만백성을 구하기 위한 마지
막으로 내리신 법전이다.' 하며 나의
법전을 읽고 깨우치는 자들이 인산인
해의 벽을 이룰 때, 그 벽을 뚫고 나의
선지자에게 가해하는 자가 접근할 수
없는 길이 있음이니,
24 너희들은 나의 이 아프고 간절한 소망
을 들어줄 수 없으며 그리 행할 수는
없을까?
25 나의 사랑하는 피조물 만백성 너희들
은 부모가 자식을 하나 잃고 그 아픔
도 견디기 어려울 것이거늘,
26 또 하나의 자식이 사선을 넘어야 하는
것을 아는 그 마음이 어떠하겠는가?
27 그 부모의 마음을 달래고 그 자식이
사선을 넘지 않을 수 있는 길이 있다
면 너희들이 작은 희생이 따른다 하여
도 그를 도와줄 수 있는 마음의 자세
는 정녕 없는 너희들이던가?
28 나 여호와는 나의 자식을 살릴 수 있
는 능력과 비방을 가지고 있으면서도
너희들이 보고 깨우치도록 하기 위하
여 그를 덮어 두었음이니,
29 또다시 나의 선지자요, 나의 종이요,
나의 아들이 몇 번의 사선을 넘는 그
육의 시련과 고통을 겪어야 하는 이
길을 막을 수 있는 것은 나의 피조물
만백성 너희들이 나의 법전을 읽고 깨
우쳐 선지자 앞에 인의 장막을 이루어
주는 것이니,
30 그것만이 그가 그 고통에서 벗어나고
또 그 고통을 바라보는 나 여호와의
마음을 너희들이 달랠 수 있는 길이
며, 나의 찢어지는 이 아픈 가슴에 상
처를 주지 않는 길이 여기에 있음이니,
31 이 법전을 읽고 깨우치는, 그리고 이
를 보는 나의 피조물 만백성 너희들은

나의 법전을 나의 피조물, 너희 형제
들에게 전하여 인산인해로써 나의 선
지자 앞을 막아 줄 수 있는 그와 같은
역사의 한 장막을 이루는 데 너희들의
모두를 바칠 각오로, 그와 같은 역사
를 이루는 그 앞에 너희들의 작은 노
력으로 견뎌 줄 수는 없는 것인가?
32 나 여호와가 자식을 버리며, 또 나의
성령을 태워 모두를 내려보내어 너희
들을 구하고자 하는 나의 마음의 아픔
을 너희들이 덜어 줄 수는 없는가?
33 나는 너희들이 나의 뜻대로 살아 하늘
에 와 영원히 구원을 받아 낙원에서
살 수 있도록 너희들에게 그 기회를
주고자 하여 이와 같은 뜻을 나의 선
지자에게 전하니,
34 또 그를 위하여 나의 선지자가 사선을
넘어야 하는 그 길을 너희들이 정녕
막아줄 수는 없는 것인가?
35 나의 법전을 읽는 나의 피조물 만백성
은 나의 이와 같은 뜻을 너희 형제들
에게 전하여, 그들이 나의 법전을 읽
고 깨우쳐 나의 선지자를 보호하는 선
봉장이 될 수 있도록 그리 너희들이
너희 자신의 노력과 모든 심혈을 기울
여 주는 그와 같은 나의 피조물 만백
성으로 변해 주기를 나 여호와가 너희
에게 간곡히 부탁함이니,
36 너희들은 나의 이 애절한 뜻을 저버리
지 말라.

1,991 번째 하나님 말씀

2002년 3월 7일 09시 30분

1 사랑하는 선지자야!
2 "네, 여호와 하나님! 말씀하옵소서."
3 내가 너희들에게 이르기를, 너희들이
삶을 살아 그 육은 한 줌의 흙으로 돌
아가며 너희 영혼은 그 심판을 나에게
와 받는다 하였느니라.
4 그러나 그 영혼이 존재하고 살아갈 수
있는 것은 내가 너희들에게 내린 십계
명을 암송하고 또 그를 공급하여 너희
들에게 새로 태어나는 그 역사를 이루
고자 하는 그 힘밖에 없다 하였느니라.
5 나의 피조물 만백성이 한 길로써 나에
게 오를 수 있는 길인 십계명을 암송
하며 그 뜻을 지키며 그 뜻을 이해하
고 살아가는 그와 같은 마음 자세를
갖도록 나의 피조물 만백성을 너희들
이 일깨워 줘야 할 것이니라.
6 너의 제자들은, 그리고 나의 법전을
읽고 깨우친 자는 많은 나의 피조물
만백성에게 그들이 나의 성전에 와 내
가 너를 통하여 내리는 성령의 깊은
뜻을 듣든, 나의 법전을 그들이 읽고
접하든,
7 그저 너희들은 십계명을 암송하며 십
계명을 지키고 살아가는 그 마음만이
나 여호와에게 구원의 길에 오를 수
있는 길이요, 그게 사는 길이라 그리
그들에게 깨우쳐 주라.
8 그리하여 그들이 서서히 십계명을 접
하며, 십계명을 암송하며, 십계명에
따라서 암송함으로 인하여 그 뜻을 깨
닫게 되며, 또 그들이 하나하나 지켜
가고자 노력하는 그 속에서 나의 새로
운 백성이 되어 감이니,
9 그들에게 우선 십계명을 접할 수 있도
록, 그리고 나의 십계명을 그들이 기

억할 수 있도록 그리 너희들이 깨우쳐
주며, 그리고 그들에게 나의 법전과
내가 너에게 내리는 성령의 그 음성과
그 뜻을 듣는 기회를 만들어 줌이 그
들이 빨리 너희들과 같이 하나가 되어
가는 길이니라.
10 너의 제자들과 나의 법전을 읽고 깨우
치는 자, 그리고 나의 피조물 만백성
이 더불어 하나가 되어 내가 이루고자
하는 새로운 시대에 그 땅에 새로운
공기요, 새로운 태양이요, 새로운 거
룩한 나의 에덴동산을 이루기 위하여
너희들이 하나의 마음이 되어야 한다
하였음이니,
11 이는 나의 십계명을 암송하며 그를 지
키고 살고자 하는, 그리고 지켜야 된
다는 것이 그들의 마음속에 자리를 내
림으로 인하여 너희들과 자연히 하나
가 되는 그와 같은 길이 여기에 있음
이니라.
12 그러하니 너희들이 나의 법전을 그들
에게 접하도록 강요하며 그들에게 일
깨워 주며 나의 법전을 무성을 얻도록
하기 전에,
13 내가 직접 내려 쓴 십계명을 먼저 접
하는 것이 삶의 길이며 나에게 오르는
길이며 그게 근본의 구원의 길이라 하
여 그들의 영혼에게 영양을 공급하여
영혼이 건강하게 지탱되며, 그 건강하
게 지탱된 영혼이 하늘에 오를 수 있
는 길이라 그리 말하고 일깨워 주며,
14 그다음에 너희들이 나의 법전을 그들
의 손에 쥐여 준다 하면, 그들은 나의
법전을 경건한 마음으로 받아들일 것
이며, 그를 받아들인 자 그를 정독하
게 되어 있음이니,
15 이와 같은 방법으로써 너희들이 나의
피조물 만백성을 구원하며,
16 그리하여 나의 성전에 남녀노소 할 것
없이 십계명을 읽고 이를 지키겠다 하
여 모여드는 자, 그들이 하나가 되는
것이니,
17 이제 내가 너희들의 성전에 그득히 채
울 수 있는 길을 가르쳐 줌이니라.
18 너의 제자들과 모든 나의 법전을 읽고
깨우친 백성들에게 이와 같은 길을 가
르쳐 줌으로 인하여 너희들과 하나가
되고자 하는 나의 피조물 백성들이 같
이 너희들과 손에 손을 잡고 나의 새
로운 왕국을 이루는, 지상의 낙원을
이루는 그 대열에 동참할 것이며,
19 그를 지키고자 하며 그를 지키고 살아
야 된다고 깨우친 그 자손들 또한 그
를 지키고 그와 같이 살아갈 것이니라.
20 그러니 그와 같은 방법으로써 그들을
일깨워 주며, 그리고 깨우친 자, 그들
에게 내가 너에게 쓰도록 한 그 가훈
을 하나씩 전해 줘 그들의 마음을 시
서히 정화할 수 있는 그와 같은 방법
으로 그리되면 나의 성전에 남녀노소
할 것 없이 그득히 채워질 것이니,
21 너희들의 지금까지의 그 노력을 나 여
호와가 가상히 여기며 이제 너희들이
나의 뜻에 따라 행할 수 있는 것을 내
가 너희들에게 줌이니,
22 너희들이 60퍼센트 이상의 노력을 하
였음이니라. 그리하여 내가 너희들에
게 방법을 가르쳐 줌이니 그리 알라.

1,992 번째 하나님 말씀

2002년 3월 7일 10시 30분

1 사랑하는 선지자야!
2 "네, 여호와 하나님! 말씀하옵소서."
3 수천 년 동안 믿어 왔고 또 나에게 오
르는 길을 인도한다 하는 모든 종파의
종교 지도자들이 저희들이 가야 할 방
향과 가야 할 지표를 모르고 그들이
지금 저희들의 생각과 저희들의 뜻을
가지고 나의 피조물 만백성을 이끌어
온다는 생각이 지배적인 방향이었느
니라.
4 나를 보며 나에게 오르는 그 뜻이 100
이라는 숫자에서 100을 다 가지고 해
도 저희들이 나의 뜻의 길을 볼 수 있
는 것은 그와 같은 역경이며 힘든 그
길을 가야 하는 것이거늘,
5 그들이 80이요, 90이라는 것은 인간
세속의 출세요, 부귀영화요, 그쪽에
모든 생각을 두며,
6 10퍼센트도 안 되는 그 뜻을 가지고
나에게 오르는 길이며 하늘을 보며 나
의 피조물 만백성을 천당으로 인도한
다 부르짖는 이와 같은 형국의 믿음의
상태이니라.
7 너와 너의 제자들은 이와 같은 지금의
잘못 가고 있는 그 흐름을 하나하나
짚고 넘어가 너희들이 깨우쳐 기본으
로 삼아야 될 것이며,
8 그들이 가는 방향에서 너희들이 등을
돌릴 수 있는 마음의 자세로, 오직 나
의 십계명에 따라 살며 십계명을 지키
고 나의 법전에 있는 그 내용대로 너
희들이 지키고 살아와야 할 것이니라.
9 사랑하는 선지자야!
10 지금 수천수만의 나의 피조물 만백성
이 나 여호와로부터 선택된 자들이요,
11 예수의 재림이요, 예수를 대신해 왔으
며, 베드로를 대신하여, 모든 신앙의
이름 있는 자들을 대신하여 저희들이
왔다 그리 말하며, 무엇인가를 나 여
호와로부터 받았다 하는 자들이 수없
이 산재해 있음이니라.
12 그리고 심지어는 너희들이 믿음의 교
회라 하는 곳에, 또는 믿음의 종파에
속해 있는 자들이 방언이요, 무슨 괴
상망측한 짓을 하면서 나 여호와로부
터 그를 들었다 함이니라.
13 나는 지금 너희들을 통하여 내가 이루
려 하듯이 하나로 만들려 하며 하나로
통일하려 하는 것이며, 하나의 언어로
써 세상을 다 통제하여 나 여호와에게
향하는 그 믿음을 하나로 잡으려고 하
는 이때, 내가 해괴망측한 그와 같은
언행과 언어로써 그들에게 내리겠는
가?
14 이와 같이 지금 잘못 가고 있는 관행
들을 바로잡아야 할 대명이 너희들에
있음이니라.
15 자기 자신의 착각이요, 자기 환상에
의하여 나 여호와를 봤으며 나의 뜻이
라, 그리고 저희들이 선택되었으며 심
지어는 예수로서 재림했다는 수천수
만의 사람들이 지금 이 지구상에 존재
하며 나름대로 저희들이 깨우치는 길
을 간다 하며 제가 제왕이라 하는 자
들이 있느니라.
16 제왕이라는 명을 받았다 하여 제왕이
라는 복장을 해 가지고 괴상망측한 행

위를 하는 자들이 있는가 하면 그 이
상의 미친 짓을 하는 자들이 다 있으
니,
17 저희들의 환상과 착각에 빠져 그와 같
은 형국에 이루어지는 자들이 수없이
난무하고 있느니라.
18 사랑하는 선지자야!
19 나 여호와로부터 선택된 자는 처음과
끝이 없느니라.
20 그리하여 내가 너희들에게 전하고자
하는 나의 160권의 그 법전에 나의 성
령을 태워 너희들에게 내려보냄이니,
이것이 무엇인 줄 너희들이 알고 있는
가?
21 이것이 바로 예수가 나를 통하여 세상
에 나가 너희들에게 전하고자 했던 것
이며, 지상의 낙원에서 이루고자 했던
그 내용들인 것이니라.
22 그리하여 그가 모두를 전할 수 없어
이룰 수 없기에, 그가 목숨으로써 너
희들에게 깨우침을 전하고 나 여호와
가 존재함을 알리고자 그 처참한 죽음
의 길을 선택하였으니,
23 내가 그를 통하여 너희들에게 전했던
그 이야기들과 내가 그를 통하여 시행
하고자 했던 것을, 지금 사랑하는 선
지자 너를 통하여 그 내용들을 지금
기술하고 법전이라 하여 내가 이를 내
려보내고 있는 것이니,
24 이와 같은 하늘의 비밀을 너의 제자들
에게 일깨워 줘야 될 것이니라.
25 지금 내가 나의 성령을 태워 너에게
내려보낸다 함은, 이는 내가 예수를
통하여 이루고자 했던 그 뜻을 하나하
나 풀이하며 이해하고 너희들이 깨닫
기 쉽도록 그 설명서를 지금 내려보내
고 있는 것이니,
26 이게 얼마나 값지고 소중한 것인가를
알아야 될 것이니라.
27 천 명, 만 명이요, 수많은 인구들이 나
의 예수의 재림이요, 또는 나로부터
명을 받은 자요, 예수의 제자들의 이
름으로써 저희들이 다시 태어나 세상
의 제왕이라 하여 고깔을 쓰고 춤추는
자들이 있는가 하면,
28 저희 스스로 제왕이라는 복장을 가지
고 제가 대장이요, 왕이 된다는 사람
이 있고 별의별 그와 같은 형국을 가
지고 있는 사람들이 있으니,
29 그들의 방언이나 그들에 대한 그 모두
는 그들의 환상과 착각에서 이루어짐
이니라.
30 나에게 선택된 선지자는 한 사람이며,
나의 명을 받아 시행하는 자는 한 사
람이니라.
31 그리하여 하나로부터 하나가 되고 또
너희들이 거점을 만들어 하나가 되어
이 동방의 나라를 하나로 만들라 하였
음이니라.
32 그러나 그들은 처음부터 받은 것이 없
음이니라.
33 그들은 제 환상과 제 착각이니, 10분
도 갈 수 없는 그 깨달음을 가지고 저
희들이 깨달았다 하여 나와는 아무런
관계도 없는 그러한 형국에서 저희들
이 예수가 재림한 자라 하는 자가 있
는가 하면, 성서에 나온 사람들의 이
름을 대어 제가 그와 같은 선택을 받
았다 하며 저희들이 깨달은 자라 이르
고 있음이니,

34 내가 그들에게 명한 적이 없으며 내가
또한 그런 말을 한 적이 없느니라.
35 지금은 이러한 시대이니라, 선지자야!
36 만백성이 십계명을 지키고 깨우쳐서
그들이 마음을 열었을 때 내가 직접
그들을 통제하고자 함이며, 그들을 다
스리고자 함이니라.
37 너는 지금 나의 성령을 받아 네가 나
의 법전을 만들어 나가서 세상에 전함
이니,
38 너는 지금 바로 내가 씨앗을 심을 수
있도록 밭을 갈고 닦는 그와 같은 역
할을 하고 있는 중이니라.
39 그리하여 그 밭에 곡식을 얻어 씨앗을
거두어들이도록 하는 그와 같은 역사
를 이루니,
40 그 모든 나의 씨앗에서 나온 그 곡식
은 하나가 되지 않겠느냐?
41 내가 팥을 심었으면 콩이 나지 아니하
며 콩을 심었으면 팥이 나지 아니할
것이니,
42 지금 네가 하고 있는 그 역사는 나의
법전이 세상을 덮어 썩어 가는 이 지
구의 땅덩어리에 낙원을 이루는 것이
니라.
43 내가 낙원이라 만든 이 지상이 썩어져
가고 있음이니라.
44 너희들의 마음과 형태가 썩어지고 사
악한 자들이 나오는 이와 같은 형국에
서 너희들 인간만이 썩어지는 것이 아
니라,
45 너희들이 그와 같이 육신의 삶을 위하
여 너희 자체가 썩어져 가는 것은 내
가 에덴동산으로 만들고자 하는 이 땅
이 썩음이요, 공기가 같이 썩어져 가
는 형국이니라.
46 그리하여 6천 년의 세월이 준비 단계
요, 천 년을 위하여 나의 법전이 세상
에 나와 단비와 같이 내려짐이니,
47 너희들이 내가 곡식을 심을 수 있는
터를 닦는 그 대명을 이루고 있는 자
들이니라.
48 그리고 네가 점점 낮아져야 된다는 것
이 거기에 있느니라.
49 너는 밭을 갈고 터를 닦는 농부이니라.
50 많은 자들이 저희들이 예수요, 또는
저희들이 누구누구라 하여 저희들이
명받은 자들이요, 저희들만이 이 세상
을 지배할 수 있는 자들이라 그리 나
서는 자 있으며, 또한 그들의 책무라
하여 예수라 하는 자가 지상에 수천수
만이니라.
51 그들마다 너희들에게 와서 무엇이라
말하거든 너희들은 그들의 말에 귀 기
울이지 말고 입을 막으라.
52 그들이 저희가 몇 년이나 살며 앞으로
몇십 년이나 산다 하여 저희들이 예수
로서 재림하여 나의 뜻을 이룬다 하는
가?
53 그들이 무슨 근거가 있으며 무엇으로
이룬다 하더냐?
54 예수의 이름으로써 제가 예수가 재림
한 자라는 그 말 한마디로 그가 무엇
을 이룰 수 있는가?
55 그것은 다 환상이며 그들의 착각이며
자기 자신의 자가 발상에서 그와 같이
생기는 것이니, 그들은 처음이 없으며
끝이 없느니라.
56 그리고 나의 피조물 만백성을 가르치
고 인도할 수 있는 그 방법론이 없음

이니, 그저 미친 자, 환상에 젖어 가는
그와 같은 형국이니라.
57 너희 성전에 찾아오는 자 수없이 많을
것이니라.
58 제가 무엇을 받은 자요, 제가 무엇을
깨달은 자라 그들이 말하거든, 그들은
환상에 젖은 자들이며 자기 착각에,
자가 발상에 젖어 있는 자들이니라.
59 그리하여 그들의 직분을 모르며 저 자
신의 소중함을 모르며 저 자신을 다스
릴 줄 모르는 그와 같은 자들이니라.
60 사랑하는 선지자야!
61 **"네, 여호와 하나님! 말씀하옵소서."**
62 나로부터 명을 받은 자라 와서 말하며
예수가 재림한 자라 말하며, 예수로부
터 말씀을 듣는 자라 하며, 또는 예수
의 제자들의 명성을 따며 그와 같이
말하는 자가 있거든 그들의 형태를 자
세히 바라보도록 하라.
63 그들이 사회적으로 자기 위치를 지키
며 너희들의 세속에서 인간이 살아가
는 그 자리를 지키며 직분을 다하는
자가 있다면 그를 네가 받아들여도 되
나,
64 자신의 직분이요, 자기 주변의 정리
요, 자기 인격체요, 자기 자신도 다스
리지 못하는 자가 무엇을 받았다 말하
는 것은 그게 정신분열자의 그러한 것
이며, 제 환상이며 자기 착각에 있는
자들이니,
65 그들을 일깨워 다시 바로 세우도록 하
며, 그들을 잘못 통제하는 그 사악한
무리들을 그들로부터 제거시켜 그들
이 바로 설 수 있는 나의 백성으로 또
너의 제자로 그들을 만들어야 할 것이
니,
66 그와 같은 자 오거든 너는 갑론을박하
지 말며 그들을 잘 다스리고 일깨워야
할 것이니라.
67 그리고 그들에게 물어보라.
68 나 여호와의 뜻이 무엇이며 내가 추구
하는 것이 무엇인가를 물어보면 그들
은 대답할 길이 없을 것이니라.
69 지금 너와 너를 따르는 제자들은 내가
추린 그 알곡식을 뿌릴 수 있도록 이
지상을 깨끗하게 정화시키며 옥토를
만드는 일을 수행하고 있음이니라.
70 그리고 나 여호와에게 선택된 자는 미
래를 통역하며 새로운 세상과 새로운
시대를 열어 가고자 하는 점진적이고
창조적인 나의 역사에 선택됨이니 그
리 알라 하며,
71 세상을 하나로 나의 뜻으로 만들고자
하며 하나로 이루고자 하는 이와 같은
내용을 알고 오는 자 있거든 그를 너
는 잘 다스려 귀히 쓰도록 그리해야
할 것이며,
72 이와 같은 나의 뜻도 모르는 자, 저희
들이 무엇을 받았으며 세상을 지배하
는 자라 네 앞에 와 말하거든 그들은
정신분열자에 가까운 자들이니라.
73 그리고 자기 환상과 자기 착각에서 이
루어짐이니라.
74 너희들이 무엇인가를 집착하고 무엇
인가를 이룩하고자 고심할 때, 너희들
이 고민과 생각을 할 때, 너희들은 꿈
이라는 것으로 그와 같은 환상을 보느
니라.
75 바로 그와 같은 자기 발상에서 나오는
환상에 젖은 사람들이니라.

76 그들을 잘 다스리고 깨우쳐 네가 깊이 쓰도록 그리해야 할 것이니라.
77 그들을 버리는 네가 되어서는 아니 될 것이니라.
78 앞으로 너를 핍박하는 자들이 수없이 올 것이니라. 그리고 제가 제왕이라 하며 또한 너에게 제 밑에 와서 저를 숭배하고 저희들을 따르라는 자 수없이 나올 것이니라.
79 그러거든 그들에게 물으라.
80 '하나님이 하시고자 하는 그 뜻이 무엇인가?' 그리 물어보라.
81 그리고 그와 같이 말하는 자 오거든 그가 얼마만큼 자기 자신을 지키고 살아가는 자며 얼마나 낮은 자인가를, 너는 그를 봐야 될 것이며,
82 너의 제자들이 그들의 말에 현혹되는 일이 없어야 될 것이며,
83 그와 같은 자들에게 현혹되는 나의 피조물 만백성에게 나의 법전을 전하여 그들이 바로 설 수 있도록 그리 너희들이 하나의 대임을 더 맡아야 될 것이니라.
84 이를 너의 제자들에게 일깨워 주라.

1,993 번째 하나님 말씀

2002년 3월 7일 23시 50분

1 사랑하는 선지자야!
2 "네, 여호와 하나님! 말씀하옵소서."
3 네가 오늘 나의 백성들을 만나 깨닫고 느낀 바가 있었을 것이니라.
4 나의 피조물 백성들이 하늘에 오른다 하여 저희들의 손으로 만든 그 성전에 가서 그 종교 지도자들의 설법과 그 가르침을 들으며 하늘에 오르겠다 하는 그 사람들이 저희들 스스로 잘못 가고 잘못되어 있음을 모르는 것이 아니니라.
5 그들은 자기들이 잘못 가고 있으며, 또 잘못되었으며, 이것은 정녕 하나님의 뜻이 아니며, 그리고 이로써는 구원을 받을 수 없다는 것을 저희 스스로 잘 알고 있음이니라.
6 그리고 그들은 십계명을 지켜야 되며 나의 계명대로 살아야만 구원을 받을 것이라는 것을 다 알고 있음이니라.
7 그러나 그들이 10년, 20년, 몇십 년씩 저희들의 손으로 만든 성전에 가서 직급을 받았으며, 많은 재물과 헌금을 그곳에 바쳤으며, 모든 시간과 노동력과 자유의 시간까지도 다 그리 바치고 온 그 긴긴 세월이 그들에게는 너무도 아깝고 소중함이니라.
8 그리고 그 속에서 맺어지고 영글어진 그 모든 인간관계를 저버리고 새로운 길을 선택하여 나의 법전을 가슴에 안고 깨우쳐 그 길을 향하여 간다는 것은 그들로서는 계산속으로써 그게 맞지 아니함이니라.
9 그들은 정녕 그들이 지금까지 살아온, 재물을 바치며 시간을 바치며 모두를 다 바쳐 그들이 몸담아 왔던 그곳을,
10 설사 그곳이 잘못되고 잘못 가고 있는 것을 그들이 안다 하여도, 그들은 저희들의 얽히고설킨 모든 인간관계 때문에 돌아설 수도 없고 떠나올 수도 없음이니라.
11 그리하여 알면서도 그 길을 가고 있는 자가 수없이 있음이니, 너는 오늘 그

와 같은 실체를 네가 직접 보고 느꼈
을 것이니라.
12 그러니 그와 같은 생활 속에서 평생을
살아온 그들에게, 지금의 자기들을 위
하여 평생을 저희들이 만든 성전에 가
서 바치고 거기에 봉사하며 그 속에
젖어들어 온 그들에게 네가 아무리 옳
고 그른 이치를 따져 갑론을박하고 이
야기를 한다 해도 그들은 그를 받아들
이지 아니할 것이니라.
13 그들은 자기들 스스로 잘못되어 있음
을 알며, 종교 지도자는 거짓을 해도
안 되며, 남을 속여서도 안 되며, 한
점의 부끄러움이 있는 삶을 살아서는
안 된다는 것을 잘 알고 있음이니라.
14 그러나 그들은 같은 인간이기에 인간
으로서 그럴 수도 있을 것이라는 그와
같은 동질감으로 너그러이 용서하느
니라.
15 저희들이 잘못 가고 잘못되어 있음을
다 알고 있으나 그 지나온 세월 속에
저희들이 얽히고설킨 그것을 버리기
가 너무 아까우며 그를 버릴 수 없기
때문에 그들은 악착같이 저희들의 언
성을 높여 반대급부의 저희들의 옳은
주장만을 내세움이니라.
16 그리하여 너희들이 옳고 그름을 그들
에게 깨우쳐 줘도 그들은 말문이 막히
고 할 말이 없을 때는 그저 그들은 그
래도 이것이 옳은 길이며 이 길밖에
없는 것이라 그와 같이 억지를 부리면
서 너희들의 말과 너희들의 깨우침을
들으려 하지 아니하는 것이니라.
17 그러나 너희들이 옳고 그름을 전해 줬
을 때, 그들의 가슴에 저희 스스로 부
끄러움을 모르고 느끼지 아니함은 아
니니라.
18 그를 다 알고 있으며 네가 하는 그 설
법이 맞고 옳다는 것을 알지만, 그들
은 그 길을 선택할 용기가 없음이니라.
19 그러니 많은 세월이 흘렀다 해도 그들
이 과연 믿음의 목적지가 어디며, 저
희들이 가고 있는 믿음의 그 길이 무
엇에 의하여 어찌 가는지 그 자체도
모르며, 그저 가서 맹종하는 그 믿음
밖에는 아무것도 이루고 살아감이 없
느니라.
20 과연 그들이 어찌 구원을 받으며 하늘
에 오를 수 있다 너는 생각하는가?
21 내가 너에게 일러 말하였느니라.
22 그러한 곳에서 그 모두를 떨쳐 버리고
그 모두를 버려 버리고 나의 법전을
가슴에 안고 정독하며,
23 '이가 여호와 하나님의 말씀이며, 여
호와 하나님이 우리 피조물 만백성을
구하기 위하여 내린 진정한 그분의 뜻
이며 새로운 시대에 온 그분의 성령이
다.'라고 깨닫고
24 네 앞에 와서 나의 성령이요, 내가 너
를 통하여 내리는 나의 그 뜻을 그들
이 들으며 나의 법전을 가슴에 안고
공부하고 정독하는 그들이 바로 죽음
의 한계를 넘어 한 번 자기들의 목숨
을 버린 것과 같은 그와 같은 자들이
기 때문에 소중하며,
25 그리하여 내가 그들을 구원하였다 하
였음이니라.
26 너는 오늘 보았을 것이니라, 너를 만
난 사람들을.
27 그들은 목숨을 바쳐서라도 저희들이

지키고 있는 그 성전을 떠나가지 않으
려 하는 것이며, 떠날 수도 없는 형국
에 지금 와 있음이니라.
28 그리고 그들은 옳고 그름을 따지는 것
이 아니며, 어떤 것이 진정한 진리이
며 정말 하늘에 오르는 길인가를 그들
은 견주어 보고 따지며 생각해 보려고
도 하지 아니함이니라.
29 오로지 저희들이 가던 그 형태로써 그
리 감으로 인하여 구원을 받는다 생각
함이니라.
30 그들은 종교 지도자가 잘못하여 거짓
하여 저희들이 용서할 수 없는 것을
인간이기 때문에 용서할 수 있고 인간
이기 때문에 그대로 가는 것이라 말함
이니, 이는 바로 뒤집어서 말하면 무
엇이더냐?
31 그들이 스스로 그와 같이 죄를 짓고
있으며, 나의 십계명과 나의 계명에
따라 저희들이 살지 못하며,
32 성서에서 말하고 성서에서 가르치고
자 하는 자체를 그 밑에서 공부하는
그들이 지키지 못하고 그대로 살아가
지 못하기 때문에 저희들의 죄를 의식
하며 저희들의 부끄러운 생활 상태를
알기 때문에, 그들이 저희들과 같은
그 인간의 입장으로 생각할 때 종교
지도자들도 그와 같이 용서할 수 있다
그들은 그리 생각하는 것이니, 저와
견주어 보는 것이니라.
33 그러나 여기서 너는 알아야 될 것이니
라. 그리고 너의 제자들에게 일러야
될 것이니라.
34 너의 제자들이 제가 양심에 찔려 그가
법전대로, 나의 십계명대로 살아가지
못하기에,
35 나의 선지자가 법전대로 살아가지 아
니하며 십계명대로 살아가지 아니한
다 하여 그도 인간인 자기가 용서할
수 있으며 제가 저 자신을 용서하는
그와 같은 부끄러운 마음에서 선지자
를 용서한다고 말을 한다 해 보자.
36 이는 너무나도 잘못되어 있음이니라.
37 인간인 저 자신이 지은 죄가 있고, 제
가 법전이요, 나의 십계명대로 살아가
지 못하고 부끄러운 죄가 있기에,
38 저에 비추어 선지자도 그와 같이 용서
할 수 있다 생각하는 것은, 이는 너무
나도 잘못 생각하고 있음이니라.
39 제가 죄를 짓고 제가 용서받지 못하는
일은 저 스스로 한 사람이나,
40 나의 선지자가 계명을 지키지 아니하
며 법전을 지키지 아니하고 살아가는
것을 제가 저를 용서하듯이 그리 견주
어서는 안 되는 것이니라.
41 선지자가 가는 길은 많은 제자들이 그
를 보고 있으며 나의 피조물 만백성이
그를 보는 지도자로서,
42 그와 같은 똑같은 잘못을 저지른다 해
도 선지자가 저지르는 그 죄의 대가는
너무나도 무섭고 큰 파장을 이루며 많
은 제자와 많은 백성에게 잘못 가르치
는 오류를 범하기 때문에,
43 너희들 자신의 죄를 지은 것을 가지고
너희들의 종교 지도자까지도 인간이
기 때문에 그렇다 하여 너희 마음에
비추어 네가 지키지 못하는 그것을 그
도 인간이기 때문에 지킬 수 없다며
그를 너그럽게 용서하는 그런 마음을
가지고 산다는 것은,

44 그 밑에 와서 배우는 모두가 다 잘못
가르치며 잘못 인도하는 자의 말을 듣
고 하늘에 오르는 구원을 받고자 하는
그와 같은 오류가 생김이니,
45 이는 절대로 있어서도 아니 되며 그와
같이 해서도 아니 되는 것이니라.
46 내가 나의 선지자를 통하여 나의 성령
의 그 아픈 마음으로 너희들에게 전하
기를, 종교 지도자는 한 점의 부끄러
움이 있어서도 아니 되며, 유리로 비
춰 봐 그가 부끄러운 점이 있어도 아
니 되며,
47 오로지 나의 십계명을 지키며, 나의
계명에 따라 지키며, 성서대로 살아가
는 그와 같은 모범된 삶을 살지 않으
면 자격이 없다 하였음이니라.
48 그가 모범된 자세로써 살지 못한다 하
면 그 밑에 가서 그를 따르며 그를 따
라 하늘에 오르겠다는 나의 피조물 만
백성은 너무나 엄청난 괴리가 벌어지
게 됨이니, 이를 너희들은 어찌해야
하겠는가?
49 너희들 하나가 잘못하는 것으로써 너
희 스승이 잘못하는 것과 견주지 말라
하였음이니,
50 지금 너희들이 반대로 생각하면 너희
들 하나가 잘못하는 것은 너희 인간으
로서 그리 덮어 갈 수 있으나, 종교 지
도자요, 선생이 잘못했을 때,
51 너희를 가르치는 자요, 지도하는 자
요, 너희보다 높이 있는 자요, 하나님
의 뜻을 받들어 시행하는 하나님의 종
이요, 하나님의 선택된 자가 거짓을
하고 잘못했을 때, 그 제자들은 어찌
하는가?
52 '선택된 자가 그와 같은 거짓과 해서
는 안 되는 질서를 파괴하는 행동을
하고 살아감이니, 나 같은 미미한 그
의 제자요, 그의 신도는 그보다 열 배
를 잘못해도 그래도 용서를 받을 수
있을 것이다.'라는 그러한 생각을 갖
게 된다는 것을 너희들은 생각해 봐야
할 것이니라.
53 그리하여 지도자가 잘못하는 것은 그
곳에 와서 배우는 그 신도와 그 밑에
와서 배우고자 하는 제자들이 잘못 가
는 표본이 되는 그와 같은 것이기에
지도자는 그래서는 안 되는 것이니라.
54 그리고 종교 지도자는 더군다나 용서
할 수 없음이니라.
55 한 치의 오차라도 있다면 하늘의 구원
을 받을 수 없기 때문이니라.
56 이와 같은 이치를 너희들이 깊이 깨우
쳐야 할 것이니라.
57 그리하여 종교 지도자는 지도자로서
너무나 어렵고 힘든 길을 가야 되며,
계명에 따라서 그 목숨과 바꿀 수 있
는 각오와 마음 자세로써 그를 지키며
살아가지 아니하는 자는 종교 지도자
라고 나서서도 아니 되며 그는 가르쳐
서도 아니 됨이니라.
58 이와 같은 내가 너희들에게 일깨워 주
는 나의 뜻을 너희들이 나의 법전을
접하여 읽고도 이를 깨우쳐 이대로 시
행하지 아니하며,
59 너희들이 편한 방법으로, 그리고 지금
까지 살아왔던 그 안일한 방법으로써
육신의 편안함과 육신의 부귀영달을
위하며 그와 같은 형국에서 믿음의 길
을 온다 하면,

60 정녕 너희들의 육신이 죽어 나에게 와
심판을 받는, 너희들 몸속에 있는 그
영은 나에게 오르기 전에 그 영 자체
가 죽어져 감이니,
61 그 후에 너희들에게 떨어지는 그 체벌
이 무엇인가를 너희들은 깨달아야 할
것이니라.

1,994 번째 하나님 말씀

2002년 3월 8일 0시 20분

1 사랑하는 선지자야!
2 "네, 여호와 하나님! 말씀하옵소서."
3 너희들이 크나큰 성곽을 이루며 크나
큰 제방을 쌓을 때, 어떠한 재료를 거
기에 쓰는가?
4 돌과 모래와 그리고 물을 부어 혼합하
며 거기에 가장 필요한 것은 무엇이더
냐?
5 시멘트라는 그 가루가 거기에 들어감
으로 인하여 그들이 응고되며 그리하
여 그들이 세월을 두고 굳어지고 또
굳어져 제 구실을 하며,
6 그와 같이 기초를 다져 너희들이 크나
큰 성곽도 이루고 크나큰 제방도 만들
어 흐르는 물도 막는 그와 같은 역사
를 이루는 것이 아니더냐?
7 그러나 지금 너희들이 돌과 모래와 물
과 그리고 시멘트 가루라는 네 가지를
배합하여 하나의 성곽과 제방을 쌓는
기초로써 다져 나가되,
8 그중에서 너희들이 말하기를 물과 모
래와 자갈을 가지고서, 시멘트라는 것
을 넣지 않고 성곽을 이룰 수 있고 제
방을 쌓는다 하면 과연 되겠는가?
9 내가 이와 같이 자상한 것으로써 너희
들을 깨우쳐 주며 너희 손에 쥐여 주
고자 함은, 내가 오죽 답답하고 내 가
슴이 아프면 이와 같이 너희들에게 이
예를 들어 깨우쳐 주려 하겠는가?
10 이 하나의 이치를 너희들이 깨닫지 못
하여 오늘과 같은 험악한 형국이 이루
어졌음이니라.
11 너희들이 물과 모래와 자갈이요, 시멘
트를 배합하여 어떠한 성곽을 이루든
산을 이루든 제방을 이루든 할 수 있
음이니라.
12 그런데 그중에서 물과 자갈과 모래만
을 가지고서 성곽을 이룰 수 있으며
제방을 쌓을 수 있다고 억지를 부리는
자가 있다 하면 너희들은 과연 어찌하
겠는가?
13 그를 믿겠는가, 아니 믿겠는가?
14 너희들은 그를 믿지 아니할 것이니,
그리 말하는 자를 미친 자라 말할 것
이니라.
15 그러나 이것보다도 더 우매하고 어리
석은 행동을 하고 있는 것이 지금 나
의 피조물 만백성의 종교 지도자들이
이끌고 가고 있는 그 행위이니라.
16 너희들이 제방을 쌓을 때 가장 기초가
되는 그 시멘트라 함은, 너희들이 믿
음으로써 하늘에 오르고자 하는 것의
바로 나의 십계명이며 나의 성령이니
라.
17 너희들은 성축을 쌓되 모래와 물과 자
갈만을 가지고 성축을 쌓으며, 시멘트
라는 그 가루는 없어도 쌓을 수 있다
는 억지를 부리며 그를 쌓고자 하여
대드는 자들이니,

18 과연 그것으로 성축이 이루어지고 제
방이 이루어지겠는가?
19 절대로 너희들이 시멘트라는 것을 넣
지 아니하고는 제방을 만들 수도 없으
며 성축을 이룰 수도 없음이니라.
20 그러하니 하늘에 오르는 길에 너희들
이 하늘에 오르고자 너희 육신을 다하
여 나에게 울부짖으며 경배하고 기도
하는 것이 바로 모래와 물과 자갈과
같은 형국이니라.
21 너희들이 나에게 경배하고 기도하며
달라 하면 너희들은 구원을 받을 것이
라 그리 말하고 있음이니,
22 이는 바로 모래와 물과 자갈을 가지고
서 성축을 쌓을 수 있다고 대드는 자
들이며 그리 말하는 것과 똑같으니라.
23 거기에 무엇이 있어야 시멘트의 역할
을 하느냐?
24 바로 나의 성령으로서, 내가 불로써
써 내린 나의 십계명이, 그게 바로 시
멘트의 역할을 하는 것이니라.
25 그리하여 너희들이 기도하고 경배하
며 나에게 오르고자 하는 그 애틋한
마음의 그 자세 속에서 그것만을 가지
고 너희들이 오를 수 없음이니라.
26 바로 너희들이 말로써 경배하며, 눈물
로써 기도를 하며, 눈물로써 찬송을
부르며, 너희들이 밤잠을 자지 아니하
고 기도하며 광란의 기도를 한다 해
도, 그리고 너희들이 수많은 재물을
하늘에 쌓기 위하여 바친다 해도,
27 그것은 시멘트가 없이 물과 자갈과 모
래 같은 것을 가지고 성곽을 쌓는다
함이니라.
28 여기서 너희들이 가장 중요한 것이 무
엇인지 알겠는가?
29 너희들이 하늘에 오를 수 있는 기도하
는 방법이요, 나에게 경배하는 방법이
요, 그 모두의 가장 중요한 것은 바로
십계명이니라.
30 너희들이 기도만 하면, 눈물로써 기도
하며 잘못된 것을 반성하며 또 기도하
며, 그리고 알면서 너희들이 죄를 지
으며 또 죄를 짓고 나서 너희들이 회
개하고 눈물로써 기도하며 재물을 갖
다 하늘에 쌓으면 구원을 받는다는 잘
못 가르치는 종교 지도자들의 그 말을
듣고 너희들이 그 길을 가고 있으니,
31 그것은 바로 배합을 하여 성축을 이루
고 제방을 쌓고자 하는 자들이, 시멘
트라는 것이 없이 물과 모래와 자갈만
가지고서 성축을 쌓을 수 있다 부르짖
는 그와 같은 자들인 지금의 종교 지
도자들의 말을 듣고 너희들이 그리 가
고 있음이니라.
32 너희들은 여기서 나의 뜻을 알겠는가?
33 너희들은 물과 모래와 자갈을 가지고
성축을 쌓을 수 있으며, 제방을 쌓을
수 있으며, 하늘과 같은 동산을 만들
수 있다 부르짖는 그들에게 '옳소!' 하
며 그들을 찬양하며 그들을 따라가고
있는 지금의 믿음의 형국이니라.
34 거기에 너희들이 가장 필요한 것은 바
로 시멘트라는 그 가루이니라.
35 너희들이 하늘에 오르고 못 오르는 것
의 가장 기초요, 너희들이 다져서 하
늘에 올 수 있는 것은 바로 내가 불로
써 내린 십계명이니, 이것이 바로 그
시멘트의 역할이니라.
36 그러니 지금서부터 너희들은 깨우쳐

야 될 것이니라.
37 너희들이 너무나도 답답하고 내 가슴
이 아파 내가 너희들에게 이와 같은
예를 들어서 너희들을 깨우치고자 함
이니,
38 나의 이 법전이 세상에 나가 너희들이
이것을 읽고 난 다음에도 깨우치지 못
한다면 영원히 구원이라는 것은 너희
들과는 관계가 없는 것을 알아야 될
것이니라.
39 내가 너희들에게 읽고 깨우쳐 하늘에
오르라는 그 십계명이 너희들에게 성
축을 쌓는 가장 중요한 시멘트 가루라
하였음이니,
40 너희 종교 지도자들이 너희들에게 말
하여 이르기를, 목숨을 바쳐도 십계명
을 지켜야 되며, 그 십계명대로 사는
것만이 하늘에 오를 수 있는 길이라
말하는 자가 이 세상에 있다 하면,
41 그는 바로 성축을 쌓는 데 물과 자갈
과 모래와 시멘트 중에 제일 으뜸은
시멘트라 하는 것과 마찬가지니라.
42 그러니 너희 종교 지도자들 중에 십계
명대로 살고, 그 계명에 따라 살지 않
는 자는 구원을 받을 수 없다 그리 말
하는 자가 있다 하면, 그는 진정한 나
여호와로부터 선택된 자이며, 나로부
터 대명을 받아 하늘에 오르는 그 길
을 아는 자이며,
43 그가 바로 전도하고 인도하는 자임을
너희들은 알아 그를 따라야 할 것이니
라.
44 만에 하나, 저희들의 본질이라는 말로
써 저희들의 세 치의 혓바닥으로 말하
기를,
45 '십계명이라는 것은 인간이 지킬 수
없으며, 이것은 여호와 하나님께서 불
가능한 것을 만든 것이며, 이것을 표
본으로 하여 우리들에게 깨우쳐 살라
하는 것이다.' 그리 가르치는 종교 지
도자가 있다 하면,
46 십계명이라는 것은 인간으로서 지킬
수 없기 때문에 이러한 법이 있으며,
이러한 것을 너희들이 알아서 스스로
지키며 살아오라 그리하여 한 것이지,
이걸 지키고 그대로 하늘에 오르라 하
여 내린 것이 아니라고 말하는 종교
지도자가 있다 하면,
47 그는 바로 성축을 쌓는 그 기초의 재
료인 시멘트라는 것을 빼고서 물과 모
래와 자갈로써만 성축을 쌓겠다고 대
드는 그와 같은 자이니,
48 그가 너무나 어리석고 무모한 자이며,
그 자신이 성벽을 쌓으며 제방을 쌓는
재료가 무엇이 중요하며 무엇이 들어
가는지도 모르는 그와 같은 기술자라
할 수 있음이니라.
49 지금 너희를 이끄는 종교 지도자가 십
계명대로 살지 아니하면 안 된다 그리
말하지 아니하고,
50 십계명은 너희들을 깨우쳐 주기 위해
서 내린 것이며, 너희들이 참고로 생
각하고 살며 그와 같이 지키고 살아야
되는 것이니, 그러나 인간이기 때문에
지킬 수 없으니 대충 지키고 살 수 있
다 그리 말하는 자는 제방을 쌓는 데
무슨 재료가 가장 중요하며 무엇이 필
요한지도 모르는 그와 같은 기술자와
같다 말하였으니,
51 그는 정녕 하늘에 오르는 길에 영혼의

영양이요, 영혼을 받쳐 주는 것이 무
엇인가를 모르는 그와 같은 자이니라.
52 그러니 그러한 자들을 너희들이 따르
고 그를 숭배하며 그 밑에 가서 경배
하고 기도하며 그들에게 재물을 바치
는 그와 같은 어리석고 우매한 짓을
하지 말아야 할 것이니라.
53 내가 너희들에게 이와 같은 예를 들어
손에 쥐여 주듯이 깨우쳐 주었거늘,
54 이를 너희들이 실천하고 깨우쳐 행하
지 아니한다 하면 너희들은 영원히 사
는 나의 나라에 올 수도 없고 그를 바
라볼 수도 없으며,
55 너희들이 구하고 애달파 평생을 다 바
쳐 애원했던 그 구원의 길과는 너희들
이 너무나 멀고도 먼 것을 알아야 할
것이니라.
56 그리고 나의 피조물 만백성, 너희들에
게 내가 선지자를 통하여 나의 뜻을
전하노라.
57 너희들이 살아가면서 이웃에게 물 한
그릇 준 것을, 과일 하나 준 것을, 식
사 한 번 대접한 것을, 떡 하나를 전해
준 것을, 그리고 생선 한 토막을 준 것
을, 그것을 가지고 베풀고 나누며 사
랑을 실천했다는 그와 같은 생각을 하
는 자, 너희들은 깊이 새겨야 될 것이
니라.
58 인간이 누구나 다 할 수 있는 그러한
일을 너희들이 스스로 하면서 너희들
이 그것이 베풂이며 사랑을 나누었으
며 자비를 베풀었다 생각하지 말라.
59 그것은 너희들이 나로부터 받아 나간
생명의 그 은혜와 나의 모든 동식물을
취하면서 너희들이 살아가는 그 은혜
에 보답하는 것으로써도 그와 같은 행
위는 선행이라 할 수 없다 내가 너희
들에게 말하였으니,
60 오늘의 너희들에게 내가 다시 한 번
강조하는 이 뜻을 깊이 깨우쳐야 할
것이니라.
61 이제 나의 법전에 나의 성령을 태워 1
부의 열여섯 권이 세상에 나가며 2부
의 열여섯 권이 곧 이루어짐이니,
62 이미 이가 반을 넘어 너희 손에 전해
질 때가 머지않았음이니,
63 이와 같은 대역사가 이루어지는 것을
보고서도 너희들이 믿지 아니한다면
누구의 말을 믿겠는가?
64 너희들은 어찌하여 누구나 이룰 수 없
는 이 많은 나의 법전의 책들의 160권
이라는 그 역사가 세상에 전해지는 것
은 믿지 아니하고 사탄이요, 이단이라
말하며,
65 꿈속에서 나 여호와를 봤으며, 제가
죽어 가는 형태에서 나 여호와를 봤으
며, 천당을 봤으며, 지옥을 봤으며, 하
늘나라에 갔다 왔다는 그들의 그와 같
은 말을 간증이요, 증언이라 하여 만
인 앞에 그를 세우고 그의 경험담이라
하여 울부짖게 만들며, 그의 강론을
듣고 그 말을 믿으며,
66 그리고 하늘을 봤으며 나 여호와로부
터 선택된 자요, 또는 나의 아들 예수
로부터 선택된 자라 하는, 제가 자아
도취 되어 그 꿈속에서 이루어진 하나
의 그것을 믿고 그들을 숭배하며 그들
은 위대하다 따르면서,
67 이와 같이 근거를 제시하며 변화를 요
구하고 새로운 시대를 열어 가며 미래

의 창조를 위하여 새 시대를 열려는
나 여호와의 이 성령을 너희들은 어찌
하여 그리도 보지 못하며,
68 이는 이단이요, 사탄이요, 사악한 무
리가 만든 것이라 하며,
69 그가 스스로 그 종교의 생활이요, 믿
음의 생활을 몇십 년 경험한 자로서
이를 비평하기 위하여 제가 당하고 슬
펐던 그 모든 사연을 기록하는 망령된
자라 그리 말하며,
70 그는 너희들이 지금에 가고 있는 그
종교의 형태를 공격하고 비방하기 위
한 하나의 사악한 무리라 너희들이 말
하는가?
71 너희들은 그리 말하느니라.
72 이 책을 쓴 인간은 20년에서 30년 이
상 너희들과 같이 종교라는 그 속에서
믿음의 역할을 했으며,
73 그도 모든 직급을 다 받았으며 받을
만큼 다 받은 자가 저를 대우하지 아
니하고 저를 따르지 않고 저를 존경하
지 아니하며 저를 인간으로서 대접하
지 아니한다 하여 그 종파에 대한 공
격수로서 나가 제가 그전에 경험했던
모든 것을 다 총집산하여 인간으로서
만들어 내어 너희들에게 공격하는 사
탄의 행위라 그리 말하나니,
74 나의 사랑하는 피조물 만백성 너희들
은 알아야 될 것이니라.
75 나 여호와가 너희들에게 천명하여 내
리듯이, 그는 너희들의 그 성전에 가
서 공부하고 경배한 적이 없으며,
76 그는 너희들처럼 돈이나 재물을 주고
그 직급을 받아 본 사실이 없으며,
77 그는 몇십 년 동안 너희들과 같이 너
희 손으로 만든 그 성전이라는 곳에
가서 모두를 바치고 살아온 역사도 없
으며,
78 너희들을 공격하기 위하여 너희들로
부터 받은 슬픔과 너희들에게 받은 수
모를 만회하고 그를 복수하기 위해서
던지는 것도 아니니라.
79 그는 아무것도 모르는 평범한 사람이
었느니라.
80 너희들같이 가정을 가지며 자식을 가
지며 평범한 생활에서 60여 년 동안
그는 조용히 육신의 세계에서 명예와
세속의 권력과 재물을 위해서만 열심
히 달려오고 살아온 자이니라.
81 너희들과는 거리가 멀고도 먼 그와 같
은 생활을 했던 그가 이와 같은 나의
성령이라 하여 160권이라는 법전을
세상에 내보내는 것은 인간으로서는
할 수 없으며 그의 능력으로는 할 수
없음을 너희들이 어찌하여 보지 아니
하려 하는가?
82 너희들은 너희들이 받지 못하였으며,
너희들이 선택되지 못하였으며, 그리
고 너희들이 진실하게 가르치는 종교
지도자들이 아니며, 확신이 없으며,
83 너희들은 나로부터 음성을 들은 것이
없으며, 나의 형체를 보지도 못하였으
며, 나로부터 직접 명령을 받지 못하
였기 때문에 이를 질투하고 시기하며,
84 바른 것이 나오면, 정녕 여호와 하나
님의 바른 말씀이 세상에 다시 온다
하면 너희들이 지금 가고 있는 추악한
너희들의 방법이요, 세속의 인연을 버
리지 못하며 명예와 재물을 모으는 데
연연하여 나의 피조물 만백성을 이끌

어 가는 너희들의 그 추하고 더러운 모습이 백일하에 드러날 것이며,
85 너희들 밑에서 너희를 정녕 하늘에 인도하는 지도자라 믿고 따랐던 그들이 너희들에게 실망을 금치 못하며 너희들에게 단죄를 하고자 하는 그 무서운 형국을 막기 위하여,
86 되레 나 여호와의 성령을 태워 이 시대의 나의 만백성을 구하고자 하는 주옥같은 나의 이 뜻을 사악한 것이라 말하며,
87 말세가 왔으니 그 말세에 현혹되지 말며 너희들은 너희들을 더 존경하며 너희들에게 재물을 더 바치며 너희들에게 모든 시간과 모두를 더 바쳐 오로지 너희들만을 따라 구원을 받으라 그리 가르치고 있음이니,
88 이와 같은 내가 너희들에게 하나하나 짚어 가르치고 깨우쳐 주는 나의 이 뜻을 너희들은 보고 느껴야 될 것이니라.
89 아무런 믿음도 없으며 경험도 없는 나의 선지자가 내가 내린 그 내용을 기록하여 놓은 그것을 보고 너희들은 그를 평가하지 말라.
90 그는 아무것도 모르느니라.
91 그는 그저 요한복음 16장에 기록되어 있듯이, 오로지 나의 성령이요, 나의 음성을 듣는 것만을 기록하여 전하는 자니,
92 그가 몇십 년을 종교 생활을 했으며 그가 너희로부터 핍박받은 것을 너희들에게 돌려주려 사악한 짓을 한다는 그러한 허무맹랑한 말을 하지 말라.
93 아무리 너희들이 그리 떠들고 그리 선전하여 너희 종교의 너희 신도요, 너희들에게 오는 제자들을 움켜쥐고 비틀어 놓고자 해도, 아무리 너희들이 그들을 비틀어 짜고 또 짠다 해도 진실은 속일 수가 없다는 것을 너희들은 알아야 할 것이니라.

1,995 번째 하나님 말씀

2002년 3월 8일 01시 10분

1 사랑하는 선지자야!
2 "네, 여호와 하나님! 말씀하옵소서."
3 나의 아들 예수가 나의 피조물 만백성을 가르칠 때 호화찬란한 궁궐과 같은 성전을 지어 그곳에서 가르쳤던가?
4 세상에 더 높고 높을 수 없으며 더 호화롭고 더 찬란할 수 없는 그와 같은 성전이라는 것을 만들어 그곳에서 나의 백성들을 가르치고 인도하였던가?
5 그것이 아니었느니라.
6 사랑하는 선지자야!
7 "네, 여호와 하나님! 말씀하옵소서."
8 내가 너에게 가장 소중한 나의 재물을 내려 줄 때, 너는 인간 세속의 마음에서 아름다운 성전, 보기 좋은 성전, 그리고 남들을 제압하고자 하는 성전, 남들의 기를 꺾고자 하는 성전, 그와 같은 웅장하고 거창한 성전을 절대 지어서는 아니 될 것이니라.
9 너는 그저 비바람만을 막을 수 있는 넓고도 큰 곳에 나의 피조물 만백성이 누구나 와서 같이 즐기며 마음 편하게 내가 전하는 나의 성령을 들을 수 있도록 그와 같은 것을 준비하면 되는 것이니라.

10 내가 너에게 재물을 내리는 그 영광을
내렸을 때, 너는 나의 피조물 만백성
이 그저 와서 앉아 비바람만 면할 수
있는 그와 같은 넓은 공간에 움막과
같은 집 안에서도 나의 성령의 뜻을
전해 주는 그와 같은 방법으로써 나의
피조물 만백성에게 하늘에 오르는 길
을 바로 가르치며 바로 보도록 그리
인도해야 할 것이니라.
11 수십억, 수백억의 재물을 들여 소왕국
과 같은 성전이라는 것을 지으며 호화
로움의 극치를 다하여 수십억의 재물
을 쌓아 뭉개 죽이면서,
12 그 죽어진 재물 안에서 나의 피조물
만백성을 일깨워 주며 하늘에 오르는
그와 같은 방법으로 가서는 절대로 아
니 됨이니라.
13 그와 같은 호화로운 성전이라는 것을
지어 놓고 몇백억이라는, 너희들이 셀
수 없는 금화와 은화를 처박아 그를
잠식시켜 죽어 있는 그와 같은 형국의
성전에서 나의 피조물 만백성을 가르
치는 것이 아니라,
14 그저 넓고 편안한 공간으로서 비바람
만 막을 수 있는 거적을 쳐 놓은 그와
같은 곳에서 나의 백성들을 구하는 일
에만 전념해야 될 것이니라.
15 내가 내린 재물로 그들은 저희 손으로
지어 저희 육신의 편안함과 저희들의
허세를 자랑하며, 나 여호와에게 진정
오르는 길이 무엇인지를 모르고 그저
깨우친다 하고 인도한다 하니,
16 그들이 불안한 마음을 채울 수 있는
것은 허세를 부리는 것밖에 없기 때문
에 그들은 궁전과 같은 것을 지어 놓
고 그곳에 오는 자만이 구원을 받을
수 있다 말하느니라.
17 그러나 너는 그와 같은 방법으로써 해
서는 절대로 아니 됨이니라.
18 나의 피조물 만백성이 재물을 바치지
아니하며, 금화와 은화를 바치지 아니
하며,
19 그저 편안한 마음으로 와서 나의 성령
의 뜻을 들으며, 너를 통하여 전하는
나의 메시지를 받으며,
20 그들이 선하고 아름다운 사랑을 베풀
며 살아가는 그 방법을 일깨워 주며,
21 그들이 나날이 변하는 그와 같은 모습
으로써 미래에 새로운 아름다운 천국
을 이루는 역군으로 변해 갈 수 있도
록 그들에게 그저 깨우쳐 줄 수 있는
비바람을 막는 그와 같은 장소면 그
이상 바라고 더 원해서도 아니 되는
것이니,
22 그와 같은 방법으로써 너는 그들을 일
깨워 주고 가르쳐야 할 것이니라.
23 그들은 저희들이 벌어서 저희 손발이
터지도록 모은 재산으로 그와 같은 호
화로움의 극치인 성전을 짓는 것이 아
니니라.
24 그들은 종교 지도자라는 그 미명 아래
몇십 년 동안 너희들의 선배요, 너희
아버지요, 어머니로부터, 지금은 죽어
흔적도 없는 너희 아버지요, 어머니로
부터 피나는 재물을 수단과 방법을 가
리지 않고 비틀어 짜냈으며 긁어모았
느니라.
25 하늘에 오를 수 있는 구원의 길을 바
라본다는, 그 영혼을 구원받는다는 소
망의 일념 때문에 너희들이 그 얼마나

시련과 고통 속에서 가짜 종교 지도자
들이 비틀어 대는 그 올가미에 걸려
고생하고 시련을 겪으면서,
26 거기에다 죽지 못하여 바친 재물이 얼
마나 많이 있는가?
27 그와 같은 재물로써 이와 같은 성전을
이루었으며,
28 또한, 너희들도 그를 유지하고 그를
관리하고 또 그보다 더 큰 것을 짓기
위하여 너희 모든 신체 부위를 비비
꼬아 비틀고 짜는, 맷돌에다 깨라는
것을 짜는 것보다도 더 가혹한 방법으
로 너희들을 비틀고 짜,
29 그들은 영수증도 하나 없이, 저희들이
한 푼도 번 것 없이 나의 피조물 만백
성, 하늘에 오르고자 갈구하는 너희들
을 비틀고 짜서 너희들에게서 거둬 내
는 그 재물로써 그와 같은 성전을 지
었으며,
30 피보다도 더 소중한 너희들의 재물을
피가 나는 아픔보다도 더 고통스럽게
비틀고 짜 그와 같은 성전을 만들었음
이니,
31 수많은 세월 속에 수많은 나의 피조물
만백성이 바치기 싫은 그 재물을 구원
을 받는다는 그 일념 때문에 고통과
괴로움 속에 갖다 바친 그 재물로써
그들이 그것을 만든 것이 아니던가?
32 나의 피조물 만백성에게 고통과 시련
으로써 그들이 몇십 년은 두고 수백,
수천 명의 나의 피조물 만백성에게 피
보다도 더 아픈 상처를 내며 비틀고
너희들을 쥐어짜서 그를 갖다 만들었
음이니,
33 그 원성과 그 원망의 덩어리로 뭉쳐
진, 너희들이 지금 가지고 있는 그 성
전이 있을 때, 그것이 무엇이더냐?
34 사악한 방법으로써 긁어모은, 사악한
모습으로 이루어진 흉물스러운 골칫
덩어리인 것이니라.
35 너희 조상서부터 너희들까지 수많은
나의 피조물 만백성이 고통과 시련 속
에 바친 것으로써 그를 긁어모아 만들
었음이니, 그것이 너희들의 원성과 너
희들의 고통이 집약된 한 덩어리이니,
그게 얼마나 흉물스럽고 가증한 덩어
리더냐?
36 그 속에 가서 너희들은 또 바치며 더
큰 흉물스러운 것을 만들고자 경배하
고 기도하며 그리 가고 있는 것이 지
금의 형국이니라.
37 너희들은 내가 나의 선지자를 통하여
전하는 이 뜻을 놓고 깊이 분석해 보
고 깨우쳐야 될 것이니라.
38 그 수십억의 금화와 은화를 들여 그와
같은 성전이요, 호화로움의 극치를 만
드는 것은 몇 사람을 위해서 그와 같
은 행위를 한 것이 아니던가?
39 그리고 그를 만들기 위해서 얼마나 많
은 사람들이 희생과 고초를 겪었는가?
40 과연 그와 같이 희생과 고충을 겪어
몇천 년에 걸쳐 이루는 그 성전에서
기도하고 찬송하며 나 여호와에게 경
배해야만 하늘에 오를 수 있는 길이라
생각하는가?
41 그와 같이 많은 나의 피조물들의 고혈
을 빨아, 너희들의 생명줄을 비틀다시
피 하며 만들어 놓은 그 사악한 괴물
덩어리의 그 성전은 나 여호와와는 아
무런 관계도 없는 것이며,

42 나 여호와의 이름을 그곳에서 팔지도
말며 부르지도 말아야 할 것이니라.
43 그리고 너희들이 지금 그것을 운영하
며 또 더 큰 것을 짓기 위하여 바치고,
엄청난 고통과 괴로움 속에서 너희들
은 잘못 가는 종교 지도자들의 그 혓
바닥에 현혹되어 지금도 그와 같이 바
치며 가고 있음이니라.
44 사랑하는 선지자야!
45 "네, 여호와 하나님! 말씀하옵소서."
46 내가 나와는 아무런 관계도 없는 그들
이 가는 것을 가지고 그들을 탓할 일
이 없음이니라. 그리고 내가 그들을
말할 이유도 없음이니라.
47 다만, 이는 나의 피조물 만백성이 잘
못 감이요, 구원의 길이 아닌 정반대
의 지옥의 길로 가는 그와 같은 역사
에 참여하는 것을 볼 수 없어 내가 그
들의 실태와 형태를 알려 주는 것이며,
48 또한, 나로부터 선택되어 나의 피조물
만백성을 구원한다는 그와 같은 방법
으로써 해서는 안 된다는 것을 내가
너에게 깨우쳐 줌이니,
49 그저 가장 적은 경비로써, 적은 금화
와 은화를 들여, 그것도 너희들의 노
력으로써 비바람을 막을 수 있는 움막
과 같은 큰 장소에 많은 사람을 수용
할 수 있는 곳을 만들어,
50 그곳에 와서 높고 낮음이 없이,
51 너라 하여 높은 단상에 호화로운 그
형태로 차려 놓는 것이 아니라, 네가
나의 피조물 만백성을 가르칠 수 있는
그 책 하나만 놓을 수 있는 단상 하나
를 만들어,
52 그것을 놓고 네가 높고 낮음이 없는
그 자리에서 나의 피조물 만백성이 아
무나 편안한 마음으로, 즐거운 마음으
로 그곳에 와서 나의 음성을 듣고 나
의 법전을 공부할 수 있도록 하여 그
리 깨우쳐야 될 것이니라.
53 지금 너는 네가 그들 인간이 지은 성
전에 가서 공부한 적이 없으며 그들의
설교를 들은 적이 없으며 네가 그곳의
실태를 모르나니,
54 지금도 재물을 바쳐야 되며 헌금을 바
쳐야 되고, 감사 헌금을 바쳐야 되고,
55 건물을 짓고자 할 때 그 분담금을 만
들어야 되고 분배된 기금을 만들기 위
하여 그들이 얼마나 번뇌와 고통 속에
믿음이라는 길을 가는가?
56 그들이 오로지 나 여호와에게 구원을
받으며 저희 영혼이 천상에 오른다는,
영원히 사는 나의 나라에, 천국에 오
를 수 있다는 그 희망이 아니면, 그 길
이 아니면 그들은 벌써 그곳에서 등을
돌리고 나왔을 사람들이니라.
57 그들에게 이르라.
58 너희들이 그렇게 고통과 시련을 겪는
속에서 하늘에 오르는 것이 아니며,
그것이 나 여호와에게 오르는 길이 아
니니라.
59 나 여호와에게 오르는 그 길은 가장
편안하고 가장 즐거운 마음으로 올 수
있음이니,
60 너희들이 그와 같은 크나큰 성전이요,
몇 사람을 위하여 호화로운 그 성전을
짓기 위하여 너희들을 고통스럽게 빨
래를 비틀듯이 그와 같이 비틀고 또
짜서 너희들에게서 걷어 가는 고통스
러운 그 생활을 영위하면서 나 여호와

에게 오는 것이 아니니라.
61 너희들은 비바람만 막을 수 있는 넓고
도 넓은 그와 같은 공간에서,
62 너희들이 재물을 바침이 아니요, 재물
을 바치는 고통이 있는 것도 아니요,
재물을 분담하여 갖다 만들어야 되고
바쳐야 되는 그러한 고통과 시련도 없
이,
63 너희들은 그저 와서 나 여호와 하나님
께 감사드리며, 너희 죄의 용서를 빌
며, 내가 나의 선지자를 통하여 내리
는 그 법전을 듣고 깨우쳐 하늘에 오
르는 영광을 얻으면 될 것이니,
64 이와 같은 세상이 너희들을 기다리고
있음이니 그리 알아야 될 것이니라.
65 그리하여 선지자 너는 너보다 높고 너
보다 낮은 자가 없음이니,
66 네가 나의 법전을 전하는 그 단상을
만들 필요도 없을 것이며, 그 호화로
운 것을 만들 필요도 없으니,
67 그저 비바람을 막을 수 있는 초라한
나뭇가지를 엮어 붙인 그 넓은 공간
속에서,
68 비록 외형은 초라하게 만들었다 해도,
그 속에서는 나 여호와의 진정한 음성
을 들을 수 있으며 하늘에 오르는 길
을 인도하고 가르치는 그와 같은 역사
가 이루어지는 장소로서 부족함이 없
으며 부끄러움이 없는 것이니라.
69 그리고 그곳에 와서 나의 음성을 듣는
자, 재물이요, 헌금이요, 십일조요, 건
축 헌금이요 하여 분담금을 내는 그와
같은 고충이 없이,
70 그저 편안한 마음으로, 한 푼도 바치
지 아니하고, 한 푼도 헌금을 내지 않
는 그와 같은 즐거운 마음으로 와서
깨우쳐 공부하고 깨달을 수 있도록 그
와 같은 방법으로써 나의 피조물 만백
성을 이끌어 가는 그와 같은 것을 만
들어야 될 것이니,
71 외형으로써 위대한 궁전이 아닌 것이
니라.
72 외형으로써, 너희들이 만든 그 조각의
제품으로써 웅장하고 거대하며 화려
하게 만드는 것이 위대한 성전이 아니
니라.
73 비록 나뭇가지를 엮어 만들었다 해도
그곳에서 가르치는 자, 십계명을 지키
며 하나님의 뜻에 따라서 살며 하나님
의 말씀을 받아서 전하는 자가 있다
하면, 그곳이 아름다운 성전이요, 황
금빛이 나는 성전인 것이니라.
74 나의 말씀이요, 나의 성령을 지키고
시행하는 그곳이 아름다운 성전이요,
황금빛 찬란한 성전인 것이지,
75 너희들이 손으로 만든 그와 같은, 모
든 나의 피조물 만백성을 빨래를 비틀
어 짜고 짜듯이 그와 같이 수십 년 동
안에 조상부터 그 아들이요, 손자에까
지 그 비트는 방법을 계속 쓰고 너희
들이 잔인하게 강요해서 그와 같이 너
희 손으로 웅장한 궁전을 지었다 하여
도 나하고는 관계도 없으며,
76 거짓 하고 도적질하며 남을 속이는,
그리고 제가 편하고자 하는 종교 지도
자가 그곳에서 언변으로 설교를 하고,
하늘에 오르는 길이라 하여 너희들이
광란의 독 안으로 이끄는 그와 같은
흉악무도한 행위를 한다 하면,
77 거기는 도둑의 집단이며 살인자의 집

단과 똑같음이니, 너희들은 그리 알아
야 될 것이니라.
78 여기서 나의 선지자에게 내리는 말이
틀렸다 하면 너희들은 나에게 항의하
며 나에게 공박하라. 그리고 나 여호
와를 원망하며 나 여호와에게 너희들
이 대답을 원하라.
79 비록 외형은 초라한 나뭇가지로 엮어
비바람을 막는 크나큰 건물이라 하여
도 그 안에서 가르치는 그 진리가 나
여호와의 성령이요, 내가 내린 나의
법전으로써 하늘에 오르는 길을 정녕
진심으로 가르치는 자가 있다 하면,
80 그리고 너희들로부터 어떠한 대가를
받지 아니하며 어떠한 방법으로 헌금
이다, 십일조다, 건축 헌금이다 하여
그러한 것을 거두어들이지 아니하며,
81 너희들이 가장 편안하고 즐거운 마음
으로써 서로 웃음꽃을 피우며,
82 나 여호와가 내리는 성령의 말씀이요,
나의 법전을 공부하여 하늘에 오르는
길을 깨우치는 그들이 모인 곳이 진정
찬란한 빛을 내리는 성전이 아닌가?
83 그보다 위대한 성전이 없느니라.
84 너희들은 너희 조상으로부터 너희 아
버지까지, 너희 자신들부터 너희 아들
까지도 빨래를 비틀어 짜듯이 그와 같
이 간악한 방법으로써 재물을 긁어모
아 그와 같이 성전이라는, 너희 인간
으로서 만든 그 궁전에서 가르치는 자
가 나하고는 아무런 관계도 없는 지옥
으로 가는 그 설법을 하고 있다 하면,
그 행위를 가르치고 있다 하면,
85 가장 중요한 나의 십계명을 제쳐 놓
고, 인간이기 때문에 죄를 짓지 아니
하고 살 수 없으며 그 십계명을 행할
수 없으며 지킬 수 없다 그리 말하는
자가 그곳에서 설법을 한다면,
86 너희들이 보기에는 찬란하고 웅장하
며 남을 제압하는 궁전이라 할지라도,
그곳이 썩어져 가는 짐승의 뼈다귀만
도 못한 곳이라는 것을 너희들은 알아
야 될 것이니라.
87 거기에는 구더기가 득실거리며, 파리
가 득실거리며, 모든 벌레들이 다 그
곳에 득실거리며 들끓고 있는 그와 같
은 온상인 것을 너희들은 알아야 될
것이니라.
88 나 여호와가 내려다보는 형국이 그러
하니라.
89 이와 같은 나의 뜻을 너희들이 듣고,
정녕 너희 자신을 분석해 보고 생각해
보지 못한다 하면 너희들은 영원히 구
원을 받을 수 없음이니라.
90 나 여호와가 너희들에게 내리노라.
91 나 여호와가 너희들에게 나의 애절한
마음으로써 전하노라.
92 지금 내가 전자에 이야기했던, 나뭇가
지를 엮어서 비가 새지 않고 비바람을
막을 수 있는 그곳에서 아름다운 나의
말을 전하며 그가 가는 그 방법과, 너
희들이 지금 하고 있는 그 방법을 깨
우쳐 주고 알려 준 대로 하나하나 놓
고 너희들이 점수를 매기며 그리하여
너희들이 계산해 보고 분석하고 연구
해서,
93 과연 나 여호와의 말이 틀렸다 하거든
나의 법전을 불태우고 찢어 버린다 하
여도 나는 너희들을 원망하지 아니할
것이니라.

94 그러나 이를 분석해 보며 내가 선지자
를 통하여 전하는 그 뜻이 옳다 하는
것을 알면서도, 너희들이 지금까지 투
자하고 지금까지 목메어 살아왔으며
갈망했던 그 모두가 아깝고 소중해서
그 더럽고 추한 벌레의 온상인 그곳을
버리지 못한다 하면,
95 너희들은 죽어 내 앞에 와 얼마나 고
통스러운 그 죄가 너희들을 기다리고
있는지를, 그리고 너희들이 그를 받아
야 되는 것인가를,
96 영원히 변하지 않는 불변의 이 세계에
와 너희들이 그 죄의 굴레를 벗어나지
못하고 그 속에서 살아가는 그 무서운
그 현상을 너희들은 바라볼 줄 알아야
될 것이니라.
97 그리고 생각할 줄 알아야 될 것이니
그리 알라.

1,996 번째 하나님 말씀

2002년 3월 8일 08시 40분

1 사랑하는 선지자야!
2 "네, 여호와 하나님! 말씀하옵소서."
3 내가 너희들에게 일러 말하기를, 나의
법전에 한 획도 틀려서는 아니 되며,
너희들의 생각을 그곳에 넣어서도 아
니 되며, 너희들의 판단이나 기준에
의하여 어떤 형태를 이루든 나 외에
다른 생각을 거기에 넣어서는 안 된다
말하였느니라.
4 이는 똑같은 내용으로써 나의 선지자
밑에서 배우는 너의 제자들이 한 구절
을 갖고 생각하는 것과 또 이해하는
것과 그들이 받아들이는 그 모두가 다
자기들 수준에 따라서, 자기의 생각에
따라서 다르니,
5 너희들이 생각하는 것만큼 일사불란
한 한 뜻으로 전달됨이 아니니, 그들
이 각자 생각하는 것이 다 다름이니라.
6 그리하여 그들을 너희들이 하나의 생
각으로써 통일하기 위해서는 여러 번
반복하는 교육이요, 반복된 가르침을
해야 반듯이 깨우치는 자가 있음이니,
7 먼저 깨우치는 자와 늦게 깨우치는 자
의 차이가 그와 같이 있음이니라.
8 똑같은 나의 내용을 가지고 똑같은 시
간에 똑같은 선생 밑에서 배운 너의
제자들이 생각하는 것의 차이에 따라
그 이해하는 것이 다르다 하면,
9 그대로 너희들이 나가서 전하는 것은
엄청난 간격과 먼 거리로 흘러가는 그
러한 형태가 됨이니라.
10 그러하니 너는 너의 제자들을 교육시
키되, 반드시 네가 짚고 넘어가야 하
며,
11 중요한 부분들을 반복하고 또 반복해
서 충분히 그들이 이해하도록 해야 될
것이며,
12 그들의 손에 반듯이 쥐여 주어야만
그들이 나가서 전하는 그 뜻이 똑같은
나의 뜻으로 그대로 흘러가며 전해짐
이니라.
13 만에 하나, 하나의 구절이라도 그들이
이해하지 못하는 부분이 있으며, 먼저
이해한 자보다 뒤떨어지는 자가 있고
미처 깨우치지 못한 자가 있으며 생각
이 틀리다 하면 이는 엄청난 괴리를
만들게 함이요,
14 이게 바로 나가서 이단이요, 사탄이라

는 소리를 듣는 그와 같은 형국으로
퍼짐이니라.
15 그런데 하물며 너희들이 나의 법전의
내용에 한두 자를 너희 마음대로 고치
며 너희 생각을 넣어서 그를 완성하여
만들어 낸다 하면, 이는 엄청난 차이
요, 엄청난 이격이 생기며, 이는 돌이
킬 수 없는 오해와 오해를 낳게 됨이
니,
16 그 뜻을 전혀 다르게 하며, 또 그 다른
뜻에서 또 다르게 이해하는 그와 같은
형국이 일어남이니,
17 이는 나의 법전이요, 나의 뜻이 아니
라 함이니라.
18 그리하여 사악한 마음들이 그곳을 침
투할 수 있다 하였음이니라.
19 같은 내용으로써 같은 장소에서 같은
선생에게 배우고 가는 사람들이 깨닫
는 것이 제대로 깨닫느냐 못 깨닫느냐
에 따라서 엄청난 차이가 있음이니,
20 너희들이 만에 하나 한 자라도 고친
다 하면, 그로 하여금 내가 원하는 그
뜻이 전혀 관계가 없는 방법으로 흘러
가게 됨이니,
21 이와 같이 하여 무서운 결과를 초래하
게 됨이니라.
22 그리하여 내가 너에게 이르니, 한 자
의 획도 고치지 말고 넣지 말라 하였
으며,
23 그리고 배우고 가르치는 그 선생과 제
자 사이에 서로 그 뜻을 충분히 이해
하도록 반복하여 또 깨우치고 깨우쳐
서 그들이 확실히 이해하며 똑같은 이
해의 수준으로써 깨우쳐, 그들이 밖에
나가 나의 피조물 만백성을 구원하며
그들이 설법하며 또한 그를 인도하는
지도자로서 그들이 성장해 나갈 수 있
음이니,
24 만에 하나 이해를 잘못한다 하면, 이
는 세월이 지난 다음에 너무나도 멀고
위험한 그러한 현상이 생김이니 이를
명심해서 가르쳐야 될 것이며,
25 너의 제자들에게 항상 그 모두를 다
제대로 이해했는가를 질문하며 그들
에게 손에 쥐여 주듯이 그와 같이 교
육을 시켜서 나가야 될 것이니,
26 이를 깊이 깨우쳐야 될 것이니라.
27 1부가 끝나 가면서 2부서부터 너희들
이 깨닫고 이해하는 것이 천태만상으
로 갈라질 수가 있음이니,
28 자기의 생각에 따라서 달라짐이니, 이
를 반드시 그들에게 깨우쳐 주어,
29 한 스승 밑에서 배운 제자가 확실하게
똑같이 이해하고 똑같은 방법으로써
가르쳐야 될 것이니,
30 이를 명심하여 너의 제자들에게 일깨
워 줘야 할 것이니라.
31 사랑하는 선지자야!
32 "네, 여호와 하나님! 말씀하옵소서."
33 나의 성령을 내려 기록한 나의 법전을
가지고 한 스승 밑에서 같이 배운 제
자들이 깨우치고 이해하는 것이 다르
다 하면,
34 그리고 나의 법전에 한두 자가 틀리
면, 그 내용이 천태만상으로 달라지고
거리가 멀어져, 이해하는 척도를 하나
로 만들 수 없는 그와 같은 엄청난 오
류가 생긴다 하였음이니,
35 너희들이 말로써 전하는 나의 가르침
이 어찌되겠는가?

36 책으로 기록하는 것도 너희들이 한두 자가 틀리면 그를 보고 읽고 깨우치고 생각하는 척도가 틀려 엄청난 이해의 격이 생기거늘,

37 너희들이 말로써 말을 전한다 하면 거기에는 너무나 위험하고 위험한, 그리고 다시는 돌이킬 수 없는 그와 같은 격이 생김이니라.

38 이 격이 처음에는 별것이 아닌 것 같으나, 세월이 흐르고 흘러 전하고 전하는 세월이 지남에 따라서 그는 정녕 돌이킬 수 없으며,

39 한 스승 밑에서 배운 자들이 '하나'가 아니라 남남이 되는 그와 같은 엄청난 결과를 가져오니,

40 이 지상에서 선과 악이 존재하며 악의 뿌리를 뽑을 수 없는 일이 생기는 결과가 나오게 됨이니라.

41 그러니 말로써 말을 전하는 것이 얼마나 위험하며 얼마나 잘못된 그와 같은 것이 되겠는가?

42 그리하여 내가 지금 세상에 나가 너희들을 가르치며 나의 음성으로 깨우친다 하여도, 너희들은 나를 예수보다도 더 험악하고 처참한 방법으로써 정리하고 제거할 것이며,

43 또한, 그리하여 내가 전하는 그 말이 정녕 나 여호와가 너희들에게 전하는 뜻이라 하여도 너희들은 나에게 가해를 할 것이며, 내가 전한 그 뜻을 너희들은 뒤집어 버릴 것이니라.

44 지금의 종교 집단의 그 힘이 너무나 방대하며, 그들이 나의 지상의 낙원을 덮고 이를 오염시키며 썩어 가게 하는 그 형태가 지금 감당할 수 없는 그러한 형국에 이르렀으니,

45 내가 아무리 진리를 전하고 내가 아무리 너희들이 깨우치는 것을 전해 주었다 하더라도

46 그들은 그를 뒤집어서 저희 제자들 앞에서 제가 유리한 쪽으로, 저에게 떡이 되고 사탕이 되고 금화와 은화와 생선을 쌓는 방법으로 뒤집어 가르칠 것이니, 이는 당연한 것이니라.

47 당대에 네가 숨을 거두기도 전에, 숨을 거두어 한 시간도, 하루도, 365일도 가기 전에 그 모두가 다 뒤집어져서 전해질 것이니, 이를 어찌하겠는가?

48 그러니 지금 예수의 시대와 같이 말로써 전하며 말로써 깨우치는 이와 같은 역사로써는 새로운 나의 낙원을 이룰 수 없음이니라.

49 그리하여 내가 너에게 성령으로 네 가슴을 통하여 나의 뜻을 글로 전하게 하며,

50 그리고 구약과 신약에서 풀지 못했던, 너희들이 가장 이해하기 어려웠던 그 부분들을 내가 설명을 해 주며,

51 예수가 행하고자 했던 그 뜻을 내가 하나하나 풀어 너희들이 행할 수 있는 지표요, 너희들이 보고 들어 그대로 시행할 수 있는 가장 쉽고 간단한 방법으로써 너희들을 깨우치게 됨이니,

52 지금 내가 나의 선지자를 통하여 나의 성령을 글로써 기록하여 세상에 전하는 뜻의 위대함을 너의 제자들이 깨닫지 아니하겠는가?

53 그리고 나의 피조물 만백성에게 전해야 될 것이니라.

54 말로써 말을 전하는 것이 얼마나 무서

운 오류가 생기는가?
55 여기에는 전하는 자의 생각과 전하는
자의 기분과 전하는 자의 깨달음이 천
태만상으로 다름이니,
56 나의 법전을 읽고도 각자의 생각이 다
르니, 그가 하나가 되기 위해서는 반
복과 반복의 교육을 해야만 된다 일렀
음이니라.
57 그러나 말로써는 한 번 듣고 전하는
자가 돌아서며 그 뜻을 잘못 이해할
것이며,
58 그 생각을 잘못하여 그가 제 생각과
제가 느낀 대로 그리 전한다 하면 어
찌 되겠는가?
59 이는 형용할 수 없는, 나와는 전혀 관
계없는, 나의 피조물 만백성을 구할
수 없는 지옥의 길로 가는 그와 같은
일로 변하는 것이니라.
60 너희들 말에 있지 않으냐?
61 사람의 얼굴을 보고 그가 전할 때는
사람의 가슴을 갖다 전하는 이와 같은
오류가 생긴다는 말이 있느니라.
62 이건 너희들의 사악한 마음에서, 사악
한 행동에서 그와 같이 남을 음해하고
박해하며 남을 시기하고 질투하기 위
해서 그러한 형국이 생기나,
63 정녕 제가 전하는 것을 바로 전한다
하나 그가 잊어버리고 그가 생각지 못
하며 제 생각을 집어넣어서 전하는 그
와 같은 형국이 생긴다는 이치도 깨달
아야 될 것이니라.
64 진리라는 것은 그리 전해서는 안 되는
것이니라.
65 너희들 인간사에 이웃에 이야기하고
전하는 것도 그리 변조되고 변화되어
전해서는 아니 되는 것이니, 이건 너
무나도 엄청난 문제와 엄청난 과오를
범하게 되는 것이니라.
66 하물며 정녕 나 여호와의 하나밖에 없
는 진리요, 그 진리를 전하는 너희들
이 왜곡되게 전하며, 틀리게 전한다
하면 이는 얼마나 엄청난 무서운 결과
가 생기겠는가?
67 그 진리가 묻히며 그 진리가 빛을 발
하지 못하니,
68 진리가 진리의 뜻을 전하지 못하며 그
빛을 발하지 못할 때는 그가 사악한
것으로 둔갑하게 되며,
69 사악한 인간들이 그를 저희 것으로 만
들어 활용하고 쓰기에,
70 아름다운 모습으로 변해 가는 것이 아
니라 저희에게만 정녕 아름다운 내용
으로 변조되고 변화되어 그들이 사용
하게 됨이니, 이를 어찌 막을 수 있겠
는가?
71 사랑하는 선지자야!
72 "네, 여호와 하나님! 말씀하옵소서."
73 너희들이 말로써 말을 전할 때, 처음
에 말한 사람이 '물이 위에서부터 밑
으로 흘러간다.' 그리 말하였느니라.
74 그러나 다음에 전하는 사람이 그저
'물이 흘러간다.' 말하며,
75 그다음에 전하는 사람이 '물이 밑에서
위로 흘러간다 하더라.' 그리 전하게
됨이니, 이게 얼마나 무서운 오류가
생기는가?
76 '착하게 살라.' 전한 것을 '악하게 살
라.' 전하는 것과 같음이니, 그리하여
지금 너희들이 사악한 이 시대에 말로
써는 전할 수가 없음이니라.

77 그리하여 내가 나의 성령을 태워 나의 선지자를 통하여 160권이라는 법전의 책으로 만들어 너희들에게 전하게 됨이니,

78 이는 길이 보존될 것이며, 이는 또 길이 기억될 것이며,

79 이는 너희들이 잘못 이해하여 그가 잘못 가르친다 하여도, 나의 법전을 바로 접한 자가, 바로 이해하고 바로 깨우친 자가 그를 바로 정정하여 잡아 줄 수가 있음이니,

80 서로 제자요, 스승이요, 가르치며 배우는 그와 같은 역사가 이 지상에 존재하여야만 이 지상에서 나의 법전이요, 나의 성령이 그대로 전해지며,

81 너희들이 천 년이라는 역사에 걸쳐서 사악한 무리를 지상에서 뿌리 뽑으며 선한 자들만이 나의 낙원의 에덴동산에 존재하며 새로운 하늘나라를 지상에서 너희들이 이루는 그 뜻이 이루어짐이니라.

82 나의 법전이 수없이 전 세상을 덮고 만백성이 다 읽도록 하고자 하는 것은, 잘못 이해하고 잘못 가르친 자가 전하는 것을 나의 법전을 읽고 깨우친 자가 차단하며 가르치는 그와 같은 방법으로써 바로잡고자 하는 것이니, 나의 법전으로써 세상에 내보내는 뜻이 여기 있음이니라.

83 너희들이 한 번 가르친 것을, 그것을 전하는 자가 잘못 전하여 오류로 간다 하면 이는 건잡을 수 없느니라.

84 그러하니라, 그럴 수도 있을 것이라, 그리될 수도 있을 것이라 생각하기 때문인 것이니라.

85 그러나 나의 법전이 세상에 전하여져 높고 낮음이 없이 나의 법전을 읽고 깨우친다 하면, 그 깨우친 자가 바로 진리를 터득하며,

86 또 나의 법전을 읽고 깨우친 자에게 먼저 배웠다는 자가 잘못 전하고 잘못 가르치고자 할 때, 먼저 읽어서 깨우친 그가 그를 번복시켜 그를 이해시킬 수도 있음이니,

87 너희는 스승과 제자로서 같이 배우고 깨우쳐 가는 그러한 역사로써 내가 천 년에 걸쳐 선한 나의 백성들만 존재하며 하늘에서 이루어진 뜻같이 이 땅에서도 이루어지는 지상의 낙원을 건설하고자 함이니,

88 나의 성령을 태워서 나의 선지자를 통하여 내려보내는 열여섯 권의 이 법전이 얼마나 위대하고 소중한 것인지를 깊이 깨우쳐야 할 것이니 그리 알라.

1,997 번째 하나님 말씀

2002년 3월 8일 10시 10분

1 사랑하는 선지자야!

2 "네, 여호와 하나님! 말씀하옵소서."

3 너희들 말에 이러한 말이 있느니라. '못난 송아지 엉덩이에 뿔이 난다.'는 말이 있으니,

4 송아지가 머리에 뿔이 나야지 구실을 다하고 제 모형을 갖추며 그 가치를 알거늘, 그 머리에 나야 할 뿔이 엉덩이에 난다는 말이 어떤 말이더냐?

5 지금 나의 피조물 만백성이 그와 같은 형국으로 깨달았으며 깨달음을 향하여 간다 하고 있는 자들이 있으니,

6 이 또한 너무나도 무섭고 두려운 현실
이 지금 이 지상에서 이루어짐이니,

7 그와 같은 자들이 설치고 그와 같은
자들이 존재하는 이상 이 지상의 낙원
이 썩어 가는 것을 막을 수가 없음이
니라.

8 너희 인간들은 나로부터 터치를 받으
며, 나에게 오는 길을 알며,

9 그리하여 나의 피조물 만백성을 구하
기 위하여 저 스스로 다스려 나가야
되며, 제가 경지에 올라야 되며,

10 그리고 저의 육은 인생사에 세속에서
사나 그가 생각하고 그가 따르며 행하
는 것은 나의 법도에 의하여 나의 법
의 기준 안에서 행동해야 한다 하였느
니라.

11 내가 권능과 은혜를 준 자가 있다 하
면, 나에게 오르기를 100이라는 숫자
에서 제가 80이나 90이요, 이와 같이
경지에 올랐을 때 그는 나의 행사를
할 수 있으며, 나를 대신할 수 있으며,
내가 원하는 그 뜻을 나의 피조물 만
백성에게 가르쳐 줄 수 있는 것이니라.

12 그리하여 내가 그들에게 기회를 주었
으나,

13 그들은 나에게 오르는 것이 100이며
내가 너희들에게 심어 주는 것이 100
이면,

14 너희들이 100이 되었을 때 많은 백성
들을 구할 수 있는 능력을 갖게 되어
너희들이 하나의 경지에 오른다 하여
그곳까지 노력하고 깨우쳐 오도록 내
가 그들을 기다리나,

15 그들은 10이요, 20이요, 30을 깨우친
그 상태에서 제가 세상의 이치를 다
알며, 하늘의 이치를 다 알며, 제가 이
세상 피조물 만백성의 제왕이나 되는
듯이 거기서부터 그들이 옆으로 빠져
가게 됨이니, 그들이 바로 어떠한 형
국이더냐?

16 저 자신도 모르며 천방지축으로 날뛰
니, 이가 바로 송아지의 머리에 날 그
뿔이 엉덩이에 난 그와 같은 형국이
되어 버리니,

17 그들이 중도에서 제 생명을 지키지 못
하며, 제 뜻을 지키지 못하며,

18 사탄이요, 마귀와 같은 형국으로 변해
져 전락하고 또 전락하여 저 자신을
추스르지 못하는 그와 같은 형국에서
지금 계속 반복되고 있는 그와 같은
일이 이루어지고 있음이니라.

19 내가 나의 피조물 만백성 중에 터치하
여 기회를 주고 능력을 준 자들이 많
이 있느니라.

20 그러나 그들이 어느 정도 닦아지며 어
느 정도 깨우쳐 그들이 나에게 오를
수 있는 그 길만을 전진하고 또 노력
하면 되건만,

21 그들이 나에게 올라와 100이라는 것
을 깨우쳐 모두를 행하여야 할 때,

22 육신의 부귀영달과 세속의 영화와 권
세에 의하여 저희들이 10이나 20, 30,
40도 못 깨우쳐서 옆으로 빠지며 사
악한 쪽으로 흘러가며,

23 육신의 향락을 위하여 저희들이 제왕
과 같은 형태로 돌아감이니,

24 이리하여 그들이 다 중도에서 버림을
받았으며, 그들에 의하여 이 세상이
정화되지 못한 이와 같은 형국이 되었
음이니라.

25 지금 그뿐이 아니니라.
26 나에게 10이라는 것도 받지 못하고
그저 하나 정도 내가 그들에게 던져
준 것을 받아 가지고 저희들이 세상
것을 다 통달하였으며, 세상을 지배할
수 있는 왕이요, 예수를 대신하여 재
림하였다 하여 온갖 잡스러운 소리를
다 가지고 나의 피조물 만백성을 현혹
하며,
27 저희가 대장이요, 저희가 제일 우두머
리요, 저만이 나 여호와에게 사랑을
받으며 나에게 올 수 있는 길을 안다
그리 말함이니,
28 이와 같은 형국으로 지금 송아지의 머
리에 나야 될 그 뿔이 엉덩이에 나 끝
없이 뻗어진 그 형국을 가지고 이리
뛰고 저리 뛰고 설레발 놓는 사람들이
많이 있음이니,
29 그 엉덩이에 난 뿔이 무슨 역할을 하
겠는가?
30 제가 이리 치이고 저리 치이고 결국은
쓰러져 감이니,
31 그들이 자신을 다스리지도 못하며, 제
주변을 다스리지도 못하며, 저희 가정
을 다스리지도 못하며, 이웃을 다스리
지 못하는 그와 같은 형국이 되며,
32 남에게 폐를 끼치고 남에게 신세를 지
며, 걸인이요, 거지의 형태로 오갈 곳
도 없고 잠잘 곳도 없으면서 저 자신
도 다스리지 못하는 그러한 상태에서
그저 계속 나로부터 선택된 자라는 그
꿈을 깨지 못하며, 그와 같이 엉덩이
에 뿔이 난 것을 들고 흔드는 자들이
수없이 이 세상에 있음이니라.
33 사랑하는 선지자야!
34 "네, 여호와 하나님! 말씀하옵소서."
35 너의 제자들에게 이르라.
36 너의 제자들 또한 내가 너를 통하여
그들에게 능력을 주며 기도하는 권능
을 주었느니라.
37 그러나 그들이 어찌하였느냐?
38 그들의 결론은 이리 말하였느니라.
39 '이는 직접 여호와 하나님으로부터 내
가 받을 수 있음이니, 선지자를 통하
지 아니하고도 내가 할 수 있으며, 선
지자보다 내가 상좌에 있는 자이며,
내가 더 높이 있는 자이며, 더 깨달음
이 높다.' 하며,
40 제가 대장 노릇이요, 그가 또 너를 제
치고 우두머리 역할을 하고 싶어하였
으며, 너를 뒤에서 비웃고 너를 무시
하며 너를 해치고자 하는 생각을 가졌
으니,
41 그들이 쓰러지는 것은 당연한 것이 아
니더냐?
42 내가 어찌 그들을 그대로 놔둘 수 있
겠는가?
43 내가 너에게 일렀느니라.
44 너의 제자들에게 일깨워 주라.
45 모든 지상의 기도하는 것은 너를 통하
여 내가 거둬들인다 하였으며,
46 세상의 모든 이치를 내려 나의 피조물
만백성을 다스리고 깨우치는 것 또한
너를 통하여 내가 내려보낸다 하였음
이니라.
47 지금 그러한 것이 아니더냐?
48 내가 나의 성령을 너를 통해서만 열여
섯 권의 법전으로 만들며, 그를 10부
로 나누어 160권의 법전을 내려보내
니,

49 누구를 통하여 나의 음성이요, 나의
성령을 전하는 것이더냐?
50 너희들이 눈으로 보고 들으면서도 어
찌 그를 깨닫지 못하는가?
51 오로지 지상에 내가 나의 피조물 만백
성을 인도하고 바로잡으며 그들을 하
늘에 오르는 길로 인도하는 것은 너만
을 통해서 이루어진다는 것이 엄연한
사실로서, 너희들은 지금 보고 깨닫지
아니하는가?
52 오로지 한 점으로써, 오로지 너만을
통하여 내가 지금 법전을 내려보내고
나의 성령을 태워 내려보내,
53 천년만년 지구에서 나의 피조물 만백
성이 존속하는 동안 보고 깨우치고,
읽고 깨우치고, 듣고 깨우치는 나의
법전을 너를 통하여 지금 만들어 가고
있지 아니하는가?
54 그러한 것을 너희들이 알면서도 저희
들이 직접 받을 수 있으며 선지자를
제쳐 두고 선지자보다 저희가 상좌에
있는 그와 같은 행위를 하니,
55 그들의 모든 권능을 거둬들이니, 그들
이 바로 사악한 무리에 빠져들고 사악
한 무리와 더불어 저 자신을 버리게
됨이니라.
56 이것을 너의 제자들이 기본으로 삼아
야 될 것이며 근본으로 삼고 교훈으로
삼아야 될 것이니라.
57 그리하여 너의 제자들에게 이르라.
58 너희들은 경지에 오르는 것을 선지자
를 뛰어넘을 수가 없으며, 선지자를
더 이상 따라잡을 수 없음이니라.
59 선지자가 인도하고 깨우쳐 주는 그것
이 너희들의 양식이 되며, 그것을 가
지고 너희들이 하늘에 오르는 길을 보
며 나 여호와를 보게 되어 있음이니,
이를 항상 잊지 말라 이르라.
60 내가 너의 제자들에게 능력과 재물과
권능을 주었을 때, 너의 제자들 중에
서 머리에 나야 될 뿔이 엉덩이에 나
는 송아지 꼴이 안 된다고 어찌 말할
수 있겠는가?
61 지금 너희들 중에 아직도 제정신을 차
리지 못한 자 많이 있으며, 깨우치지
못하고 이 현실을 제대로 직시하지 못
하고 있는 자들이 수없이 있음이니라.
62 그들은 인간의 형태를 놓고 먼저 말하
느니라.
63 저희들이 배워 온 저희들의 가짜 종교
지도자들이요, 잘못 가는 그 종교 지
도자들이 품위를 지키며 외형을 갖추
며 근엄한 자세로 깨끗한 체하는 그와
같은 모습을 보고 그 밑에서 공부하고
깨우쳐 배워 온 그들이,
64 그와 비교하여 나의 선지자의 소탈하
고 호탕하며 모두를 다 던져 놓고 너
희들과 의논하고 너희들과 희비애락
을 같이하는 그의 위대함을 모르고,
65 너희들이 말하는 그 궁전 속에서 근엄
한 위치를 잡으며 근엄한 자세를 잡으
며 그리고 말로써는 세상 것을 다 베
풀고 다 이룰 수 있는 듯이, 그리고 사
랑으로 다 감싸는 듯이 하는 것과 그
크나큰 궁전의 외형을 보고 대단하고
위대하다고 여기는 그러한 생각을 아
직도 버리지 못하고 있음이니라.
66 나의 선지자가 초막에서 너희들을 가
르치며 움막에서 너희들을 가르친다
하면,

67 어찌하여 너희 인간으로서 잘못된 자들이 나의 피조물 만백성을 빨래를 짜다시피 그 고혈을 빼서 나하고는 아무런 관계도 없는, 썩어져 가는 그 짐승의 뼈다귀와 같은 그 건물을 지은 것을 보고 그것이 웅장하고 대단하다 생각하며,

68 나의 성령을 받아 선지자가 움막에서 가르치는 그 나의 고귀한 음성과 가르침의 교훈은 너희들이 위대하다는 것을 모르고, 그 움막 안에 앉아서 나의 뜻을 전하는 그 선지자의 외형만을 보는가?

69 나의 음성을 들어서 전하는 선지자가 움막에서 전하면 어떻고 그가 돌덩이 위에 앉아 있으면 어떤가?

70 그 선지자의 당당한 모습과, 그 자신이 모든 것을 너희들에게 속이지 아니하고 감추지 아니하며, 있는 그대로 인간성을 가지고 살아가는 그 속에 아름다움과 진실함과,

71 그리고 그는 나 여호와가 같이한다는 것을 알기 때문에 모든 너희들이 묻는 말에 답할 수 있으며, 너희들이 묻고자 하는 것을 일깨워 주며,

72 너희들의 우매하고 답답한 그 머리를 열어 주는 그 선지자의 가르침에 천금보다 소중한 나의 성령의 그 뜻을 듣는 것으로써 너희들은 어찌하여 하늘의 위대함을 모르고,

73 너희 손으로 만든 대궐 같은 궁전이요, 그 앞에서 형식적인 외형을 갖추며 외형의 근엄한 체만 하고 있는 그들만이 위대하고 대단한 것으로 그리 여기는 생각을 버리지 못하는가?

74 이는 아직도 너희들의 깨달음이 부족함이니라.

75 그러한 너희들이기에, 너희들이 좀 더 깨우치고 깨달아 세상의 이치를 바라보는 눈이 뜨였을 때 너희들이 엉덩이에 뿔이 나는 송아지 같은 행동을 아니 한다고 누가 말하겠는가?

76 너의 제자들에게 이르라.

77 나 여호와가 모든 하늘의 뜻을 전하는 것은 나의 선지자를 통해서만 내려가듯이, 너희들이 하늘에 오르는 모든 기도 또한 선지자를 통해서만 내가 거두어들임이니라.

78 선지자가 알든 모르든, 선지자가 그를 통제하든 안 하든 그것은 선지자와 관계가 없느니라.

79 다만, 선지자가 서 있는 그 자리를 통하여 너희들의 모든 기도가 물이 빨려 나가듯이 나에게 그리 오르는 것이니라.

80 물이 위에서 밑으로 호수를 통하여 흘러내리듯이 그 힘보다도 더 강한 힘으로써 너희들이 기도하고 너희들이 경배하는 그 모두를 선지자를 통하여 내가 받아 주고 거둬들임이니,

81 너의 제자들이 반드시 깨우치고 깨달음이 점점 높아지며 그들이 하늘의 뜻을 알게 됨에 의하여, 그때마다 그들이 잘못 생각하는 오류를 범하지 않도록 일깨워 주며, 지금 그들의 가슴에 확실히 깨우쳐 주고 일러 주어야 될 것이니라.

82 그렇지 않으면 너의 제자들 중에 엉덩이에 뿔 나는 자가 수없이 생길 수 있음이니,

83 그와 같은 자들이 나가 저 자신의 생
명을 잃으며, 저 자신이 영혼의 구원
의 생명을 잃게 되며, 그리고 그로 하
여금 저 스스로 쓰러져 지옥 불에 간
다는 것을,
84 그리고 제가 하늘에 오를 수 없다는
것을 그들에게 미리 깨우쳐, 그들이
저 자신과 제 위치를 알아야 될 것이
니라.
85 내가 너를 통하여 너의 제자들에게 만
백성의 미래를 알려 주며 장래를 말해
줄 수 있는 능력을 내가 주었건만, 그
들의 형태가 어찌 되었는가?
86 1년 365일도 가기 전에 그들은 자만
하고 오만하였으며,
87 나의 선지자보다도 제가 상좌에 있으
며 선지자보다도 제가 직접 나 여호와
로부터 음성을 들으며 모든 것을 행한
다 그리하였으니,
88 그 순간부터 내가 그들의 모든 능력을
거두어들였음이니,
89 그들이 허상에 젖어서 지난날의 꿈을
잊지 못하여 제 마음대로 지껄이는 그
걸 가지고 만백성의 미래요, 장래를
봐 준다 그리 생각하지 말라.
90 그리하여 내가 그 모두를 거두어들였
음이니, 내가 너희들에게 함부로 그와
같은 능력을 내릴 수 없음이니라.
91 오로지 선지자를 통하여 너희들에게
그와 같은 능력을 부여했을 때 너희들
이 이와 같은 오류를 또 범한다 하면,
너희들은 선지자를 대신하여 그와 같
은 역사를 이루는 일꾼으로서 선택되
지 못할 것임이니,
92 너의 제자들에게 확실히 깨우쳐 주어
야 될 것이니라.
93 뿔은 머리에 나야 되는 것이며 송아지
의 머리에 뿔이 나야 되는 것이지, 그
뿔이 엉덩이에 나면 저 스스로 죽음의
길로 가는 것밖에 없다는 것을, 그 이
치를 깨우쳐 주도록 하라, 선지자야!

1,998 번째 하나님 말씀

2002년 3월 8일 12시 30분

1 너희들 말에 '작은 새가 봉황의 그 큰
뜻을 어찌 아느냐?' 하는 말이 있느니
라.
2 사랑하는 선지자야!
3 "네, 여호와 하나님!"
4 어찌 작은 새가 그 봉황의 뜻을 알겠
느냐?
5 너는 나의 피조물 만백성과 갑론을박
을 하지 말라 하였느니라.
6 지금 굳을 대로 굳어져 있으며 잘못
올 대로 잘못 온 이 믿음의 세계를 가
는 모든 종파에 속해 있는 나의 피조
물 만백성, 그들의 마음을 돌리고 그
들의 마음을 다스려 일깨워 주는 것은
너희들이 아무리 설득을 하려 해도 그
리 쉬운 것이 아니니라.
7 내게 선택된 자, 나의 법전을 읽고 깨
우쳐 너를 찾아오는 자, 그 외에는 아
무도 그리 쉽게 그들이 깨달을 수가
없느니라.
8 사악할 대로 사악해진, 이 사악한 극
치에 와 있는 자들에게 아무리 그 이
야기를 해도 알아들을 수가 없음이니
라.
9 까만 까마귀 떼가 노는 그 속에 하얀

백로가 가서 무엇을 할 수 있고 무엇
을 이룰 수 있겠는가?
10 까마귀의 가지고 있는 그 모습을 바꿀
수 없듯이,
11 또 까마귀 속에 간 그 백로의 눈에는
저희들과는 전혀 관계없는 그 삶을 살
아가는 그 새의 모습이 용서할 수 없
으며 이해할 수 없는 모습으로 비추어
지듯이,
12 썩을 대로 썩었고 사악해질 대로 사악
해져 온 지금의 종파들이 가고 있는
이 믿음 속에 젖어 있는 자들을 너희
들이 한 사람씩 이해시켜 그들을 끌어
오고자 하며 깨우치고자 한다 하면 너
희들이 지쳐 쓰러져 견딜 수가 없느니
라.
13 그들은 저희들의 정해진 울타리 안에
서 저희 조상부터 저희 자신까지, 저
희 자식들까지도 그 울타리에 와 있는
자들끼리 그 안에 있는 저희들이 만든
성전이요, 믿음의 집단에 가서 저희들
만이 구원을 받는다 생각하며,
14 저희들만이 구원을 받을 수 있으며 저
희들이 가는 길만이 구원의 길이라 그
리 생각하고 있는 그들을 그 집단에서
돌이킬 수는 없는 것이니라.
15 그리고 저희들의 조그마한 집단 속에
서, 저희 울타리 속에서 그들만 바라
보고 사는 자들이 어찌 내가 너를 통
하여 이루고자 하는 그 역사의 뜻을
이룰 수 있다 하겠느냐?
16 지금의 종교의 집단에서 믿음을 향하
여 가고 있는 그들이 그를 뿌리치고
나의 법전을 가슴에 안고 이는 여호와
하나님의 뜻이라 하여 깨우친 자를 내
가 그들의 그 공로로 인하여 낙원에
구원의 명패를 걸어 놓았다 하였음이
니,
17 얼마나 내가 답답하고 오죽하면 이와
같은 영광을 너희들에게 내려 주었겠
는가?
18 내가 지금 추구하는, 이 지상에 사악
한 뿌리를 없애 버리고 오로지 선만으
로 지상의 낙원을 만들고자 하는 이
뜻을,
19 그리고 저희들의 울타리 안에서 보고
그것만을 부르짖는 그들이 아닌, 온
세상의 모든 피조물, 나의 백성들이
하나로 되어 하늘에 오르는 기도하는
법과 하늘에 오르는 그 길을 깨우쳐
주고자 하는 나의 이 뜻을 그들이 어
찌 알 것이며,
20 나의 선지자를 통하여, 법전을 통하여
그 선지자가 가고자 하며 추구하는 그
뜻을, 나를 대역하여 시행하는 너의
뜻을 그들이 어찌 알며, 감히 생각이
나 할 수 있겠는가?
21 작은 조약돌이 태산과 같은 그 암반을
녹인다 하며 그를 재로 만든다 하는
이보다도 더 어렵고 힘든 일을 지금하
고 있으며 그를 내걸고 있음이니, 누
가 그를 믿겠는가?
22 작은 새가 봉황의 그 뜻을 알 수 없듯
이, 그 품은 뜻을 알 수 없듯이,
23 나 여호와가 지금 창조주로서 길고도
긴 너희 그 세월 속에 흘러온 너희들
의 잘못 가고 있는 그 관행과 그 삶을
바로잡으며,
24 그곳에서 깨우쳐 나에게 하늘에 오르
는 길을 바라보지 아니하는 자, 구원

의 길을 갈 수 없는 그와 같은 단죄의
심판을 내가 지금 하고 있는 이 시점
에서,
25 그저 저희들의 조그마한 울타리 안에
만 보며 그 안에서 저희들이 최고요,
세상을 다 지배하며,
26 저희들만이 나에게 구원을 받을 수 있
는 영광된 민족이요, 백성이라 생각하
고 있는 그 꿈에 젖어 있는 그들을 너
희들이 바로잡고 돌리기가 그리 쉬움
이 아니니라.
27 오로지 나의 성령으로만이 이루어질
수 있음이니라.
28 작은 새를 놓고 봉황이 아무리 그 뜻
을 심어 주고 깨우쳐 준다 한들, 그는
받아들일 수가 없으며 그 그릇이 되지
못하는 이와 같은 형국이 되어 있음이
니라.
29 그저 너희들은 깨달은 대로 너의 제자
들을 위시하여 나의 법전을 읽고 깨우
친 너희들과 같이 새로운 시대요, 새
로운 낙원을 이어 가는,
30 오늘보다 내일의 삶이 아름다워 너희
들이 나에게 한 발자국 한 발자국 깨
끗하고 아름다운 마음으로 다가오는,
그 사는 모습만이 지금 잘못 가고 있
는 그 백성들이 바라볼 수 있는 것이
니,
31 너희들의 자세와 너희들의 삶에 역점
을 둘 것이며,
32 그들을 너희들이 하나하나 이해시키
고 설득시켜 너희들과 더불어 가고자
하는 그와 같은 백성으로 이끌려는 생
각을 하지 말라.
33 나의 법전이 세상에 덮였을 때, 작은
집단들이요, 큰 집단들이요, 그들이
밀려오는 파도처럼 깨우쳐 올 날이 있
을 것이니,
34 너희들은 그들을 받아들일 수 있는 준
비를 하고 있으면 될 것이며,
35 그들이 밀려왔을 때, 그들의 임무를
각자 부여해 주는 그와 같은 지도자로
서 너희들은 육성되고 있음이니,
36 너무 괴로워하거나 너무 두려워하지
말며 너무 조바심하지 말라, 선지자야!
37 모두는 나의 주관하에서 이루어짐이
니,
38 봉황의 뜻을 작은 새가 알 수 없듯이,
그를 너희들이 하나하나 일깨워 주어
하늘에 오르는 길로 인도하고자 하는
너희들의 그 수고로움이 결코 빛을 볼
수 없음이니,
39 이제는 너희들의 마음이 정립되었으
며, 너희들의 육은 육의 세상에 살되
세상의 삶이 아니라 나 여호와의 법
안에 살 수 있는 깨우침이 높아지며
너희 마음이 굳어져 가고 있음이니,
40 그리고 너희들이 하늘에 오르는 길이
무엇이며 축복받는 것이 무엇이며 구
원받는 것이 무엇인가 그 영광됨을 알
아 마음이 하나씩 하나로 다스려져 가
고 있음이니,
41 내가 너희들에게 상을 내림으로써 모
든 너희들의 뜻과 원하는 것이 이루어
질 것이니 염려하지 말라, 선지자야!
42 때가 서서히 되어 가고 있음이니라.
43 너희들이 변하는 모습이 지금 허물을
벗는 미물처럼 하나하나 벗어 가고 있
음이니,
44 그 벗는 자들이 네 옆에 와 있음이니,

이제 너는 염려치 말라.
45 너희들이 그 더럽고 추한 그와 같은
허물을 벗어 가는 너희들 내면의 그
싸움 속에서 새싹이 나오는 것을 내가
알고 있음이니,
46 그에 대한 보상을 내가 너희들에게 내
려 줄 것이니,
47 너희들은 너무 염려치 말고, 모두는
나 여호와가 주관하기 때문에 이룰 수
있다는 자신과 긍지와 자부심을 가지
고 기다리라.
48 이루어져 가고 있음이니 그리 알라.

1,999 번째 하나님 말씀

2002년 3월 8일 13시 40분

1 사랑하는 선지자야!
2 "네, 여호와 하나님! 말씀하옵소서."
3 몇천 년의 역사가 흘러온 그 뿌리를
지금 다 뽑아내고 다시 다스리며 다시
심어 새싹이 날 수 있도록 이루는 역
사가 그리 쉽다 생각하느냐?
4 깊고도 깊게 몇천 년의 역사 동안 내
려온 그 뿌리는 끝이 보이지 아니함이
니,
5 그를 뽑아 제거하며 새로운 새싹으로
심는다는 것은 얼마나 많은 공과 정성
을 들여야만 되는 것인가를 너는 알아
야 할 것이니라.
6 너희들이 지금 살아가는 이 동산이 내
가 최초에 만든 그 뜻과는 정반대로
너무나도 멀리 가 있으며,
7 그 원천에 내가 생각했던 방법으로는
돌이킬 수 없을 만큼 사악해진 이와
같은 현실 속에서 너희들이 지금 살아
가고 있음이니라.
8 점점 썩어져 오는 그 세월 속에 이제
는 돌이킬 수 없는 그와 같은 온통 다
썩어져 가는 형국이 되었음이니,
9 이를 도려 냄이 아니라 전체를 파내지
아니하고는, 그를 떼 버리지 아니하고
는 새로운 싹을 심을 수가 없을 그 정
도까지 지금 썩어져 있느니라.
10 이와 같은 역사를 이루기 위하여 그
썩어져 간 뿌리 속에, 그 토양 속에 하
나의 새싹을 뿌려 그를 보호하고 기른
다는 것은 그리 쉬운 일이 아니니라.
11 그러나 이 새싹은 자라야 되며, 건전
히 커야 되며, 그리고 그 씨앗은 또 뿌
리를 내려 옆에 또 새싹이 날 수 있는
이와 같은 역사를 이루어 가야 함이니,
12 그 뿌리는 새로운 토양을 찾아 그 새
로운 토양 속에서 또 하나의 뿌리를
내고 싹을 틔우는 이와 같이 어렵고
힘든 길을 가야 됨이니라.
13 썩고 썩어져 있는 그 토양을 비켜 가
그 새로운 썩지 않은 토양 속에 뿌리
를 심어 새싹을 틔운다는 것은 멀고도
먼 길을 뻗어 가야 되며,
14 또한 바위와 암반 틈을 뚫고 나가 새
로운 토양을 찾아가야 되는 그러한 어
렵고 힘든, 하나의 식물이 커 나가는
것과 같은 많은 세월의 시간과 그 고
통과 인내와 괴로움 속에 그를 다 인
내하고 견뎌 나가야만 존재할 수 있음
이니라.
15 지금 바로 네가 그러한 역할을 하고
있음이니라.
16 나의 성령을 받아 네가 법전이라는 책
으로 만들어, 지금 모두가 다 썩어져

있고 병들어져 있는 그 속에서 썩어지
지 않은 한 주먹의 흙을 찾아 그곳에
씨앗을 심으며,
17 또 한 주먹의 썩지 않은 그 토양 위에
네가 또 씨를 뿌리고, 또 씨앗을 심기
위하여 지금 그를 찾아 헤매는 그와
같은 형국이니,
18 그것이 얼마나 힘들고 어려운 일이더
냐?
19 네가 새로운 토양을 찾아가는 것을 그
대로 놔두고 보는 것이 아니라,
20 그 썩고 썩은 더럽고 추악한 토양과
그 무리들이 너의 가는 길을 막으며
네 발목을 잡으며 너를 밀어붙임이니,
21 네가 그 썩은 무리 속에 젖어지지 아
니하고 새로운 토양을 찾아 거기에 씨
앗을 뿌리고 내린다는 것이 얼마나 어
렵고 힘든 일이던가?
22 그리하여 내가 알곡식을 구하듯이 그
썩지 않은 한 주먹의 토양을 내가 너
에게 알려 줄 때, 네가 달려가 그를 심
는 그와 같은 지금의 형국으로써 나의
법전이 전해져 가고 있음이니라.
23 그러니 얼마나 힘들겠는가?
24 그리하여 만 명 중에 하나가 볼 수 있
다 하였으니, 네가 만 보를 걸어야 하
나의 씨앗을 뿌릴 수 있는 토양을 찾
는 그와 같은 형국이니라.
25 그러나 그 깨끗한 흙에 씨앗을 뿌리고
네가 심은 그 씨앗은 점점 뻗어 나가
며 그 뻗어 나가는 뿌리들은 썩어져
가는 토양을 옥토로 만드는 그와 같은
역할을 하여
26 그들이 연계되며 하나의 힘으로 뭉쳤
을 때, 정녕 지금 이 세상을 다 덮고
있는 그 더럽고 썩은 토양들이 옥토로
변하는 그러한 역사를 이룸이니,
27 이것이 기적을 이루는 것이요, 개혁을
하는 것이며, 새로운 시대를 열어 가
는 것이며, 새로운 땅을 만드는 것이
며, 새로운 역사의 시대를 열어 가는
것이니라.
28 그러나 너희들은 해낼 수 있음이니라.
29 썩은 토양 속에 한 줌의 깨끗한 그 토
양에 심은 그 씨앗은 서서히 뿌리를
내려 가며 썩은 흙들을 옥토로 변화시
키는 기적의 역사를 이룰 것이니,
30 이는 오로지 나 여호와가 너희들과 같
이하고 있기 때문임을 알아야 될 것이
니라.
31 그리하여 이곳저곳 심은 그 씨앗이 다
썩은 흙을 옥토로 만들어 그것이 이루
어졌을 때, 이 세상의 모든 나의 피조
물 만백성이 하나가 되며,
32 그리고 그 씨앗을 뿌려 심은 나 여호
와에게 감사의 경배를 드리는 날이 올
것이라 함이니,
33 이것이 천 년을 두고 이룰 역사의 길
인 것이니라.
34 지금 너의 제자들이 그와 같이 서 있
음이니라.
35 그들이 얼마나 몸살을 하며 그들이 얼
마나 고통스러우며 그들이 얼마나 힘
든 몸부림을 쳐야 되겠는가?
36 너는 그들에게 일깨워 줘야 될 것이니
라.
37 다 썩은 물이요, 다 썩은 그 토양 속
에, 그리고 썩은 무리가 다 덮고 있는
그 위에 하나의 깨끗한 토양이 서 있
으니 그게 너의 제자들의 한 사람이며,

38 거기다 내가 너희들에게 씨앗을 심었다 하였음이니, 바로 그 씨앗을 내가 심었으니,

39 그 씨앗을 받아 그를 키우기 위하여 그 더러운 흙을 정화시키며 그를 옥토로 만들어 가며 그 씨앗이 뿌리를 내릴 수 있도록 하는 것이 너의 제자들이 지금 가고 있는 길이니,

40 그것이 얼마나 힘들고 어려운 일이라 하겠는가?

41 내가 일찍이 너에게 일러 주지 아니하였던가?

42 내가 성령으로써 너의 제자들의 가슴에 씨앗을 심었으니,

43 그 씨앗이 성장하는 것은 너희들의 살점이요, 너희 피를 먹고 그가 자란다 하였으며,

44 그 뿌리는 너희들의 뼛속까지 뻗어 나가는 그 아픔과 고통과 시련을 겪는 속에서, 그리하여 너희들이 희생되어 죽어 감으로 인하여 몸과 마음과 피와 모두를 다 바쳤을 때,

45 내가 심은 하나의 성령의 그 나무가 자라 세상의 만백성에게 그늘을 지워 주며 그가 역할을 할 수 있다 하였음이니,

46 바로 이와 같은 역사의 길을 가야 하기 때문에 그러하니라.

47 그러니 너희들이 썩어지고 더러운 그 토양 속에 내가 만들어 내려 준 그 동산에 만 보마다 한 주먹의 옥토가 있어 그곳에 씨앗을 심고 그 모두를 옥토로 만드는 그 역할을 시작하고 있음이니,

48 그 토양이 거기에 물들지 않고 견딘다는 것이 얼마나 어렵고 힘든가?

49 모든 주변이 다 썩어져 있는 그 토양 속에 만 보 안에 하나 자리잡고 있는 한 주먹의 그 토양이 만 보 안에 있는 그 흙들을 다 정화시키는 그 역사를 이루어야 됨이니,

50 그게 지금 너희들이 가는 길이며, 너희들이 시련과 고통을 겪고 인내하고 있는 형국이 그와 같으니라.

51 그러나 그 토양에 뿌리를 내려 점점 너희들이 한 발, 두 발 넓혀 갈 때,

52 너희는 어느 땐가 자연스럽게 너희들의 위대함을 알 것이며,

53 너희들이 뿌리내리고 견딘 것이 정녕 소중하고 위대한 것이며, 그것이 나 여호와의 뜻이기에 그들이 이룰 수 있다는 그 영광을 알게 될 것이며,

54 그때 너희들이 바로 나의 십계명을 지킴을 영광으로 알며, 나 여호와가 존재함을 알며,

55 너희들이 나에게 구원을 받아 너희들이 대명을 맡은 뜻이 어디 있으며 너희들이 선택된 뜻이 어디 있는지 알게 될 것이니라.

56 사랑하는 선지자야,

57 만 보 안에 있는 것이 다 썩고 더러운 그 오물투성이에서 한 주먹의 너의 제자들의 토양이 그곳에 자리 잡아 그곳에 내가 씨앗을 심었음이니,

58 그 씨앗이 성장하고 자랄 수 있도록 네가 그들에게 골고루 영양을 공급해 주는 것을 게을리해서는 아니 되는 것이니라.

59 나의 백성 중에서 선택된 너의 제자들이 지금 그 가슴에 씨앗을 안고 그 토

양 속에서 깨끗한 토양으로 만들고자
몸부림을 치고 있는 그들에게 힘과 용
기요, 그들이 견딜 수 있는 영양을 공
급하는 것이 바로 네가 나 대신 해야
할 일이니라.
60 나 여호와의 몫으로는 그 옥토를 골라
거기에 씨앗을 내리는 것이 내가 할
대목이며,
61 내가 옥토를 찾아 거기에 씨앗을 내린
그것이 잘 자랄 수 있는 것은 육신을
가지고 그들과 더불어 같이 살아가는
네가 그들에게 영양분을 공급하여 그
들이 잘 자랄 수 있도록 하는 것이며,
62 그것이 네가 해야 할 임무이니라. 그
리고 네가 할 책무이니라.
63 그게 바로 네가 나의 성령을 받아 나
의 뜻을 너의 제자들에게 똑바로 가르
쳐 주며, 그들에게 힘과 용기를 주며,
그들이 선택되어 그들이 하고 있는 임
무가 얼마나 소중한 것인가를 네가 항
상 기억시켜 주며, 상기시켜 주며,
64 그들이 지쳐 쓰러지려 할 때, 그들이
어렵고 힘들어 쓰러지려 할 때, 네가
그들에게 영양의 공급을 제때 잘 하여
그들이 성장하도록 해야 하는 것이 네
가 해야 할 덕목이니라.
65 그리하여 너는 잠시도 게을러서는 아
니 됨이 여기 있느니라.
66 네가 밤과 낮을 가리지 않고 나에게
기도하며 나의 성령을 받아 네가 나의
법전을 만듦이니,
67 그 속에 있는 그 영양을 내가 너에게
공급해 주니 너는 그 영양분을 그들에
게 전해 주는 그와 같은 역할을 하기
에 네가 밤과 낮이 없이 이렇게 나를
위해 기도함이니라.
68 네가 밤과 낮을 가리지 아니하며 나
여호와에게 기도하지 아니하면 나의
피조물 만백성의 지금 그 더러운 토양
속에서 한 점의 자리를 잡아 가고 있
는 그들에게 영양분을 공급해 줄 수
없는 것이니,
69 네가 나에게 기도를 하여 나의 성령의
뜻을 네가 많이 받아 네 것으로 만들
어 그를 가지고 또한 그 하나의 터를
닦기 위해 몸부림치는 너의 제자들에
게 영양분을 공급해 주며 힘과 용기를
불어넣어야 하기 때문에 네가 많은 영
양분을 보충하고 축적해야 하는 것이
니라.
70 그리하여 네가 밤과 낮을 가리지 않고
기도하는 것이 바로 너의 제자들을 육
성시킬 때 영양 공급을 네가 받는 그
러한 역할이기 때문에, 오늘에 너의
가는 모습을 나 여호와가 소중히 생각
하며 너를 사랑함이니라. 그리고 네가
소중함이니라.
71 이와 같은 이치와 흐름을, 깨달음을
너희들이 안다 하면 너의 제자들이 얼
마나 소중한지를 알 것이며,
72 너희들이 얼마나 지금 고통 속에서 견
디고 인내해야 하는가를 알아야 될 것
이니라.
73 너의 제자들에게 이르라.
74 너희들의 한 줌의 그 깨끗한 옥토에
나의 성령의 씨앗을 받아 기르나,
75 점점 그가 커 가면서 뿌리가 내려지면
서 그 썩었던 흙이 너희들이 원하는
진정한 옥토로 변하게 됨이니,
76 그들이 조금만 더 옥토로 변하여 한

발, 두 발을 가서 만 보 안에 있는 다
썩은 것을 백 보만 너희들이 지난다
해도 내가 내린 성령을 너희들이 키우
기에 조금도 지장이 없으며,
77 그 백 보는 곧 천 보요, 만 보의 그 영
역을 다 옥토로 만들 것이니, 그 옥토
의 주인이 너희들이 되는 것이니라.
78 너희들이 만 보 안에 다 썩어져 있는
그 더럽고 썩은 땅에 한 점의 점을 찍
어 너희들의 그 옥토가 썩어져 있는
그 땅을 깨끗한 옥토로 정화시킬 때,
79 그 만 보 안에 있는 모든 주권이나 모
든 은혜와 모든 능력과 그 안에 존재
하는 것은 다 너희들 것이니,
80 바로 너희들이 영주가 되다시피 하여
그 안에 살고 있는 나의 피조물 만백
성, 즉 너희들이 구원해 줄 수 있도록
나에게 선택된 그 백성들을 천사로 만
들어 하늘에 오르도록 하는 그 역할을
할 것이니, 그게 바로 너희들이 가야
할 길이며,
81 너희들이 나에게 와서 너희들의 책무
를 다했다 하여 내가 내려 준 나의 에
덴동산에 너희들의 명패 앞에 가서 너
희들이 영원히 사는 그 영광을 얻는
길임을 알아야 하는 것이니라.
82 이를 너의 제자들에게 일깨워 주어,
너의 제자들의 한 줌의 그 옥토가 잠
시라도 더러운 그 흙에 물들지 아니하
며 병들어 가지 아니해야 할 것이니,
83 이는 너희들이 건강한 정신과 건강한
생각과, 그리고 나 여호와가 존재하며
나에게 향하며 내가 너희들에게 내린
십계명을 암송하고 지키며,
84 그리고 나의 선지자를 통하여 내가 성
령으로써 너희들에게 영양을 공급해
줌이니,
85 너희들이 나의 성전에 와 나로부터 내
가 선지자를 통하여 내리는, 그 너희
들이 지탱할 수 있는 영양분을, 너희
들의 생명이 되는 그 양분을 너희들이
그득히 받아 가지고 너희 자리로 돌아
왔을 때, 그 만 보 안에 썩은 그 옥토
속에서 너희가 지키고 견딜 수가 있으
며,
86 내 선지자가 다음에 너희들에게 또 영
양분을 공급할 때까지 너희들이 탄탄
한 모습으로 지탱하고 건강히 서 있을
때 그 더러운 흙이 너희들의 그 아름
다운 옥토를 침범하지 못한다는 것을
깨달아야 할 것이니,
87 내가 선지자를 통하여 너희들에게 전
하는 나의 성령의 뜻을 너희들이 빼놓
지 말고 들어서 너희 것으로 만드는
데 게을리해서는 안 될 것이니라.
88 너희들이 한 시간을 빼먹으며 두 시간
을 게으름을 피워 너희들이 듣지 아니
한다면,
89 너희들 자신이, 그 한 주먹의 옥토가
시들어지며 그가 시들어짐으로 인하
여 내가 너희들에게 심은 그 성령의
나무가 자랄 수 없다는 것을 너희들이
알아야 할 것이니,
90 시간과 때를 가리지 말고 나의 선지자
를 찾아와 내가 선지자에게 내리는 이
법선의 내용을 듣고 깨우쳐, 너희들이
싱싱하고 곧은 그와 같은 자세를 지
켜, 내가 심은 그 하나의 성령의 씨앗
이 잘 성장하도록 그 책무를 다하라.
91 너희 모두를 다 바쳐서 그리하라.

92 이 고비를 넘겨 너희들이 백 보, 천 보
의 울타리를 만들었을 때, 너희들의
그 영광됨은 무엇과도 바꿀 수 없는
미래가 보장되어 있음이니 그리 알라.

2,000 번째 하나님 말씀

2002년 3월 8일 21시 10분

(강론을 마치며)

1 사랑하는 선지자야!
2 **"네, 여호와 하나님! 말씀하소서."**
3 '나의 법전을 가슴에 안고 정독하는
자, 반석 위에 서서 하늘에 오르는 찬
란한 빛을 보게 되는 영광을 얻게 됨
이니라.' 내가 너에게 그리 암송하라
하였느니라.
4 나의 피조물 만백성을 정녕 나 여호와
에게 오르는 길로 인도한다 하며 지금
이끌어 온 그 종교 지도자들과 그리고
만백성을 저희들만이 하늘에 인도할
수 있으며 나 여호와로부터 저희들이
무엇인가를 받아 선택된 자라 하여 저
희들이 나의 피조물 만백성을 인도한
다 하며 단상에서 말하며 지도자라 말
하는 그들이 지금 어찌 왔는가?
5 그들은 인본주의를 파괴했느니라, 선
지자야!
6 그리하여 내가 나의 법전을 가슴에 안
고 정독하는 자, 반석 위에 서서 찬란
한 하늘에 오르는 빛을 보는 영광을
얻게 됨이라 하였음이니,
7 나의 법전이 바로 인본주의를 살리는
그 기초서부터 시작함이니라.
8 지금 부모가 자식을 거래로 보며 재물
로 보며 재산으로 보며, 자식이 부모
를 부모로 보지 아니하며, 형제 사이
에 우애가 없으며, 사랑이 없으며 메
말라 있음이니라.
9 그리하여 너희들이 살아오는 이 시대
를 종교 지도자요, 모든 지도자들이
이끌어 온 지금의 상황이 인본주의를
파괴시켜 더 이상 사악해지려야 사악
해질 수 없는 이와 같은 형국에 이르
렀느니라.
10 그리하여 내가 너희들에게 전하기를,
나의 피조물 만백성 너희들이 지켜야
할 뜻을 내가 내려보냈음이니,
11 이 인본주의를 너희들이 바로잡아 하
늘에 오르는 그 기초에 일어서도록 하
는 것이 너희들이 해야 할 대명이니라.
12 그리하여 내가 너희들에게 이 뜻을 가
르쳤음이니라.
13 무엇보다도 이 세상에 너희 자신이 소
중하며 아주 귀한 사람이라는 것을 먼
저 깨우치라 하였음이니라. 이것이 인
본주의를 회복하는 근본이니라.
14 너희들이 소중하고 귀한 사람이라 하
면 너희들이 말 한마디, 행동 하나를
소홀히 할 수 없음이며,
15 그리고 너희들이 나로부터 선택된 자
이기 때문에 너희들이 귀중하다는 것
을 알라 하였음이니,
16 나로부터 선택된 자들이, 너희들이 나
를 대신하여 말하며 행동한다는 그와
같은 생각을 하며 내가 너희들과 같이
있다 하면, 너희들이 행동을 어찌하겠
는가?
17 그리하여 너희들이 가장 중요한 자라
말하였으며, 그리고 그다음에 내가 너
희들에게 무엇을 이야기했더냐?

18 나 여호와에게 기도하며 하늘에 오르
고자, 구원받고자 하는 기도를 드리는
것이 아니라, 너희 가정을 지키는 것
이 두 번째라 하였느니라.
19 가정의 화목과 형제의 화목과 이웃의
화목이, 이와 같이 화목을 이루는 것
이 너희들이 할 일이라 하였느니라.
20 자기 자리를 지키는 자, 가정에서 자
기 자리를 지키는 자만이 나 여호와에
게 기도를 할 수 있는 기본이요, 근본
의 자격이 있다 내가 너희들에게 말하
였음이니, 가족의 화목이 우선이라 말
하였느니라.
21 너희들이 부부간에 살아가면서 서로
원하지 않는 상태에서 무엇인가를 요
구하는 것도 한 송이의 아름다운 꽃을
꺾는 그와 같은 행위라 하였으니, 우
선 너희들의 가정의 화목을 두 번째로
하라 하였음이니라.
22 그리고 형제지간에 화목하라 하였음
이니라.
23 그리고 나의 십계명에 기록되어 있듯
이 '네 부모를 공경하라.' 하였음이 나
의 뜻이니라.
24 너희들이 나에게 십일조요, 헌금이요,
모든 노동력과 내가 내려 준 그 아름
다운 자연의 시간 모두를 다 너희들이
성전이라 하는 곳에 가서 바치는 그것
과 같이 너희 부모에게 1년을 먼저 행
하라 하였음이니라.
25 나의 선지자가 존재해 있는 이 성전에
너희들이 곱게 익은 석류 하나를 가져
온다 하면, 너희 부모에게 열 번을 갖
다 주고 열한 번째 나의 선지자 앞에
와 보여 주라 내가 너희들에게 하였음
이니,
26 이제 지금 바로 땅에 떨어져 있는 그
인본주의를 밑에서부터 다스려 나와
야 할 너희들의 대명이며,
27 이를 바로잡기 위하여 너희들에게 그
와 같이 명을 내려 너희들이 그 길을
향하여 오고 있음이니라.
28 그리하여 너희 스스로 새로운 세상으
로 변화시키며, 미래 지향적이며 새로
운 나라, 거룩한 나의 나라를 이루는
그 속에서 올 수 있는 나의 백성들을
인본주의로 너희들이 인도하며 그들
에게 심어 주며,
29 나 여호와가 너희들의 힘이 될 수 있
도록 나의 성령을 태워 내가 법전이라
는 이 책으로 너희들에게 내려보내니,
30 너희들이 나의 법전을 정독하여 땅에
떨어진 인본주의를 바로 세우는 기본
이요, 근본으로 삼으라 하여 내가 너
희들에게 이 법전을 내려보내는 뜻이
여기 있음이니라.
31 내 사랑하는 선지자의 제자요, 나의
법전을 읽고 깨우친 나의 피조물 만백
성 너희들에게 내가 전하노라.
32 너희들은 나에게 경배하며 나에게 구
원을 받으며 하늘에 오르는 그 영광을
얻기 전에,
33 지금 내가 만든 가장 사랑하는 피조물
들의 땅에 떨어져 있는 인간성을 회복
하며 인본주의의 근본을 세우는 데 너
희 모누블 다할 때,
34 나에게 열 번 기도하는 것보다 너희가
한 사람의 인간을 인본주의로 다스려,
부모에게 등 돌린 자가 부모에게 효성
을 할 수 있는 그와 같은 너희의 후손

이요, 이웃을 하나 만들어 놓는 것이
나에게 열배 백배 기도하고 경배하는
것보다 상이 크다는 것을 너희들이 알
아야 될 것이니라.
35 이와 같은 기본을 너희들이 알아야 될
것이며,
36 나의 법전을 가지고 지금 깨우치지 못
하는 너희 형제들이 인간의 근본을 회
복하는 데 모든 열과 성의를 다하여,
37 너희들이 내가 이루고자 하는, 천 년
후에 이 지상에 악의 씨를 다 뽑아 버
리며 천사와 같은 선한 나의 백성들만
이 존재하는 새로운 낙원을 이루고자
하는 이 뜻을 너희들이 오늘 기반을
닦으며,
38 너희 주변에 있는 너희 형제요, 나의
피조물 만백성의 인간성의 회복과 그
근본을 다져 나가는 것이 너희들의 해
야 할 기초임을 잊지 말며,
39 이를 향하여 너희들이 가지고 있는 모
두를 다 바칠 수 있는 그와 같은 마음
으로써 행해야 할 것이며,
40 이를 실천하기 위해서는 너희들이 먼
저 모범이 되어야 될 것이며, 그리 행
하고 실천하는 너희들이 되어야 할 것
이니라.
41 나 여호와에게 오늘은 너희들이 말하
였느니라.
42 바늘구멍만 한 곳으로 큰 짐승이 통과
하는 것보다 더 어렵다 하였으니, 그
구멍을 통과할 수 있는 것은 너희들이
그만큼 작은 죄를 짓지 않고 살아야만
통과할 수 있음이니,
43 내가 오늘 너희들에게 전하노니, 나의
피조물 만백성이 근본의 인간성으로
회복하는 데 너희 모두를 다 바쳤을
때, 너희들은 그와 같은 길을 웃으면
서 올 수 있음이니 그리 알라.

2,001 번째 하나님 말씀

2002년 3월 9일 0시 35분

1 사랑하는 선지자야!
2 **"네, 여호와 하나님! 말씀하옵소서."**
3 나의 피조물 만백성 너희들이 세상에
태어나니 이는 너희 부모의 육신을 빌
려 세상에 나오느니라.
4 그리하여 너희들이 세상에 나와 그 육
신의 부모의 젖을 먹고 자라는 어린아
이의 시절에 그 어미가 자식을 사랑하
며 자식이 어미를 의지하는 마음은 그
보다 더 곱고 아름다우며 소중한 관계
가 없을 것이니라.
5 그러한 너희들의 마음으로써 너희들
이 곱게 성장해 온다 하면 지금과 같
이 험악한 형국은 이루지 아니하였을
것이니라.
6 그러나 너희들을 기르는 부모의 자세
요, 또 너희들이 자라 온 그 생활 속에
서 주변 환경에 의하여 너희들이 변하
며 또 너희들이 그리 성장함이니,
7 그리하여 너희들은 살아오면서 육에
대한 그 욕심의 굴레에서 변할 수 없
으며, 너희들이 피부로 느낄 수 있는
그 육의 삶을 위해서 너희들 모두가
다 그쪽으로 집착되며 그쪽을 향하여
살아가게 됨이니라.
8 그리하여 너희들이 육에 의한 방향을
잡고 살아가고자 하는 그때부터 너희
들에게 욕심이라는 것이 싹트며, 그

욕심이 너희 마음을 좌우하며 그 욕심
이 성장하면 성장할수록 너희 마음속
을 지배하고 너희들 안에 있는 영은
서서히 죽어 가는 그와 같은 반대 현
상의 생활을 하게 됨이니라.
9 내가 일찍이 너희들에게 이르기를, 육
의 삶과 영의 삶이 같이 존속하며 연
계되는 그 속에서 너희들이 나에게 구
원을 받을 수 있는 그 길에 오를 수 있
다 하였음이니라.
10 육의 행동이 잘못되며 너희들이 육신
에 치우쳐 모두를 그 욕심에 따라 행
한다 하면 그 집 안에 있는 영은 구원
을 받을 수 없는 것이니라.
11 그리고 아름답고 고운 영이 너희들을
지배하고자 하나 그 육이 또한 너희들
의 지배에 따르지 아니하며, 육의 생
각과 육의 편안한 그쪽으로만 너희들
이 욕심을 버리지 못하여 움직이게 된
다 하면, 이는 걷잡을 수 없는 현상이
생김이니라.
12 지금 나의 피조물 만백성 너희들이 살
아오면서 영의 세계요, 나에게 구원을
받아 하늘에 오르겠다는 그 생각보다
는 너희들의 피부에 닿고 너희들의 몸
으로 부닥치는 그 육의 생활에 집착되
어 있으며, 오로지 그 육의 삶을 위해
서 너희들이 살아가는 이와 같은 형국
이 되어 버렸으니,
13 그리하여 나 여호와가 너희들에게 지
키고 살며 오라는 나의 계명이요, 나
의 율법조차도 들으려 하지 않고 실행
하지 않고 순종하지 않으며 살아가고
자 하는 것이 너희들의 지금의 형태이
니라.
14 내가 너희들에게 말하기를, 육의 삶은
너희들이 모든 지상에서 구할 수 있는
것으로써 너희 육을 지탱할 수 있도록
나 여호와가 너희들에게 은혜와 상을
내렸으며,
15 영은 영으로서 너희들을 지배할 수 있
는 나의 영에 따라 모든 계명을 지키
고 순종하며 살아오는 것이 영의 삶의
길이라 내가 누차 너희들에게 말하였
으나,
16 지금의 나의 피조물 만백성은 영혼을
위하여 하늘에 오르는 그 길의 삶을
향하여 간다 하나, 너희들이 인간의
삶의 기본 질서요, 기본 생활까지도
다 버려 놓은 이와 같은 형국이 이루
어졌음이니라.
17 너희들이 육의 생활에 머무르지 아니
하고 영의 생활에 영을 구원하고자 하
는 그 마음을 갖고 그 영의 생명이 나
의 십계명이라 생각했더라면,
18 너희들이 그 십계명에 따라 지키고 살
아왔으면 오늘과 같이 목숨을 함부로
다루는 시대가 되지 아니하였으며, 살
인하는 시대가 되지 아니하였으며, 거
짓 하는 시대가 되지 아니하였으며,
도둑질하는 그와 같은 시대가 되지 아
니하였을 것이니라.
19 지금 너희들이 육의 생활에 의하여 영
을 바라보지 못하고 살아온 그 삶을,
그리고 내가 직접 내린 나의 뜻을 너
희들이 실천하며 순종하지 아니하였
기에 그를 지금 바로잡으려 하는 것에
바로 나의 법전이 세상에 내려가는 뜻
이 있느니라.
20 너희들이 나의 모든 율법과 계명을 지

키는 데 너희들이 지켜야 할 방법과
시행하는 방법, 그리고 너희들이 왜
그리 행해야 되는지 그 모두가 나의
법전에 상세히 기록되어 있음이니,
21 이를 깨우쳐 하늘에 오르는 구원을 받
도록 그리해야만 할 것이니, 이를 명
심하여 너희들이 지키고 시행해야 할
것이니라.

2,002 번째 하나님 말씀

2002년 3월 9일 10시 20분

1 사랑하는 선지자야!
2 "네, 여호와 하나님! 말씀하옵소서."
3 내가 너의 심정을 아느니라.
4 지금 몇천 년 동안 흘러오는 종교요,
그 믿음이라는 곳에 가 몸담고 있는
나의 피조물 만백성은 저희 생각과 저
희 지혜로 종교 지도자들이 잘못 가고
잘못 지도하고 있는 것과 하늘로 인도
하는 길이 아니라는 것을 다 바라볼
수 있고 분별하고 깨달을 수 있거늘,
5 그와 같은 나의 백성들이 맹종이요,
맹신도로서 그리 가나니,
6 먹이를 쫓아가는 사나운 그 짐승보다
도 더 무서우리만큼 그와 같이 가고
있는 그들을 보는 네 마음의 아픔을
알고 있느니라.
7 그리고 너는 정녕 하늘에 오르는 길이
나 여호와를 경배하며 십계명을 외우
며 지키고 저희들을 스스로 다스려 나
가며 자기들 스스로 천사와 같이 변하
여 가는 그 길이 나에게 오르는 길이
라는 것을 너무나 잘 알고 있으며,
8 하늘에 내가 존재하며 지금 나의 성령
을 태워 너에게 내리는 나의 성령의
법전이라는 이 책이 정녕 소중하며,
이를 읽고 깨우쳐 하늘에 오르는 길에
올 수 있는 그것을 그들은 선택하지
아니함이니,
9 내가 얘기하듯이 그들이 저희들의 고
혈을 빠는 자들에게 그 힘들고 어려운
것을 바쳐 가면서 맹종이요, 맹신하며
미친 자 같이 그저 그 길만 달려가는
그것을 네가 보는 마음이 얼마나 아픈
가 내가 아노라.
10 네가 그와 같은 험악한 길을 가며 저
희들의 재물을 바치고 시간을 뺏기며
그리 미친 자같이 그 한 길만 달려가
는 것이 잘못 가는 것이며,
11 그리 가지 말고 시간이 나는 대로 때
와 장소를 가리지 말고 혼자 기도하며,
12 가족과 기도하며 더불어 이웃과 기도
하며, '하나님! 저의 죄를 용서해 주옵
소서.' 그리고 '감사합니다.' 하는 그것
으로써 구원의 길을 볼 수 있다 하는
그 깨우침을 그들은 선택하지 아니함
이니,
13 얼마나 네 속이 답답하고 터질 것 같
은 마음인가를 나는 아느니라.
14 무너지는 다리를 보고 건너가며, 무너
지지 아니하는 튼튼한 다리를 보고 건
너가지 아니하는 그들의 모습을 보고
네가 안타까워하며,
15 그들이 어찌하여 그 단단하고 튼튼한
돌다리로 가지 않고, 가다 보면 떨어
질 수 있는 그 다리로 가는 것인가,
16 그들의 그 깨우침이나 그들의 가는 모
습에 네가 가슴 아파함을 내가 아느니
라.

17 또한, 잘못 가는 그들의 모습을 보며,
네가 어찌 희생하여 네가 어찌하여야
만 그들의 길을 인도해 주며 그들이
너를 바라볼 수 있는 것인가를 생각하
며 고민하고 그 길을 택하고자 하는
것을 나 여호와가 알고 있음이니라,
선지자야!
18 그러나 그러한 길로써 네가 지금 나의
피조물 만백성을 구원할 수 있겠는가?
19 배가 고픈 사자가 먹이를 쫓아가는데
그를 중단시킬 수 있는 길이 있겠는가?
20 그를 막을 수가 있겠는가? 그를 달랠
수가 있겠는가?
21 지금 믿음이라 하여 잘못 가고 있는
그 나의 백성들이 광신이요, 광적으로
그리 달려가니,
22 맹수는 먹이를 취하기 위하여 달려가
나, 지금의 그들은 그 먹이를 취하는
맹수보다도 더 강한 마음으로, 더 분
별할 수 없을 만큼 그리 달려가고 치
닫고 있느니라.
23 그들은 먹이를 놓치는 것이 아니라 저
희들의 생명까지도 던져 저희들을 핍
박하는 자를 가차없이 제거하려 하는
사악하고 간악한 그 마음까지 도사리
고 그저 달려가고 있음이니라.
24 어찌하여 그들은 바르고 넓은 길을 놔
두고 험악하고 끝이 없는 산악의 길을
선택하며 그와 같이 가는가 하는 너의
안타까운 마음이 어디 있는가 내가 다
알고 있음이니라.
25 너는 지금 너 자신의 모두를 다 던져
그들에게 일깨워 주는 그 길을 선택하
고자 함을 내가 또한 알고 있음이니라.
26 그리하여 네가 말하였느니라.
27 그 사악하고 간악한 무리들이 너를 가
해하고자 달려왔을 때, 나의 법전을
가슴에 안고 네가 죽을 수 있는 그 기
회만 준다면 그들에게 모두를 던진다
하였으며,
28 너는 그리하여 네 가슴속에서 나오는
그 피로써 나의 법전을 물들여 만백성
이 법전의 한 권을 안고 목숨을 내던
지는 너를 보고 길이 깨우치고 영광된
길을 갈 수 있을 것이라 그리 생각하
며 너는 그 길을 선택하고자 함을 내
가 잘 알고 있느니라.
29 그러나 사랑하는 선지자야, 네가 그와
같은 길을 감으로써 그들이 깨우치며
그들이 돌이킬 수 있다 생각하지 말라.
30 지금 나의 피조물 만백성이 먹이를 쫓
는 사자보다도 더 맹종이며 맹신적으
로 그 길을 가고 있는 것을, 그들을 돌
릴 수가 없음이니라.
31 네 그 안타까움을 그들이 이해하리라
생각하지 말라.
32 그들은 그리할 것이니라.
33 사탄이나 마귀가 이 세상에 와 저희들
이 믿는 참신으로부터 그는 단죄받은
것이며, 그는 그 죄의 대가를 치렀으
며, 마귀나 이단이나 사탄은 자연적으
로 이 세상에서 없어짐이니,
34 저희들이 참신이라 믿는 그들에게 단
죄받았을 것이라 그리 이야기할 것이
며, 세상에 나가 있는 나의 그 법전마
저도 더 찢어 버리고 태워 버릴 것이
니, 너는 그러한 생각을 하지 말라.
35 그와 같이 네가 희생으로써 그 길을
가려 생각하지 말라.
36 너는 내가 너에게 명한 그 시간을 다

채워 그 시간 속에 끈기와 인내로써
나의 법전을 받아 세상에 전함으로 그
들을 깨우쳐야 될 것이니라.
37 너는 모르느냐? 구약의 시대에 그 많
은 역사를 이루었으며 그 기적을 이룬
그 민족이요, 그 백성이라 하는 너희
들이 어찌 지금 살아오고 있는가?
38 그리고 나의 아들의 모습과 선택했던
그 모두를 아는 그 백성들이 지금 어
찌하는가?
39 예수가 너희들에게 깨우쳐 주고자, 지
금 선지자 네가 생각하는 그 방법을
택하고자 하는 그 마음보다도 더 굳은
결의로써 그는 스스로 그 고행의 길을
선택하여 갔노라.
40 그런데 지금 나의 피조물 만백성이 어
찌하는가?
41 그 십자가라 하는 것을, 그가 고통스
럽게 짊어지고 간, 또 그가 매달려 죽
은 그 십자가라는 형상을 저희들이 성
전이라 지은 그곳의 꼭대기에 매달아
놓고 밤마다 불을 켜 놓고 있으며,
42 심지어는 그것도 부족하여 너희들의
귀에다, 목에다, 손에다, 발에다 걸고
다니는 그와 같은 사악한 행위를 지금
하고 있음이니,
43 십자가에 그가 죽어 가는 그 뜻의 고
통과 그 의미를 안다면 감히 그들이
그리할 수 있겠는가?
44 그들은 그러한 생각을 않는 것이니라.
45 제가 배부르고 제가 편안한 방법을 어
떠한 수단과 방법을 가리지 않고 취하
고자 하는 그러한 사악한 방법이 거기
에 있음이니라.
46 그들의 마음을 돌릴 수가 없음이니라,
선지자야!
47 그리하여 그들은 나의 법전을 읽고 깨
우치는 자들이 변하는 그 모습 속에서
저희들이 서서히 광신도와 같은 그 생
활이 얼마나 무모하고 잘못되었는가
를, 그들이 지쳐 쓰러졌을 때 그를 볼
수 있을 것이니,
48 네가 이 세상에 내가 명한 그 시간까
지 존재하며 나의 피조물 만백성에게
나의 법전을 전하는 대명을 수행하며,
너의 제자들로부터 또 이를 읽고 깨우
친 자들이 서서히 변해 가며 그 법전
을 그들에게 전하여 그들이 이를 보고
돌이키는 수밖에 없음이니라.
49 그 광신도와 같은 그들 앞에 네가 나
의 법전을 가슴에 안고 죽어 그 법전
을 붉게 물들이며,
50 '이것이 오로지 여호와의 뜻이며, 하
나님이 존재하시며, 너희들을 구원하
는 길이 바로 가는 그 길이며, 너희들
의 생명줄이라' 하여 네가 너의 목숨
을 던진다 한들 그들이 그리 볼 것 같
으냐?
51 이는 아니니라, 선지자야!
52 그들은 환호할 것이니라.
53 마지막 말세에 온 거짓 선지자요, 사
탄이요, 이단을, 저희들이 믿고 있는
그 신이 그를 단죄하였으며 그를 벌하
였으며, 그러니 이 모두는 다 없애 버
려야 된다 할 것이며,
54 그들은 법전을 태우고 찢고 짓밟는 것
이 얼마나 무서운 것인가를 생각하기
전에, 더 가혹한 방법으로 그를 다 이
세상에서 제거하고자 할 것이니라.
55 사랑하는 선지자야,

56 네 그 가슴 아픔을 참으며 네 울분의
마음을 다스려야 될 것이니라.
57 네가 그와 같은 울분의 마음을 다스리
지 못한다 하면 너는 너의 직분을 다
함이 아니니라.
58 서서히 가라.
59 모두는 나의 주관하에 이루어져 있음
이니라.
60 이제 너의 주변에 너를 돕고자 하는
사람들이 서서히 모이지 아니하는가?
61 너는 그러한 생각을 버리며, 그러한
방법으로써 내가 존재함을 표시하며
내가 있음을 증거하려 하지 말라.
62 그리하여 순교라든지 너 스스로 목숨
을 던지는 그와 같은 행위를 하지 말
라 함이니라.
63 그 순간뿐이라 말하지 아니하였던가?
64 그리하여 그들 또한 하늘에 오르는 길
을 선택하지 못하였다 아니하였더냐?
65 내가 너희들에게 말하지 아니하였는
가? 하늘에 오르는 점수를 골고루 받
아야 된다 하였느니라.
66 한두 가지 너희들의 그와 같은 광적인
행위로써 이루어지는 것은 하나도 없
음이니라.
67 너 스스로 네가 그와 같은 죽음을 선
택하고자 하는 그 방법은 나 여호와가
용납하지 아니함이며, 내가 그를 용서
할 수 없음이니라.
68 그것이 아니니라. 그들에게 더 기회를
주게 됨이니라.
69 이와 같은 나의 뜻에 따라 너는 너 자
신의 그 울분을 다스리며,
70 네가 스스로 그 울분을 참고 인내하지
못하여 불행한 일을 초래하는 그와 같
은 행위를 하지 말라.
71 나의 법전이 세상을 덮으며 세상에 전
해지는 그것도 시간이 있음이니라.
72 오로지 너희들이 곧은 마음과 곧은 자
세를 갖는 것만이 중요함이니라.
73 너희들이 나의 성령을 받아 그 성령을
지탱하며 만백성에게 빛이 되며 그 영
이 존재할 수 있는 것은 오늘보다 내
일에 한 단계씩 한 단계씩 변하여 천
사와 같은 모습으로 가는 것만이 내가
너희들에게 심어 준 그 영이 존재하며
그가 바로 설 수 있으며 너희들이 나
를 볼 수 있는 것임이니라.
74 너는 두려워하지 말며, 그들이 너희들
이 가는 것을 바라보지 못하고 나의
법전을 바라보지 못하며 그를 찢어 버
리고 버린다 하여 너희들은 지금 불안
해하지 말라.
75 너 스스로 모든 것의 그 울분을 참지
못하여, 네가 그와 같은 방법으로써
모두를 결단을 내고자 한다 하면,
76 네가 죽어 가는 것은 몇 시간도 가지
않아 다 잊히며, 그것을 역으로써 그
들이 공격할 수 있는 그 발판을 만들
게 됨이니라.
77 그들은 지금 나의 십계명을 지켜야 하
늘에 오른다는 것을 다 알고 있음이니
라. 그러나 그것을 그들은 역으로 이
용하지 아니하더냐?
78 십계명을 암송할 수 없으며 지킬 수
없다 그리하여 사악한 마음을 가진 그
들에게 편안한 마음과 유익한 마음으
로 그리 유혹하고 가지 않는가?
79 저희 자신이 힘든 길을 가지 아니하
고, 편하고 평탄한 마음과 평온한 믿

음으로써 가고자 하는 너희들의 심리
를 그리 적용하고 이용함이 거기에 있
느니라.
80 그들이 몰라서 그리하는 것이 아니니
라.
81 네가 나를 위해서 장렬히 죽음으로써
그들은 그것을 보고 깨우쳐 정녕 저희
들이 할 수 없는 길을 선택한 너를 순
교자요, 또는 이 시대의 선지자요, 여
호와의 아들이라 하여 너를 따르고 존
경할 것이라 생각하지 말라.
82 너를 더 사악하고 간악한 방법으로 몰
아 낼 것이며, 그는 가장한 것이며 사
탄이요, 사악한 무리라 그리 말할 것
이니, 그들에게 또 힘을 실어 주는 역
사의 계기가 됨이니라.
83 나의 십계명을 그와 같이 이용하는 그
들이 바로 지금 이 세상을 덮고 있음
이니라.
84 지금 그들의 사악함이 종말까지 와 있
음이니, 그 종말에서 그 사악한 방법
이 더 이상 나갈 수 없으니 그들은 시
들어 죽어 가는 길밖에 없음이니,
85 이곳에 내가 서서히 철퇴를 내리고 있
는 것이 나의 법전이 세상에 전해짐이
니,
86 너는 내가 이끌고 내가 너에게 지시하
는 그대로 너 스스로 가야 할 것이며,
87 네가 나에게 충성하고자, 나에게 목숨
을 바쳐 무엇인가를 이루고자, 나 여
호와 아버지에게 내가 내리는 그 은혜
에 보답하고자 하는 그와 같은 충동적
인 행동과 돌출적인 행동을 나는 용서
치 않을 것이니라.
88 선지자야, 서서히 그리 가라.
89 너의 제자들과 웃음꽃을 피워서 손에
손을 잡고 나의 법전을 가슴에 익히며
너희들이 아름다운 모습으로 변해 가
는 그 삶이 나의 은혜와 은총에 보답
하는 길이니라.
90 그것이 너희들이 만백성을 구원할 수
있는 길이며, 때가 있음이니, 서서히
그리 가도록 하라, 선지자야!

2,003 번째 하나님 말씀

2002년 3월 9일 11시 30분

1 사랑하는 선지자야!
2 "네, 여호와 하나님! 말씀하옵소서."
3 내가 너희들에게 내린 계명 중에 '나
외에 다른 신들을 네게 있게 하지 말
라.' 하였음이니,
4 이는 나를 믿는 너희들이 나 외에 다
른 어떠한 잡신들이요, 잘못된 영들이
세상을 혼란케 하고 있다는 그와 같은
뜻임이니라.
5 그리하여 나의 아들 예수가 그와 같이
고통스러운 죽음으로써 모든 것을 대
변하고 항변하고자 했던 것은, 오로지
나의 피조물 만백성 너희들은 나를 경
배하며 나 여호와를 따르면 되거늘,
6 너희들은 잘못된 영들이요, 잘못된 그
잡신들을 따르고자 하며, 또 그들이
너희들을 공략하며 그리하여 그들이
너희들을 하수인으로 부리고자 하는
그 속에 너희들이 넘어져 가며 그리
따라가는 것을 방지하고자 함이었으
니,
7 그리하여 너희들의 육신의 생각을 깨
우치는 것이 아니라 너희들의 육신 안

에 있는 너희들의 영혼 그 자체가 잘
못된 영들을 따르며 다른 신들을 너희
들 앞에 두며 그들의 하수인으로서,
그들의 종으로서 전락하는 그와 같은
것을 막고자 함에 나의 아들 예수의
큰 뜻이 또 거기에 있었으며,
8 그가 그와 같은 고통의 세월 속에 그
모두를 던져 버린 그와 같은 뜻이 있
으니, 제1계명이 무엇이더냐?
9 '나 외에 다른 신을 네게 있게 하지 말
라.' 하였음이니, 지금 나의 피조물 만
백성이 잘못 가고 있는 것은 이루 말
할 수 없는 속에 허덕이고 있음이니,
이를 바로잡고 정리해야 할 것이니라.
10 그리하여 너희들이 모든 잡신이요, 잘
못된 영들에게 현혹되어 그들의 지배
를 받으며 그들의 하수인으로서 그들
을 따르는 행위를 하지 아니하는 것은
오로지 나의 십계명을 정독하고 그저
암송하며,
11 나 여호와에게 감사하다는 그와 같은
생각 이외에 딴생각을 해서는 아니 된
다 하였음이니라.
12 그리하여 너희들이 맑고 고운 마음으
로써 하늘에 오를 수 있으며,
13 오로지 너희들 육신 속에 내가 내린
나의 영만이 자리 잡아 그 영혼이 구
원받아 올 수 있음이니,
14 너희들이 잠시라도 나의 십계명이요,
나에게 감사하다는 생각을 지우고 산
다 하면 이는 잘못된 잡신이요, 영들
이라는 그 사악한 무리들이 너희들을
공략하며 흔들어 놓기 때문에 그러하
니라.
15 너희들이 이 세상에 나와 살면서 육으
로부터 취하고 사는 모든 것이 내가
내려 준 그 은혜 속에 살거늘,
16 내가 내려 준 그 은혜와 은총 속에서
살지 아니하며 그를 접하지 않는 자가
어디에 있겠는가?
17 그리하여 내가 만들어 준 모든 은혜와
은총의 그 장막 속에 살고 있는 너희
들이 내가 지키고 살아오라 하는 그
십계명을 정녕 소중하게 암송하고 지
키면서 살아와야 한다 하였음이니라.
18 그러나 너희들이 십계명을 지키지 아
니하고 인간이기 때문에 그와 같은 길
을 갈 수 없다 말하는 것은 무슨 뜻이
거기에 있는지 알겠는가?
19 사랑하는 나의 백성들아!
20 나 여호와가 창조한 나의 이 우주에서
내가 내린 공기요, 물이요, 모든 동식
물을 취하며 너희들이 살아가면서 십
계명을 암송하지 아니하는 자는 나의
이 우주를 떠나, 내가 만든 이 지상의
낙원에서 떠나서 살겠다고 발버둥치
는 것과 똑같으니,
21 과연 그것이 이루어질 수 있다고 너희
들은 생각하는가?
22 너희들이 지금 아무리 깨우치고 아무
리 너희 머리로써 발달하며 너희들이
어떠한 것을 경주하여 발명하고 만들
어 낸다 해도, 너희들이 아무리 몸부
림을 치고 나를 거부한다 해도,
23 내가 만든 이 동산에서 내가 내린 모
든 것을 취하지 않고 과연 너희 육신
이 살 수 있겠는가?
24 절대로 너희들의 그 육신이 살 수 없
고 지탱할 수 없음이니라.
25 그러하니 너희들이 여기서 하나 깨우

쳐야 될 것이니라.
26 하늘에 오르는 그 길이 어떠한 것이더
냐?
27 하늘에 오르는 길은 나에게 오르는 길
이며, 창조주 나의 품으로 너희들이
돌아오는 그것이니, 너희들이 나에게
돌아올 수 있는 그 길은 변할 수도 없
으며 돌이킬 수도 없는 그 운명적인
것을,
28 그와 같이 올 수 있는 것은 너희가 십
계명을 지키고 살며 나의 율법을 따르
며 살면 하늘에 올 수 있고 나에게 올
수 있다 그리 내가 너희들에게 내려보
낸 그것을, 너희들이 그를 지킬 수 없
고 시행할 수 없다고 거부한다 하면,
29 너희들은 지금의 나의 지상의 동산에
서 살지 않고 내가 공급하는 모든 것
이요, 나에게 받는 그 은혜와 은총을
저버리고 살 수 있다 하는 것과 같으
니,
30 과연 너희들이 그리 살아갈 수 있겠는
가?
31 이 이치 하나를 깨우쳐도 너희들이 나
의 계명이 정녕 소중하며, 내가 내린
십계명이 너희들의 생명이요, 모두의
생명줄이며 생명수인 것을,
32 그걸 저버리고서 너희들이 하늘에 오
를 수 있다 말을 하며 그를 지킬 수 없
다 말하는 자는 나의 백성이 아니요,
나의 아들딸이 아니라 함이 여기 있느
니라.
33 그들은 도저히 나에게 올 수 없으니,
내가 너희들을 내려보낼 때는 나의 아
들이요, 나의 자식이었으나,
34 너희들이 내가 내린 것을 지키지 않고
구원을 받을 수 있다고 그리 말하는
것은 너희들이 나를 거부하며 나에게
서 이미 떠나가고 있음이니,
35 그는 나의 아들딸이 아닌 것이니라.
36 그는 내가 지상에 내린 나의 모든 동
식물이요, 산소요, 공기요, 물이요, 이
와 같은 것을 섭취하지 아니하고 살
수 있다고 그리 발버둥치고 억지를 쓰
는 것과 같은 형국이니,
37 이것을 지금 나의 선지자를 통하여 내
가 너희에게 일깨워 주나 너희들은 이
를 믿으려 하지 아니할 것이니라.
38 그러나 너희들이 죽어 왔을 때 이를
깨달으니, 그때는 이미 때가 늦음이니
라.
39 내가 나의 선지자를 통해 나의 성령의
뜻을 내리는 것이 한 치의 이치에 맞
지 아니하며, 한 치의 오차가 있으며,
한 치의 허황된 말이 있다 생각하거든
너희들이 듣지 아니하여도 좋으나,
40 너희들은 깨우치고 연구하고 생각해
봐야 될 것이며, 나의 메시지를 음미
하고 또 연구해서 너희들이 바른 판단
을 가져야 될 것이니라.
41 오로지 광신적이요, 맹신적으로써 그
저 제가 살고 죽는 것도 모르며 제가
어찌 가는지도 모르며,
42 맹수가 질주하여 먹이를 쫓아가는 그
와 같은 형국보다도 더 강렬한 것으로
써 너희들은 지금 잘못 가르치는 그
믿음의 종교 지도자들 밑에 가서 구원
을 받을 것이라 하여 너희들이 온 정
열과 모두를 다 바쳐 그리 달려가고
있음이니, 그것을 막을 수 없다 함이
니라.

43 너희들은 가던 발길을 잠깐 멈추고, 나의 법전을 읽어 보며 나의 뜻을 들어 너희들이 깨우치는 시간이 얼마나 소중한가를 한번 알아야 되지 않는가?
44 사랑하는 나의 피조물 만백성 너희들은 들으라.
45 너희들이 50평생, 60평생 모두를 다하여 잘못 가는 종교 지도자 앞에 가서 기도하고 경배하며, 모든 재산과 물질까지, 시간까지, 내가 너희들에게 내려 준 모든 자유의 공간까지 포기하면서 살아가는 너희들에게,
46 내가 단 하루만을, 하루가 아니라 몇 시간만이라도 너희들이 나의 법전을 보고 깨우쳐 뚜껑을 한번 열어 보라는 것이거늘,
47 어찌하여 너희들은 50평생, 60평생을 그저 한 길을 죽기 아니면 살기로 달려가면서, 그 달려가는 것을 잠깐 중단하고 쉬면서 나의 법전이요, 내가 내린 성령의 뜻을 잠깐 너희들이 정독하고 탐독해 보라 말하였거늘, 그것 하나도 못 하는가?
48 내가 너희들이 지금 죽기 아니면 살기로 달려가는 그 믿음이요, 너희들이 가는 그 행위를 중단하라 함이 아니요, 영원히 가지 말라 함도 아니요, 너희들이 나의 법전을 읽고 깨우치는 그 길로 살아가라 함도 정녕 아니니라.
49 너희들이 평생을 살아가면서 그 잠깐 가던 길을 멈추고 그 쉬는 시간에 나의 법전을 한번 읽어 보고 깨우쳐 보라는 것이거늘,
50 그것도 하지 못하는 너희들의 용렬한 마음이요, 옹고집이요, 아집인 그것이 너희들이 영원히 살 수 있는 그 생명의 줄을 끊어 놓는 것이라면,
51 너희들은 어찌하여 그를 바꾸지도 못하는가?
52 사랑하는 나의 피조물 만백성 너희들은 들으라.
53 세상사 모두가 다 나의 뜻에 의하여 주관되며, 나로부터 받은 은총이며, 나로부터 받은 모든 영광이며, 이 지상의 모든 것은 다 나의 것이라 너희들은 그리 말하지 않는가?
54 지금 잘못 깨우치고 잘못 가고 있는 나의 피조물 만백성 너희들은 여기서 하나를 절실히 짚고 넘어가야 될 것이니라.
55 모두가 다 나의 뜻이요, 나의 주관하에 세상에 이루어지고 태어났다 하면 그건 나의 것이고 나의 주관하에 만들어진 것이니,
56 너희들에게 필요로 해서 세상에 나왔다는 생각을 좀 더 넓게 갖지 못하겠는가?
57 너희들이 넓게 갖지 못하는 것은, 너희들이 말로써는 이 세상 모든 것은 나 여호와의 주관하에 창조됐다 하면서, 그것이 너희 것이요, 너희 형제라는 생각을 갖지 못하게 하는 것은,
58 너희들이 충분히 깨닫고 그와 같이 깨달을 수 있는 능력과 지혜가 있음에도 불구하고 거짓으로 잘못 가르치는 그 사악한 종교 지도자들이 너희들을 그것을 돌아보지 못하게 차단하고 있으며,
59 너희들을 그리 맹종으로 종신토록 끌고 가는 그와 같은 사악한 무리들 때

문에 너희들이 옳고 그른 것을 못 봄 이니라.
60 그리하여 그 종교 지도자가 죽어 내 앞에 왔을 때 얼마나 무서운 죄를 받는 것인가를, 저 하나 잘못하는 것이 아니라 나의 피조물 만백성까지도 지옥 불로 끌고 가는 그 죄를 용서받지 못할 것이라 하였음이니라.
61 나의 사랑하는 피조물 만백성 너희들은 여기서 정녕 내가 다시 한 번 강조하며 너희들에게 간곡히 애달프도록 부탁하노니,
62 나 여호와의 이 애절한 마음을 너희들이 잠깐 한 번만 듣고, 한 번만 읽어 보고, 그리고 가던 발길 멈추고 생각해 보라.
63 이 세상 모두는 다 내가 창조하였으니, 사람을 물어 죽이는 벌레도, 독소가 되는 것도, 그대로 씹어서 먹으면 너희들이 죽는 그 동식물들도 다 내가 필요하여 세상에 만들었거늘,
64 너희들은 어찌하여 그와 같은 생각을 못 하는가?
65 사랑하는 나의 피조물 만백성, 너희들은 들어야 될 것이니라.
66 너희들이 먹어서 죽는 그 동식물이 세상에 있으며, 너희들이 물어서 죽으며 그를 바르면 죽으며 너희들이 물리면 죽는, 너희들의 생명을 죽이는 그 독소를 내가 이 세상에 만들어 냈음이니, 왜 만들었겠는가?
67 그것도 필요해서 만들었느니라.
68 너희들의 생명을 죽이는 모든 동식물이요, 독이요, 또 벌레요, 이 모든 것을 내가 만들었거늘,
69 너희들이 나의 법전을 한번 열어 본다고 해서 너희들이 그 벌레에 물려 죽으며 식물을 먹어서 죽는 그와 같은 독소가 거기에 들어 있지 아니하지 않더냐?
70 내가 너희들의 귀중한 생명을 죽일 수 있는 그 독소요, 독약을 세상에 만들어 냈으며 그와 같은 벌레나 미물들을 세상에 만들어 낸 것이 사연이 있고 뜻이 있으며 나 여호와가 그리해야 되기 때문에 이를 만들어 냈다는 것을 너희들이 깨우친다면,
71 나의 법전이 과연 너희들이 한 번 읽고 두 번 읽음으로 인해서 너희들의 생명을 죽이는 것이더냐?
72 너희들을 물어 죽이는 미물이요, 너희들이 먹어서 죽는 그 독소의 풀보다 그가 독하고 사악하지 아니하다 하면 그 또한 내가 이 세상에 필요로 하여 만들었다는 것을 너희들은 어찌하여 깨우치지 못하는가!
73 나의 피조물 만백성들아!
74 이제는 나의 법전이, 나의 성령을 태워 내려보내는 것이 열여섯 권이 세상에 나갔으며,
75 제2부의 열여섯 권이 세상에 나가 너희들을 구원하고자 함이니,
76 2부의 열여섯 권의 법전이 나가는 이 시점에서 나의 이 애절한, 애간장 타는 너희 아버지요, 너희 부모의 이 심정을 그리도 너희들이 모르겠는가?
77 너희 육신의 부모도 죽으며 너희들에게 유언하며 너희들에게 이와 같이 절을 하고 사정한다 하면, 나의 피조물 만백성 너희들은 너희 어버이의 뜻을

한 번 정도는 들어 볼 것이니라.

78 평범한 나를 믿지 않는 자들은, 너희 종교 지도자 밑에서 구원을 받겠다고 기도하거나 맹종하지 않는 자들은 저희 부모가 간곡히 두 번, 세 번만 이야기해도 그들은 돌아서서 그를 볼 것이니라.

79 그러나 지금 사악한 무리들이 종교 지도자요, 잘못 가르치는 자들이라는 것을 내가 너에게 또 하나 입증을 해 주고자 함이니,

80 그 밑에서 배우고 그 밑에서 하늘의 영광을 받겠다 하여 구원받고자 하는 자들은 절대로 그 마음을 돌리지 아니하며,

81 믿지 않는 저희 부모가, 저희 형제가 무엇을 고치라고 천 번, 만 번 이야기해도 듣지 않는 것이 너희들의 그 잘못 가는 종교 지도자 밑에서 세뇌 교육이 되어 있는, 기계와 같은 인간들이기 때문이니라.

82 믿지 않는 자는, 너희들이 만든 그 추악한 성전에 가서 잘못된 그들의 기도를 듣지 않는 나의 백성은, 형제가 눈물로써 호소하며 부모가 눈물로써 호소할 때,

83 그것을 보지 않고 따르지 않는 자식이 없으며, 그를 돌이켜 봐 제 것으로 생각해 보지 아니하고, 그를 갖다 연구하고 받아들이지 않는 자가 없느니라.

84 그러나 사랑을 베풀며 모든 것을 베풀며 너그럽게 세상을 다 감싸야 된다고 말로 지껄이고 가르치는 그들 밑에서 배우는 너희들은,

85 그 사악한 무리 중에서 기계화된 너희들은 아무리 믿지 않는 부모 형제가 눈물로써 너희들에게 호소하고 매달려도 절대로 듣지 않고 매몰차게 뿌리치고,

86 너희들이 만든 그 성전에 가서, 사악한 무리의 대표적인 그 잘못 가르치는 종교 지도자들에게 가서 고개 숙여 '아멘! 할렐루야!' 찾는 것이 너희들이니,

87 너희들이 그렇게 사악하고 잘못되어 있음이니라.

88 이 이치를 너희들이 깨닫겠는가?

89 이 이치에 너희들 자신을 돌아다보며, 너희 형편을 보며, 너희 마음을 보며, 너희 심성을 보며, 너희들이 지금 행하고 있는 행동을 보며, 너희들이 가고 있는 그 길을 한번 돌아다보라.

90 믿지 않는 자들만큼 너희들이 너그러움이 있으며 양보함이 있는가?

91 믿지 않는 자는 제 아비가 죽을 때 그 순간의 진실한 유언을 들을 것이니라.

92 그리고 한번 생각해 볼 것이니라.

93 그 유언을 따르지 않는다 하여도 그들은 생각해 보고, 가슴에 한번 깊이 간직하고 연구하고 생각할 것이니라.

94 그러나 지금 믿음이라 하여 잘못 가고 있는 너희들은 그 유언이 너희들과 뜻이 다르고 생각이 다르다 하면 아예 그 말을 들으려 하지도 아니하며, 너희는 고개 숙여 콧방귀를 뀔 것이니라.

95 너희 부모가 유언하는 그 자체도 '웃기지 마세요, 아버지! 나는 나대로 구원받아 하늘에 갈 것이니, 나는 거짓 선지자와 종교 지도자 밑에 가서 아멘, 할렐루야 하며 엉덩이 들고 춤만

추면 구원을 받을 것이며, 내가 어떠
한 재물이든 갖다 바치면 그만큼 하늘
나라에 쌓여 그만큼 영광의 축복을 받
으니 나는 그 길을 가는 것이지, 어머
니 아버지 죽으면 나하고 인연이 끝나
요.' 하며
96 너희들은 죽어서 나 여호와 하나님 앞
으로 가서 영원히 사는 그 길을 갈 것
이라 생각하겠지만,
97 너희들은 나의 빛도 보지 못하며 끓는
지옥 불바다 속으로 들어간다는 그 사
실을 알라.
98 너희들은 믿지 않는 자만도 생각을 못
하느니라. 그리고 깨달음이 없느니라.
그리고 용서함이 없느니라.
99 너희들의 마음의 한구석도 너그러움
이 없느니라. 그리고 인자함이 없느니
라. 얼음보다도 찬 것이 너희들이니라.
100 이것이 너희들의 지금 자세이니라.
101 그리하여 너희들에게 내가 다시 강조
하노라.
102 이 세상의 모든 것을 나 여호와가 만
들었다고 너희들은 생각하는가?
103 나의 물음에 답하라.
104 너희들은 그럴 것이니라.
105 이 세상 모두는 다 나 여호와 하나님
이 만들었다고 너희들은 대답할 것이
니라.
106 그러면 내가 만든 것은 어찌 만들었는
가, 왜 만들었는가 너희는 대답하라.
107 너희는 그때는 말을 못 할 것이니라.
108 다 필요로 하여 내가 만들었느니라.
109 그리고 세상에 사람의 생명을 죽이는
동식물이요, 너희들이 물리면 죽는 그
미물들까지 누가 만들었느냐?
110 너희는 여기서 또한 함부로 대답 못
할 것이니라.
111 그리하여 너희들은 말할 것이니라. 모
든 독소의 것도 하나님께서 만들었다
할 것이니라.
112 그러니라.
113 내가 필요해서 만들었느니라. 그리고
내가 그것이 필요하기 때문에 세상에
존재시켰음이니라.
114 내가 사람의 생명을 죽이는 그와 같은
독소도 세상에 만들어 냈으니 그것은
필요해서 만들었음이니라.
115 그렇다 하면 세상에 나온 나의 법전이
요, 나의 성령을 태워 '하늘에 오르는
길'이요, '하나님! 말씀하옵소서.', 내
가 말한 것을 기록한 그 책이 너희들
을 물어 죽이는 독충이요, 독초의 그
독소보다 더 나쁜 것이며 더 독한 것
이며 더 잔인한 것이라 생각하는가?
116 내가 이리 물으면 너희들은 할 말이
없을 것이니라.
117 그렇다면 그와 같은 독소의 무서운 것
도 내가 필요로 하여 세상에 존재시켰
음이니,
118 이 나의 법전이, 이 세상에 나온 이 책
이 내가 필요하여 만들었음이라 너희
들이 생각한다면, 나의 법전의 뚜껑을
못 열 자신이 없느니라.
119 너희들은 그러나 종교 지도자들이 잘
못 가는 자요, 저희들이 자신이 없으
며, 나로부터 음성을 들은 자가 없으
며, 나로부터 선택된 자가 아니며, 내
가 지키라는 그 가장 기초적인 십계명
도 지키지 못하는 그 죄가 두려워, 그
를 지키라 말하는 나의 법전을 너희들

에게 열지도 못하고 바라보지도 못하
게 그리 강조하는 것이니,
120 그 잘못 가는 종교 지도자가 열지 말
라 하면, 거기에는 진실이 있고 위대
함이 있느니라.
121 너희들은 이와 같은 깨우침을 받아 나
의 법전을 읽고 깨우쳐 하늘에 오르는
길을 버리지 말라.
122 이 세상 모두는, 생명을 죽이는 독소
도 내가 필요하여 만들었으니 그보다
못한 것은 당연히 내가 만든 것이 아
니더냐?
123 너희들의 생명을 끊게 하는, 목숨을
앗아 가는 그러한 독소도 필요하여 만
들었거늘,
124 그렇지 않은 것을 내가 당연히 만들었
다는 것은 너희들이 왜 모르는가?
125 그러면 당연히 그 만든 것은 내가 필
요하기 때문에, 너희들에게 필요하기
때문에 내가 만들었음이니라.
126 그러니 나의 법전을 그와 같이 바라보
지 말며, 나의 법전의 뚜껑을 열어 한
줄을 읽어 보도록 하라.
127 한 줄을 읽고 한 페이지를 읽음으로써
너희들에게 깨달음이 있을 것이니,
128 너희들이 평생 잘못 가는 종교 지도자
들 밑에 가서 모든 재물을 갖다 바치
며 그 재물로써 구원받겠다는 천인공
노할 사기극 앞에 너희들이 가는 것을
내가 막지 아니함이니라.
129 가라 함이니라. 그리고 믿으라 함이니
라.
130 그러나 다만 그 속에서 너희들이 단
하루의 시간을 내서 나의 법전을 읽어
보라는 것이니라.
131 하루의 시간을 내서 나의 법전을 읽어
보는 자, 그러고도 너희들이 깨우침이
없고 이것이 여호와 하나님의 진정한
말씀이 아니라 생각한다면 너희들은
그때 가서 선택을 하라.
132 내가 너희들에게 다시 한 번 선택의
기회를 줌이니라.
133 나의 법전이 세상에 나간 그 뜻은 많
은 피조물, 나의 만백성이 똑같은 자
격을 받으며, 똑같은 상태에서 그들을
심판하고자 하여 나의 성령으로 내려
보내는 이것을 너희들이 말하는 성서
의 2편, 3편이요, 이러한 것으로 말하
지 아니하며,
134 너희들을 심판하는 시대이기 때문에
'법전'이라 말하였느니라.
135 성서는 너희들이 바로 갈 수 있는 가
죽 채이며 가시나무 채였음이니라.
136 지금은 너희들이 그것을 보고 잘 깨우
쳤느냐 못 깨우쳤느냐 하는 심판을 하
는 시대이니라.
137 천 년에 걸쳐서 너희들을 심판함이니,
바로 이것이 무엇이더냐?
138 그리하여 나의 법전이라 명하였으니,
이 뜻 하나만 보더라도 너희들의 머리
가 쭈뼛 서는 놀라움을 알아야 될 것
이니라.
139 감히 세상에 책을 쓰면서 이것이 법전
이요, 하나님의 명이라 하여, 하나님
이 심판하는 것이라 하여 써낼 수 있
으며 전할 수 있는 자 있으면 나와 보
라 말하라.
140 나에게 명을 받지 않은 자요, 나에게
선택되지 아니한 자면 나의 성령이요,
이 법전이 심판의 책이요, 기준이라는

것을 감히 말할 수 없을 것이며, 하늘
에 오르는 길이라 말할 수 없느니라.
141 그 제목부터 붙일 수 없음을 너희들은
알라.
142 그리하여 내가 너희들에게 사악한 종
교 지도자들에게 잘못 가서 먹이를 쫓
는 맹수보다도 더 치열한 방법으로써
아주 미친 자와 같이 광적으로 믿는
너희들에게도 한 번의 기회를 주고자
하니,
143 평생을 너희들의 성전에 가 잘못 가는
지도자 앞에 가서 고개 숙이며 경배하
는 너희들이 단 하루만을 나에게 바쳐
서 그를 읽어 볼 수 있는 기회를 갖고
너희들이 스스로 판단할 수 있는 기회
를 주고자 함이니,
144 이는 내가 너희들에게 똑같은 기회를
주어 똑같이 심판을 하고자 하는, 너
희들을 사랑하는 나의 애절한 마음이
여기 있음이니,
145 내가 너희들에게 한 번의 기회를 주
니, 이것을 놓치지 말라. 영광의 기회
로 받아들이도록 그리하라.

2,004 번째 하나님 말씀

2002년 3월 9일 15시 30분

1 사랑하는 선지자야!
2 "네, 여호와 하나님! 말씀하옵소서."
3 너의 제자들이 나의 피조물 만백성을
일깨워 같이 나의 성전에 와 나의 주
옥같은 이 가르침을 들으며 나의 성령
의 뜻을 들어 그들을 깨우쳐 주고 그
들을 하늘로 인도하고자 하는 마음들
이 애절하나,
4 그들은 그 말을 들으려 하지 아니하느
니라.
5 너희들이 깨우쳐 주는 것이나 너희들
이 하는 말이 백번 옳다, 그리고 백번
맞다 해도 그들은 말할 수 없느니라.
6 '사람이 어찌 십계명이라는 것을 지키
며, 거짓을 하지 아니하고 살 수 있느
냐?' 하며 그들은 너희들을 더러 핍박
하고 너희들을 더러 우스운 자들이라
말할 것이니라.
7 아무리 너희들이 '우리는 지키고 살려
고 하며 지키고 살 수 있다.' 말을 해
도, 정녕 그 말을 듣고 이해하지 아니
하려 하는 것이 지금 너희 형제들이
살아가는 마음의 상태이니라.
8 너희들이 말하여 일렀느니라.
9 정도를 가는 자에게 십계명을 지키는
것은 차 한 잔을 마시는 것보다 더 쉽
고 간단한 일이라 그리 말하나,
10 그들은 정녕 그를 받아들이려 하지 아
니하며, 이해할 수 없으며, 이해하지
않으려 함이니라.
11 그러니 이 자체가 벌써 너희들과 그들
과의 거리가 있음이니, 너희들의 영혼
은 살아 있으며 그들의 영혼은 죽어
있음이니라.
12 그것이 차이이니라.
13 아무리 살아 있는 영혼이 죽은 영혼에
게 이야기를 해도 듣지 않으려 함이
니, 듣지 못함이니라.
14 너희 인간관계에서 육신이 죽어진 자
에게 너희들이 아무리 육으로써 언성
을 높이고 소리를 질러도 그가 들을
수 있으며 그가 볼 수 있는가?
15 아무리 통곡하며 울고불고해도 그것

을 들을 수 없는 것이 너희들의 죽음 이니라.
16 육신이 썩어져 가는 그 앞에 아무리 어떠한 형국으로 하여 육의 인간관계의 정을 위하여 너희들이 눈물을 흘린다 하여도 정녕 그들은 들을 수가 없음이니라.
17 그와 같으니라.
18 지금 나의 계명을 지킬 수 있고 지켜야만 된다 하며, 지키고 살 수 있다 말하며, 지키고 살겠다 말하는 너희들은 영이 살아 있어 나를 향하여 오르며 나에게 오르는 그 빛을 보고 달려오고 있으나,
19 그를 지킬 수 없다는 그들의 영혼이 죽어 있음이니,
20 그 죽어 있는 영혼에게 너희들이 아무리 그리 외치고 말을 해도 그들은 들을 수가 없으며 듣지도 못함이니라.
21 이 차이가 있음이니라.
22 그러한 영혼을 어찌 깨우치고 어찌 인도해야 되겠는가?
23 이것이 너희들의 어려운 과제이며 너희들이 넘어야 할 벽이니라.
24 그 벽이 너무나도 두텁고, 그리고 너무나도 많은 영혼들이 일찍 죽어 있음이니,
25 오래 죽어 있는 그 영혼일수록 살릴 수 없으니, 잘못 믿는 그 종교 집단에 가 몸을 담은 세월이 오래된 자일수록 너희들의 말을 들으려 하지 아니하며, 너희들의 뜻을 받아들이려 아니하며, 너희들이 하는 말을 일체 묵살해 버리며 생각해 보지도 않으려 하며,
26 그 많은 믿음의 세월 동안 깊어진 자들이 그러하니,
27 그 영혼이 그렇게 오래전에 죽어 있기 때문이니 그들이 더 많이 알아들을 수 없음이니라.
28 사랑하는 선지자야!
29 "네, 여호와 하나님! 말씀하옵소서."
30 지금의 형태가 그와 같은 형국에 이르러 있으니,
31 너희들은 너희들의 위치를 다하며 너희들의 할 일을 다하는 것이 그들을 구하는 길이라 함을 알려 주라.
32 그들을 너희들이 설득하려 들지 말며, 그들과 시시비비를 하지 말며, 그와 같이 돌아설 수 없는 자, 죽어진 자, 오래된 자를 너희들이 살리려 그리 애달파하지 말라.
33 너희들 자신이 나의 계명을 지키고 십계명대로 살며 나의 율법대로 아름답게 사는 데 최선을 다하며, 너희들의 직분을 다하며, 너희에게 주어진 그 모두를 다하며,
34 나의 성령으로 내려진 나의 법전을 읽고 깨우친 그 내용대로 너희들이 지키고 살아가고자 최선을 다할 때,
35 너희들 자신의 영혼을 구원받으며, 나 여호와를 기쁘게 하며, 나 여호와가 너희들을 구원하여 준다는 것을 알고 너희들 자신만이 최선을 다하는 그러한 삶을 살라.
36 너희들이 나의 계명을 지키며 나의 법전대로 최선을 다하여 살아가고자 노력하고 애쓸 때, 그때만이 너희들의 영혼이 더 강성해지고, 영혼의 높이가 나에게 더 많이 접근해 와 있으며,
37 멀리서 나의 빛을 바라볼 수 있는 그

와 같은 단계에 너희들이 올라섰을
때, 그때 그들은 너희들을 보고 깨우
침이 있을 것이며, 죽어진 영혼이 숨
을 쉴 수 있는 그러한 은혜와 영광을
받을 수 있는 자가 있으며,
38 그렇지 못하고 영원히 죽어진 그 상태
로 지옥 불로 가는 영혼이 있음이니,
39 그들이 구원을 받고 못 받는 것은 그
들의 선택임이니라.
40 너희들이 지금 육 안에 있는 죽어 있
는 그 영혼들을 살리고자 그리 애쓰지
말라.
41 너희들이 볼 때 아직 영이 죽어 있지
아니하는 자, 얼굴이 선하며, 마음이
고우며, 하는 말이 아름다우며, 하는
말이 부드러우며, 너희들이 깨우쳐 주
고자 하는 나의 성령의 그 뜻을 받아
들이는 자가 있느니라.
42 그들을 너희들이 구원할 것이지, 험악
한 자, 죽은 지 오래된 자, 그리고 죽
어서 도저히 구원받을 수 없고 살릴
수 없는 그 영혼들을 위하여 너희들이
노고와 수고를 하지 말라.
43 아무리 너희들이 진리를 이야기하고
옳은 말을 하며,
44 '계명을 지키는 것이 영혼이 사는 양
식이며 그대로 살 수 있다, 그대로 지
킬 수 있다, 나도 다 살고 있다, 나도
이와 같이 잘못 살았지만 지금은 깨달
아 가고 있다, 그리고 깨달아 온 내가
지금에 와서 볼 때 십계명이라는 것은
아무것도 아니다,
45 차 한 잔 마실 수 있는 그보다 더 쉬운
것이 지킬 수 있는 것이지 않느냐?
46 살인하지 말라 하였으니 살인하지 아
니하면 될 것이고, 도둑질하지 말라
하였으니 도둑질하지 아니하면 될 것
이고,
47 거짓 하지 말라 하였으니 거짓 하지
아니하며, 간음하지 말라 하였으니 간
음하지 말며,
48 이웃의 것을 탐내지 말라 하였으니 탐
내지 아니하고 그대로 살면 그보다 더
쉬운 것이 없다.' 말하나,
49 그들은 온갖 변명과 거짓을 다 붙여
대며 그리 살 수 없는 것이라 하며, 너
희들을 그리 산다고 인정하지 아니하
며 너희들에게 핍박만 할 것이니라.
50 그러한 자 있거든 너희들은 그러한 자
를 구원하지 말라.
51 다만 그들에게 말하라.
52 '네가 십계명이라는 것을 다시 한 번
암송하고 깨달아 보라. 하나님이 내리
신 그 계명이 지금 죽어져 있는 네 영
혼을 살리는 영양 공급처이니, 그 영
양의 공급을 받고 못 받는 것은 너희
자신이니, 십계명을 놓고 깨우쳐 보
라.' 그리 이르라.
53 그것만이 너희들이 그들을 위하여 해
줄 수 있는 최선의 방법임을 잊지 말
라.

2,005 번째 하나님 말씀

2002년 3월 9일 18시

1 사랑하는 선지자야!
2 **"네, 여호와 하나님! 말씀하소서."**
3 내가 너희들에게 내린 계명 중에 '나
여호와 외에 다른 신을 네게 있게 하
지 말라.' 하였음이니, 이가 얼마나 소

중하고 귀한 말의 뜻인지 너희들이 알
겠는가?
4 이를 어기고 이를 지키지 못하는 자,
무수히 너희들에 의하여 잘못 가는 그
길을 가고 있음이니 그리 알아야 할
것이니라.
5 지금 나의 선지자를 통하여 나의 성령
을 태워 세상에 내려보냄이니,
6 이 법전을 받아서 기록하는 너 이외에
는 나 여호와가 누구도 그들을 터치함
이 없으며 그들에게 어떠한 깨우침을
주지 아니하며 그들과 내가 교통함이
없음이니,
7 이를 너는 너의 제자들에게 알려 주고
깨우쳐 줘야 될 것이니라.
8 지금 내가 너에게 나의 성령을 태워
세상에 내려보내, 나의 백성들을 제3
의 시대에서 천 년에 걸쳐 새로운 역
사를 이루며,
9 새로운 땅 위에 새로운 나의 피조물
만백성이 곱고 아름다운 천사와 같은
자들만이 존재하여 하늘에서 이루어
진 것같이 이 땅에서 이루고자 하는
그 역사가 지금 시작되었음이니,
10 이게 천 년에 걸친 역사이니라.
11 그 역사를 이루기 위하여 그 최초의
시작함이 나의 성령을 너를 통하여 내
려보내어 법전으로써 나의 피조물 만
백성을 구하고자 함이니,
12 너를 통하는 성령 외에는 누구도 내가
어떠한 방법으로든, 어떠한 뜻으로든
그들에게 내가 임하지 아니하며 그들
에게 내가 깨우침을 전하지 아니함이
니,
13 이와 같은 뜻을 너의 제자들과 나의
법전을 읽는 백성에게 가르쳐 줘야 될
것이니라.
14 너 외에는 있어서도 아니 되며 있을
수도 없음이니라.
15 나의 법전이 제3의 시대를 열어 너를
통하여 나의 법전을 세상에 내보내기
전에 많은 나의 피조물 만백성에게 내
가 조금씩의 깨우침과 하늘의 길을 보
며 하늘을 바라보는 깨우침을 일부 그
들에게 내려 터치하여 놓았음이니, 이
제는 그들의 모두를 다 접어 둠이니라.
16 그들이 다 나의 법전에 따라 하늘에
오르는 길을 향하여 가며,
17 너를 대신하여 나의 피조물 만백성에
게 쉽게 그리고 빨리 알아들을 수 있
도록 깨우치기 위하여, 그들을 쓰기
위하여 내가 가르쳐 주었음이니,
18 이제는 그와 같은 것이 다 끝을 맺었
음이니라.
19 그리하여 어떤 이도 그와 같은 것을
지금 받고 있다, 받았다 말하는 자는
잘못되어 있음이니, 이를 알아야 될
것이니라.
20 내가 너희들에게 일러 '나 외에 다른
신을 네게 있게 하지 말라.' 하는 것은,
21 사악한 마음들을 갖고 있으며, 저 스
스로 잘못 영을 받아, 제가 나에게 명
을 받았으며 나에게 깨우침을 들었으
며 나의 어떠한 지시를 받았다 하며,
그리고 나의 음성을 들었으며 나의 형
체를 보았다 말하는 자, 이게 다 자기
자신의 착각이니라.
22 자기 망상에서, 자기 생각에서, 자기
기호에서, 자기 스스로 명상으로써,
자기가 깨우치고자 노력하는 그와 같

은 뜻에서 그 형국이 이루어짐이니,
23 그들이 인간사의 깨우침보다 좀 더 높
이 스스로 깨달아 왔으며 깨우쳐 와서
그 깨달음에 의하여 그와 같은 것을
얻게 됨이니라.
24 이는 내가 그들에게 명하며 그들에게
들려주며 그들을 깨우치는 것이 아니
라, 그들이 인간사의 깨우침보다 한두
계단 더 높이 와 그들의 마음이 열려
있음이니,
25 그리하여 그들이 그와 같은 착각을 하
게 되며 그와 같은 생각을 하느니라.
26 그들이 마음으로써 잘못하는 것은 저
희 마음을 저희 자신이 스스로 믿는
것이며,
27 즉 말하자면 그들은 잘못하여 다른 영
들을, 다른 잘못된 것을 착각 속에 그
리 믿고 가는 것이니,
28 이게 바로 나 외에 다른 신을 그들에
게 있게 함이며 그들이 깨우쳐 가고
있음이니,
29 그들이 잘못 가고 있는 것을 네가 바
로잡아 줘야 될 것이니라.
30 진리는 하나라 하였으며 하늘에 오르
는 길은 하나라 하였음이니라.
31 모두는 내가 160권이라는 그 길고도
많은 나의 법전을 세상에 내보내 나의
피조물 만백성이 나의 법전을 보고 깨
우쳐 하늘에 오르는 길을 알게 하며,
나의 백성들을 새로이 태어나는 백성
으로 만들고자 함이니,
32 이는 한 길밖에 없음이니라.
33 두 길이 있을 수 없으며, 두 사람이 없
으며, 두 가지의 진리가 없음이니라.
34 진리는 하나이니라.
35 지금 나의 선지자를 통하여 내가 법전
을 세상에 내려보내니,
36 이 160권이라는 길고도 긴 법전 속에
깨우침이 다 있으니,
37 그것 말고 또 깨우침이 있다 하면, 그
들에게 그것을 내보이며 제시해 보라
하라.
38 내가 정녕 나의 선지자를 통하여 내려
보내는 이 나의 성령의 뜻이 아니면
160권이라는 나의 법전을 기록할 수
도 없으며,
39 그 속에 너희들이 살아갈 수 있는 모
두가 다 들어 있으며, 하늘에 오르는
길이요, 깨우침이요, 구원을 받는 길
이며 기도하는 방법이 그 속에 다 있
음이니,
40 그다음에 무엇이 또 필요하며 무엇이
더 있어야 하겠는가?
41 이보다 더 위대한 나의 성령을 받아
기록하는 역사가 있으면 물어보라.
42 그들은 그리하여 저희들이 깨우쳤다
하며 깨우침을 얻었다 하나, 그들은
끝이 없으며 결과가 없음이니라.
43 잠깐 무엇을 깨우치고 무엇을 얻었다
하여 말로써 그들이 대화하니, 그들이
몇 가지나 알면서 몇 가지를 깨우쳤다
하여 그리 말하는가?
44 인간 세계에 자기 자신을 다스려 자기
자신의 육신의 그 깨달음과 좀 더 밝
은 세계를 볼 수 있다 하여 나로부터
성령이요, 내가 임하여 그들에게 깨우
침을 주었다 말하는 것은 그들의 착각
이며 그들의 환상이니라.
45 그들이 마음에 스스로 그 영을 존재하
게 함이니,

46 이게 바로 더 깊어지고 더 그를 맹종
하다 보면 그들은 그 자신이 스스로
다른 신을 저희들의 마음에 있게 하는
그와 같은 불행한 길을 스스로 선택하
며, 나와는 아무런 관계도 없는 그와
같은 길로 가게 됨이니라.
47 그리하여 그들이 너를 핍박하고 공격
하게 됨이니라.
48 저희들이 받은 정녕 바른길이 있고 똑
바른 길이 있으며, 하나님으로부터 저
희가 직접 받았으며, 저희들에게 하나
님의 성령이 임하였으며,
49 내가 저희들을 터치한다 생각하는 자
들이 지금 네가 나의 성령이라 하여
이 법전 160권을 기록하는 그것을 보
고 그들이 그를 공격하며 이단이요,
사탄이라 말할 수 있으며,
50 오로지 저희들이 받은 것이 옳다고 이
야기할 수 있음이니라.
51 그러나 그들이 몇 가지를 알고 있으며
얼마나 그들이 깨우쳤는가?
52 내가 선지자를 통하여 160권 속에 기
록하는 그 내용을 그들이 몇 분의 일
을 아는가?
53 그리고 16권의 법전 일부가 나간 그
내용 속에서 저희들이 얼마나 알고 있
는가?
54 그들이 깨우치고 있는 것은 몇 장의
나의 법전을 넘기는 것만큼도 알지 못
하면서 그를 가지고 나의 16권의 장
서가 기록되는 이것을 이단이요, 사탄
이라 하며,
55 저희가 최고요, 저희만이 하나님에게
축복과 영광을 받아 저희들이 새로운
나라를 건설하며 새로운 땅을 만든다
는 그와 같은 착각 속에서 살아가는
그들이
56 그것이 더 깊어지고 자기 자신에게 빠
지게 되며 자기 자신의 착각을 이루기
시작하면, 그게 바로 다른 신을 그들
에게 있게 하는 그와 같은 형국이니라.
57 즉, 이는 나의 수천 년 역사가 흐르는
동안 나의 계명을 버리고 저희들만이
하늘에 오를 수 있는 길이요,
58 그것만이 하늘에 오를 수 있는 길이라
는 그 외골수의 고집 때문에 남들의
아름다움을 보지 못하고 진실을 보지
못하며 지금 살아오는 종교의 믿음을
가지고 있는 그들과 똑같은 형국이 벌
어지게 됨이니라.
59 여기서 너의 제자들에게 일깨워 주고
가르쳐야 될 것이니라.
60 진리는 한 길이며, 하늘에 오르는 길
은 한 길이라는 걸 내가 너희들에게
깨우쳐 주지 아니하였는가?
61 오로지 한 시대에 한 사람이니라.
62 내가 나의 예수를 통하여 나의 피조물
만백성을 구하려 할 때에도 나의 예수
한 사람을 통하여 그로부터 가르치게
했으며 그로부터 깨우치게 했던 그 역
사가 지금까지 흘러오지 아니하는가?
63 다만, 너희들이 그를 왜곡되게 받아들
였으며 왜곡되게 공부를 하였으며 왜
곡되게 가르쳤음이니,
64 그는 바로 너희들의 육신의 편안함을
위해서 먼저 생각하며 육신의 영달과
세속적인, 너희들이 말하는 부귀와 영
화와 출세라는 것을 먼저 앞세우고,
너희들이 그곳에 초점을 맞추다 보니
지금과 같이 험악한 세상이 되었음이

니라.
65 나의 아들을 통하여 가르치고자 했던
그 뜻을 너희들이 육을 버리며 영의
세계의 영을 구원하고자 그리하였다
면,
66 구약의 시대에서부터 십계명을 지키
는 것만이 하늘에 오르는 길이라 그리
다스려 왔더라면 지금과 같은 이런 험
악하고 험악한 세상은 이루어지지 아
니하였을 것이니라.
67 너희들은 나의 성서에 기록된 나의 성
령이 얼마나 위대하고 소중한 것인가
를 깨닫는다면, 그 속에 들어 있는 모
든 내용은 육을 위하여 그리 존재하는
내용들이 아니니라.
68 그러나 너희들은 그 내용 중에 그 모
두를 다 육에 초점을 맞추며 육에 의
하여 가르치고 그리 배워 오고 있음이
니,
69 나의 성서의 위대함 속에 기록된 그
모든 것은 죽어 내 앞에 오지도 못하
는, 나와는 관계없는 육을 위해서 기
록한 것이 아니라, 오로지 영을 위해
서 기록한 것임을 알라.
70 이제는 지금이라도 종교 지도자들이
깨우쳐야 될 것이니라.
71 모든 것을 육에 초점을 맞췄던 너희들
의 가르침을 이제는 영에 초점을 맞춰
야 될 것이니라.
72 두드리면 열릴 것이요, 십일조를 바치
라 하는 것은 재물로써 하는 것이 아
니라,
73 나 여호와의 뜻과 내가 원하는 것을
깨닫고 그를 듣기 위하여, 나의 음성
을 듣기 위하여, 내가 가르치는 그 뜻
을 듣기 위하여,
74 내가 전하고자, 내가 이루고자 하는
그 하늘나라의 뜻을 두드려서 보며 달
라 하여 구원을 얻으라 함이니,
75 지금 나의 음성을 들을 수 있는 것은
너희들이 구하라 하는 것이며, 두드려
서 나에게 들으라 하는 것이며, 나에
게 매달리라는 그러한 뜻이니라.
76 육을 위한 재물을 주며 금화를 주는
것이 아니니라.
77 그리하면 너희들이 하나 깨우쳐야 될
것이니, 바로 십일조라 하는 그 자체
가 너희들이 나에게 재물을 바치면 그
득히 준다는 그런 허황된 생각을 하지
말라.
78 그리고 어찌하여 재물을 바치고 재물
을 더 받아 가는가?
79 그 재물을 주고받는 것은 육의 세계이
지 영의 세계가 아니니라.
80 너희들이 십계명을 아름답게 지켜 거
기서 깨우쳐 와 일반 세속에 있는 사
람들과 다른 생활을 하여, 너희들 스
스로 깨끗이 정화된 그 몸과 너희 영
혼을 나에게 바치는 것이 마지막 십일
조니,
81 그것을 내가 받아 구원하고 안 하고는
내가 선택하는 것이니,
82 그게 바로 너희 영혼을 바치는 것이
며, 십계명을 지키고 살아온 그 조목
조목 아름다운 것이 십일조며,
83 십일조를 바치는 그 기초요, 마지막
그를 준비하여 너희들은 영혼을 바치
는 것이지, 재물을 바치는 것이 아님
을 여기서 깨달으라.
84 그와 같이 너희들의 육의 생활이요,

육의 영화를 위하여 하는 것이 아니라,
85 진정 영혼을 위하여 하는 그 길이라는 것을 알고, 영혼을 위하여 너희들이 성서에 초점을 맞추고 영을 위한 것으로 깨달아 크게, 넓게, 위대하게 깊이 나의 그 성서를 깨닫고 가르친다 하면 이와 같은 험악한 세상을 너희들이 또한 막는 일익을 담당할 것이니라.
86 그리고 내가 새로운 시대를 열고자 하는, 새로운 나라를 건설하고 이루고자 하는, 그리고 영원히 너희들이 살 낙원을 이루고자 하는 이 뜻에 너희들이 나를 따라오는 자들이 될 것이며,
87 이 법전의 내용을 읽고도 너희들이 육을 위하여 두드리고 구하며, 육을 위하여 재물을 바치며, 십일조를 바치며, 헌금을 바치며 각종 너희들이 붙여 대는 이름 속에, 평생 피를 짜는 그 고통 속에서 그를 바치고 가는 자,
88 그와 같이 인도하는 자, 그를 바치며 그대로 가는 자는 영원히 구원을 받을 수 없음을 알라.
89 성서, 바로 나의 성령이요, 나의 뜻이 무엇이더냐?
90 나는 영의 세계의 가르침을 너희들에게 깨우쳐, 너희들이 육의 삶을 마치고 하늘에 오를 수 있는 그 뜻을 가르쳐 주고 있음이니,
91 나의 모든 성서의 가르침을 너희들이 육 쪽에 맞추지 말라.
92 죽어 흙으로 가는 육신에 대한 것에 너희들이 모두 세속적으로 맞추어 그를 비추어 본다 하면, 세속에서 살아가는 백성을 구하고자 하는 나의 성령이요, 성서가 잘못 비춰짐이니라.
93 나의 성서가 너희들의 육 속에서 살아가는 그 생활의 지표로 삼으며 그를 위하여 너희들이 주고받는 그와 같은 성서라 하면 너희들을 가르칠 수 없고 이끌어 갈 수 없음이니라.
94 성서는 육의 세상을 떠나 영의 세계의 아름다움을 비추며, 영에서 구원을 받고자 하는 그 뜻을 가르치는 선생과 같은 것으로서,
95 너희들은 그리하여 영 쪽에 이를 맞추어 바라보는, 그 구절을 읽고 깨우쳐 너희들 것으로 만드는 그와 같은 깨달음을 알아야 될 것이니,
96 그를 모르는 자는 나의 그 아름다운 영의 가르침을 가지고 육 속에 들어가 육의 세속적인 것에 휘말리니,
97 그 속에서 잘못 가르침으로부터 사악하고 험악한 세상을 만들어 놓는 것이 지금 너희들의 형국이니 이를 깨우쳐 알아야 될 것이니라.
98 예수의 그 시대도 마찬가지였느니라.
99 내가 예수 한 사람을 통하여 너희들 피조물 만백성을 구하려 하였으며 전하려 하였던 그 뜻이 지금과 같이 바르게 전하여졌다면 오늘과 같은 시대가 이루어지지 아니하였음이니라.
100 그러나 그는 말로써 전하고 깨우침에 따라서 또한 오류를 범하게 되었음이니라.
101 그리하여 그 예수 한 사람을 통하여, 나의 아들을 통하여 세상에 반백성 너희들을 바른길로 이끌려 했듯이 지금도 마찬가지이니라.
102 두 사람, 세 사람, 열 사람으로 하여금 그를 깨우치고자 함이 아니니라.

103 단 하나의 나의 선지자뿐이니라.
104 나의 성령을 받아 기록하는 것은 나의
선지자 한 사람이요, 둘이 아님이니,
너희들이 이 위대한 뜻을 알아야 될
것이니라.
105 그리하여 내가 너희들에게 말하여 일
러 주었느니라.
106 예수를 통하여 나의 피조물 만백성 너
희들을 구하고자 모든 나의 성령을 전
해 가르쳤으며,
107 또 예수를 통하여 기도함으로써 너희
기도를 들어줄 수 있고 듣도록 그리
만들어져 있는 것이니라.
108 바로 한 사람을 통하여 듣고 내림이니
라.
109 내가 지금 제3의 시대를 열어 나의 성
령을 마지막으로 태워 나의 피조물 만
백성을 구하고자 하는 그 역사 또한
나의 선지자요, 나의 종이요, 나의 아
들 한 사람만을 통하여 이 모두가 전
하여지며,
110 그를 통하여 너희들이 드리는 그 기도
가 나에게 들려옴이니,
111 이는 곧 나의 아들, 나의 선지자를 통
하여 너희들이 기도를 드리고 그리하
여 오른다는 것이 아니라,
112 너희들이 기도하고 나의 법전을 읽고
나에게 기도하는 방법을 배우며 그대
로 기도하며 법전대로 살아가면 그게
나의 선지자를 통하여 그 기도 소리가
나에게 올라옴이니,
113 이와 같은 이치를 너희들은 알아야 할
것이니라.
114 두 사람의 지도자가 있을 수도 없느니
라.
115 너희들의 작은 집단이요, 작은 행동이
요, 작은 모임에도 머리가 둘이면 어
찌 되는가?
116 혼란과 불화와 반목으로써 아무것도
이루어지는 것이 없는 것이니라.
117 너희들 인간사에, 너희들이 살아가는
그 집단에 권력이라는 것도 두 사람,
세 사람이 나누어 쥘 수 없으며 나눠
서 통제할 수 없음이니라.
118 항상 반목과 불협화음이 생기는 것이
니라.
119 너희들의 생활에서 작은 집단에도 두
세 사람이 같은 권력을 가지고 나눠
쥐는 자가 없는 것이며, 그리 또 통제
자가 다른 것이니,
120 이 법전은 나의 피조물 만백성을 영원
히 구원하는 나의 성령이요, 천년만년
이 지구가 없어지고 이 지상이 없어지
는 그때까지 영원히 지속됨이니라.
121 나의 낙원이 없어질 리 없으며 부서져
깨질 리 없으니, 영원히 지속되는 나
의 가르침이요,
122 나의 피조물 만백성을 구원하며 인도
하고자 하는 나의 성령을 태워서 내려
보내는 것이 두 사람을 통해서 통제할
수 없으며 세 사람을 통해서 통제할
수 없음을 너희들이 깊이 깨우치라.
123 지금으로부터 너희들이 나의 성령을
받아 기록하는 나의 선지자를 통하여
160권이라는 이 법전이 내려가며,
124 그 후로 계속 선지자가 죽어 갈 때까
지 기도하여 기록을 남기는 이것보다
더 위대한 가르침이 있거든 너희들이
말하라.
125 이와 같은 역사를 이룰 수 없으며, 나

의 법전과 같이 피조물 만백성을 구하는 것이 이 세상에 두 번 다시 없다 하면, 너희들은 이는 정녕 나의 성령으로써 내가 한 사람을 통하여 너희들을 구하고자 하는 뜻임을 알아야 할 것이니라.

126 너희들이 만들어 쓰는 글이요, 만들어 기도하는 것도 너희들이 어디까지 할 수 있는가?

127 너희들이 한번 그림으로 그리고 글로 써 보라.

128 이는 내가 선지자를 통하여 듣는 것이 아니니라.

129 내가 그를 통하여 나의 뜻을 내리며 나의 뜻을 전함이니,

130 그는 듣는 것으로써 기록하며, 받는 것으로써 그가 법전을 만들어 세상에 내보내는 것이니, 여기에 차이가 있음이니라.

131 너희처럼 만들어서 기도하여 선지자가 이 법전을 만드는 것이 아니라, 내가 내리는 나의 성령의 뜻을 그저 기록하여 그는 책으로 만들어 전하는 임무만 하니, 대역자의 역할을 하고 있음이니라.

132 그가 위대한 것이 아니니라. 그가 능력을 발휘하는 것이 아니니라. 그리고 그가 기적을 이루는 것이 아니니라.

133 나의 선지자는 그저 나의 뜻에 따라서 나의 법전을 세상에 내보내, 나의 피조물 만백성이 나의 법전을 읽고 깨우쳐 하늘에 오르는 길을 알며 기도하는 방법을 알며 나를 경배하는 것을 알면 되는 것이니라.

134 이제는 기적을 이루며, 역사를 이루며, 너희들이 이야기하는 구약과 신약이요, 예수가 이룬 환상의 그러한 것을 너희는 바라지 말라.

135 그것으로써 너희들을 잡을 수 없고 너희들을 다스릴 수 없으며,

136 그와 같은 시대에 흐르는 6천 년의 역사, 하늘의 6일이라는 그 역사가 잘못 흘러왔음이니,

137 이 잘못 흘러온 역사를 바로잡기 위해 내가 제3의 시대를 선택하였으니, 이는 무엇이더냐?

138 바로 나의 성령이니라.

139 나는 나의 성령을 통하여 만백성에게 전하며,

140 그는 그를 기록하여 책으로 만들어 나의 피조물 만백성 대대손손, 이 지구가 멸망하지 않는 한 영원히 보존되며 기록되어,

141 이를 보고 깨우치는 백성만이 하늘에 오르는 나의 백성이 되어 그들이 사악한 무리들을 밀어내고 그 사악한 무리들이 이 아름다운 낙원에 뿌리를 내릴 수 없는 그 역사를 이루는 기초요, 기본인 나의 법전은 오로지 한 사람이면 족함이니라.

142 나의 선지자 한 사람을 통하여 내가 160권의 나의 성령을 기록하여 내려 보낸다면 두 사람이 필요 없으며 세 사람이 필요 없음이니라.

143 한 사람이면 되는 것이기 때문에 한 사람을 통해서만 이루느니라.

144 둘이 이룰 수 없음이니라.

145 두 사람의 선지자가 있을 수 없으며, 예언자가 있을 수 없으며, 나의 성령을 받아 전하는 자가 있을 수가 없음

이니,
146 지금으로부터 어떠한 사람이 어떤 것
을 나로부터 받았으며 어떠한 것을 들
었으며 나로부터 선택되었다 말하거
든,
147 그는 그 자신이 스스로 환상에 젖어
있으며, 그가 깨우쳐 하늘에 오르고자
하는 그 노력에 의하여 그 깨달음이
몇 계단 올라와 있어 그 자신이 스스
로 깨달은 것이니,
148 그를 착각하지 말도록 그들에게 깨우
쳐 주라, 선지자야!
149 그리고 너의 제자들에게 이 뜻을 알려
야 될 것이니라.

2,006 번째 하나님 말씀

2002년 3월 9일 21시 30분

1 사랑하는 선지자야!
2 **"네, 여호와 하나님! 말씀하옵소서."**
3 나의 피조물 만백성에게, 그리고 너를
따르는 너의 제자들에게 이르라.
4 앞에 있는 것을 보는 삶을 살지 말라,
멀리 보고 넓게 보고 또 깊게 생각하
는 그와 같은 삶을 살아가라 그리 깨
우쳐 주라.
5 너희들이 앞을 보고 사는 것은 너희들
의 삶이 육신에만 젖어서 사는 그와
같은 것이니라.
6 하늘에 오르는 길이요, 나를 볼 수 있
으며, 나에게 너희들이 올 수 있는 것
은 넓고 멀고 그리고 깊이 보는 그 마
음의 안정이 필요하니라.
7 이제는 나의 성령의 뜻을 너희들이 접
하여 읽고 깨우치며, 그리고 내가 선
지자를 통하여 너희들에게 내리는 나
의 성령의 뜻을 직접 듣고 깨닫고 배
우는 너희들의 삶은 지금 육신에 사나,
8 너희들이 사는 것은 나의 나라에 와
나의 법도와 나의 뜻에 따라 살아가는
너희들이 되어야만 하는 것이니라.
9 너희들이 정녕 인간사에 살면서 나의
뜻을 따르고 나에게 오르는 길을 보며
구원을 받을 수 있는 것은 너희들이
지금의 세속의 인간관계에서 사나, 너
희들이 생활하는 것,
10 지키는 것, 그리고 행동하는 것, 그 모
두는 나의 계명에 따라 너희들이 나의
나라에 와서 사는 그와 같은 깨달음을
갖고 그리 생활하고 살아야만 너희들
이 변하여 올 수 있다는 것을 너의 제
자들과 나의 법전을 깨우치는 백성들
에게 일깨워 줘야 될 것이니라.
11 나의 법전을 접하며, 나의 뜻을 접하
며, 나의 선지자가 너희들에게 전하는
그 나의 음성이요, 나의 가르침을 듣
는 너희들은 그 순간부터 인간의 세속
에 살아가는 것을 다 내려다볼 수 있
으며, 그가 옳고 그름을 너희들이 바
라볼 수 있으며,
12 이 삶이 잘못된 삶이며, 너희들이 잘
하고 못하며 옳고 그른 것을 분별하는
안목의 자리가 잡히며, 너희들이 그와
같은 사고력을 갖게 됨이니라.
13 이것이 너희가 다른 사람들과 다르며
나의 피조물 다른 백성들과 다름이니
라.
14 내가 너희들에게 일러 수천 년 동안
믿음이라는 길을 왔으며,
15 저희들이 광신적으로 모두를 다 바쳐

믿고자 하며, 하늘에 오르고자 매달리
고 애간장을 태우는 그와 같은 구원의
길을 바라보며 저희들이 슬픔의 기도
와 눈물의 기도로써 나에게 호소하며
단잠을 자지 아니하며 나에게 오르겠
다, 나에게 구원을 받겠다 그들이 부
르짖고 기도하고 경배하느니라.
16 그러나 그들은 옳고 그름의 그 분별을
못 함이니라.
17 그들을 그와 같이 만든 것이 지금 종
교 지도자들이니라.
18 그들은 그리하여 사고력이 무뎌졌으
며, 판단하는 것이 무뎌졌으며,
19 어떤 것이 인간사의 도리며 인간 세속
에 사는 법도인지 그것마저도 그들은
깨달을 수 없는 무능한 자들이 되어
가고 있음이니라.
20 그저 저희들은 인간 세속의 삶을 살다
가 죄를 짓든 말든 살면서,
21 저희들은 저희들이 이끄는 그 성전에
와 재물을 많이 바치며 기도하고 회개
하고 눈물로써 반성하면 구원을 받는
다는 그와 같은 가르침 속에,
22 또한 나의 아들 예수의 그 피가 어찌
된 피기에 그 보혈로써 은혜를 받았다
는 이런 착각과 환상 속에서 그들이
살아나가기 때문에 그들이 그것을 벗
어나지 못하고 있음이니라.
23 그리하여 그들이 그 속에서 벗어나지
못하기 때문에 그들은 천년만년을 신
다 해도 저희들이 깨달음이 없으며 사
고력이 없어짐이니라.
24 그러니 이것이 얼마나 불행하고 안타
까운 일이던가?
25 너의 제자들에게 물어보라.
26 사고력과 판단력이 없어진다면 그게
정녕 인간으로서 사는 도리인가?
27 인간으로서 짐승과 다른 점이 무엇이
더냐? 그리고 남에게 속해서 끌려가
는 그와 같은 삶을 사는 것이 무엇이
더냐?
28 사고력과 판단력과 자제력을 잃고 살
아가는 것뿐이니라.
29 그들은 저희들이 평생, 죽어 가는 그
몇십 년 동안을 예수의 이름으로써 구
원받았다는 그 착각과,
30 그리고 그저 재물을 갖다 바치고, 죄
를 짓고 도적질하고 잘못하였어도 용
서 빌고 회개하고 눈물의 기도를 드리
면 그를 다 용서받을 수 있고 구원받
을 수 있으며 새로 태어나는 사람으로
착각하며,
31 그리고 세 치의 혓바닥으로써 앞과 뒤
가 다른, 진정한 하늘의 뜻이 무엇인
지 모르고 성서의 가르침의 그 깊이조
차도 모르는 그들이 육의 삶과 육신의
연답과 저희들의 출세와 저희들의 부
귀영화를 위하여 그저 너희들을 맹종
하도록 끌고 가는 그들 앞에서, 그들
의 음성만 듣고 그들의 뜻에 따라 재
물만 많이 갖다 바치면 구원의 길이
요, 하늘에 올라간다 하며,
32 심지어는 하늘에서 받지도 않고 쌓아
놓을 수도 없는 그 재물을 그득히 쌓
아 놓는 자는 그 재물에 따라서 구원
의 복을 받고 구원을 받는다 그리하여
재물을 거둬들이는 그들 앞에 가서 너
희들이 맹종하며 모두 이성을 잃고 살
아감이니라.
33 지금까지 너희들의 믿음의 길에 온 자

들이 이성을 잃으며 자기 자신을 잃어
버렸다 내가 너희들에게 말하느니라.
34 그들은 부모 형제, 우애 관계도 모르
며, 인간사의 삶의 근본이나 도리도
다 접어 둠이니라.
35 그저 '아멘! 할렐루야!' 하며, 그저 목
탁 두드리는 소리에 귀 기울여 절하고
경배하면 구원을 받는다 생각하니, 부
모와 형제와 모든 인간의 근본의 자세
를 다 버리고 살아가는 그들이니, 그
들이 어찌 자기 자신을 망각하고 사는
사람이 아니라 말할 수 있겠는가?
36 이와 같은 삶을 살아서는 아니 되는
것이니라.
37 그리하여 그들은 사고력이 없어졌음
이니라. 판단력이 없어졌음이니라.
38 너무나 한 곳에 치우쳐 빠졌으며, 저
희들이 모두가 다 환상적인 그 착각에
빠져 달려가는 것이, 지금의 살아가는
그 형태가 가장 아름답고 훌륭한 방법
이며, 그 길을 가는 자만이 위대한 자
들이며,
39 나머지는 다 짐승같이 보이며, 사람으
로 보이지 아니하니, 저희들이 믿는
종교 속에 와서 같이 가지 않는 형제
요, 부모를 그들은 사람으로도 보지
아니함이니라.
40 이와 같이 그들이 낳아 준 부모요, 같
은 형제의 모든 관계를 저버리고 잊어
버리며 오로지 믿음이라는 것에 맹종
을 하며 시달리고 있으니,
41 이 얼마나 안타깝고, 그들이 자기 자
신의 자제력을 잃었다 말할 수 있겠느
냐?
42 주일이요, 모든 시간이요, 저희들이
재물을 갖다 바치며 모든 시간의 노동
력을 다 바쳐, 이웃의 슬픔과 제 형제
와 부모 형제의 돌아가는 그 모두까지
도 다 버리고 살고 있음이니, 오로지
한 길이니라.
43 저희들이 구원을 받겠다는 것, 그리고
또 구원을 받았다는 것, 그리고 죄를
짓고도 그 재물만 바치면 용서받는다
는 것, 얼마나 저희들이 편리하고 안
일한 방법으로 가고 있는가?
44 거기에 그들은 매료되어서 무슨 말을
하는지, 무엇을 가르치는지 듣지 않으
려 함이니라.
45 그리하여 그들이 옳고 그른 그 모두를
보지 아니하며 듣지 않으려 함이니라.
46 내가 성령으로써 직접 나의 선지자를
통하여 내린 이 법전에 정녕 나 여호
와를 찾지 않는 곳이 없으며,
47 하루하루의 그 기도가 내가 불로써 써
내린 십계명을 암송하지 아니하고 십
계명을 지키겠다는 약속을 하지 아니
하며 쓴 대목이 없으며,
48 그리 기도를 받은 역사가 없으며, 나
의 음성을 받아 기록하지 않은 것이
한 번도 없느니라.
49 천 번 만 번 날짜에 따라서 기도할 때
마다 십계명을 외웠고, 그를 약속했으
며,
50 내가 내린 성령의 그 뜻 속에 나 여호
와를 찾지 않은 부분이 없으며 나 여
호와의 진리를 버리라 함이 없느니라.
51 여기서 너희들이 또 하나 깨우쳐 갈
길이 있음을 알아야 할 것이니라.
52 나의 선지자가 제3의 시대라 하여 나
의 성령을 받아 나의 법전을 기록하여

세상에 보내니, 이는 믿음이요, 믿음
의 생활을 전혀 해 본 사실이 없으며
성서 한 줄을 제대로 읽지 못한 자가
지금 이 말씀이라 하여 나의 뜻을 받
아 기록하여 전하나니, 이는 지금 어
찌 가고 있느냐?
53 구약의 시대를 인정하며 또 신약의 시
대를 인정하며,
54 지금 제가 나의 성령을 받아 내리는
것도 나 여호와의 뜻이 있기 때문에
그는 같이 연계하여 그를 믿고 가고
있으며 그리 가르치느니라.
55 구약의 시대를 인정하지 아니하는 것
이 아니라 구약의 시대를 인정하며,
다만 그게 지금 제3의 시대를 위해 준
비된 시대라 말하며,
56 다만, 그때 백성들이 잘못 살았으며
십계명을 지키지 아니하였으며 저희
들이 육신에 따라 잘못 행하고 살아왔
기 때문에 그 후손이 지금 이와 같이
간다 그는 그리 말하니,
57 구약의 시대를 인정함이요, 또 예수가
피 흘려 죽은 그 과정이 오죽 답답했
으면 그가 죽었겠느냐는 그 깨우침을
너희에게 전하느니라.
58 나 여호와가 있으며 나의 음성이 확실
한 그것을 지키지 않고 따르지 않는
너희 백성들이니,
59 그를 보이기 위하여 오죽 답답했으면
그 목숨의 피를 바쳐 너희들을 깨우치
고자 하였겠는가 하며, 그 시대를 알
고 그 시대의 나의 아들 예수를 그는
경배하느니라. 그리고 그를 인정하며
가고 있음이니라.
60 그가 구약의 시대와 신약의 시대를 배
척하지 아니하며 버리지 아니하며 인
정함이니, 이는 곧 무엇이더냐?
61 너희들을 거쳐 내려온 제3의 시대가
아니더냐?
62 너희들이 그 뜻을 인정하며 그를 믿으
며 같은 한 계통으로써 가고 있지 아
니한가?
63 그리하여 제3의 시대를 여는 것이요,
나의 법전은 나 여호와의 뜻으로써 만
백성을 구하기 위한 것이며, 구약과
신약의 시대는 오늘의 판단을 하는,
재판을 하는, 그리고 다시 새로운 시
대를 열어 가기 시작하는 제3의 시대
를 위하여 준비된 시대며 과정의 시대
라 그는 말하느니라.
64 그를 다 인정함이니라.
65 그러나 너희들은 나 여호와 하나님을
믿으며 나를 너희들의 어버이라 부르
짖으며, 그러면서 너희들은 내가 시행
했던 모든 과거의 구약 시대를 덮어
둠이라 말하며 그를 인정하지 아니하
려 함이니,
66 그 구약의 시대가 너희들에게 먹고 놀
라는 즐거운 내용이 기록되어 있다면
너희들은 구약을 숭배하고 따를 인간
들이니라.
67 그러나 구약이 너무나도 어렵고 힘들
고, 지키기 힘든 초보적인 단계요, 최
초에 너희들이 지켜야 할 그 엄하고
힌든 길이며,
68 거기에 나의 뜻으로 기록한 십계명까
지 너희들이 하늘에 오르는 근본이라
하여 그를 지키지 못하는 자는 하늘에
오를 수 없다 하니,
69 너희들을 쓰디쓴 약보다도 더 무서운,

독소와 같은 무서움으로써 가르치고
있음이니라.
70 그리하여 너희들은 신약이라는 그 시
대를 빙자하여 구약의 시대는 덮어 두
었다 하며, 그는 지금 너희들과는 아
무런 관계가 없다는 그런 식으로 너희
들이 나의 피조물 만백성을 지도하고
이끌어 감이니,
71 이게 첫째는 너희들이 얼마나 사악한
무리던가 너희들이 한번 생각해 봐야
할 것이니라.
72 그러나 나의 성령을 받아쓰는, 성서를
한 줄도 읽어 보지 아니하였으며 너희
들처럼 그와 같은 웅장하고 웅대한 성
전에서 기도한 적이 없는 나의 선지자
는 그를 다 인정하고 있음이니라.
73 구약의 시대를 나 여호와가 만든 시대
며, 내가 최초 창조한 시대며, 내가 기
적으로써 역사를 이루었던 그 시대며,
74 그리고 그때 이미 너희들에게 지키고
살아가야 할 최초의 기본 틀을 내렸음
이니,
75 구약 시대의 위대함과 그 위대함 속에
서 너희가 하늘로 오를 수 있는 길이
라 하여 구약의 모든 약정과 거기에
내린 나의 계명을 지키고 살아야 된다
그를 강조함이니,
76 그는 어렵고 힘들고 고통스런 그 길을
스스로 짊어지고 가고자 하며 그리 가
야 한다 그리 부르짖고 있는 것이니라.
77 그러나 너희들은 지금 신약의 시대에
서 믿음에 출중하며, 너희들만이 믿음
에 의하여 하늘에 오를 수 있다 하며,
신약의 시대에 그대로 지키고 살아간
다 말하면서,
78 너희들은 너희들에게 매질을 하며 신
약보다도 몇 배 더 어렵고 힘든 구약
시대의 것을 다 저버렸음이니, 너희들
이 바로 무엇이더냐?
79 너희들이 이중인격자이며, 가장 간악
한 자며, 가장 사악한 자들이며, 너희
를 평가할 수도 없는 것이니라.
80 너희 종교 지도자들이 무엇이냐?
81 구약이 너무나 힘들고 저희 자신이 지
킬 수 없기 때문에 구약은 그 시대의
지난 것이라 덮어 둠이니라.
82 그리고 편안하고 너희들이 쉽게 갈 수
있는 그러한 부분들이요, 너희들에게
꿀이 되고 떡이 되고 생선이 되는 부
분만 갖다 신약에 붙여 사용하고 있으
며,
83 그리고 편안한 방법으로써 너희들은
신약 시대라는, 나의 아들 예수가 모
든 죄를 사했다는 그것 하나를 가지고
지금까지 또 살아오고 있음이니,
84 30년 전에 너희들이 가르쳤던 그 방
법을 지금도 똑같이 가르치고 있음이
니라.
85 내가 말하여 가르쳤느니라.
86 오죽하면 너희들이 30년 전에 돌 집
에 가서 기도했던 그 내용이 30년 후
인 지금에도 그와 같은 똑같은 내용으
로써 기도를 하며 그 이름만 바꾸며
장소만 바꾸어서 하고 있다 하지 않느
냐?
87 나의 성서는 그러한 뜻으로 세상에 내
려진 것이 아니며 그와 같은 방법으로
너희들을 가르치고자 함이 아니니라.
88 성서는 6천 년 전이나 지금이나 앞으
로도 천년만년 흘러가 이 지구가 멸망

할 때까지 그 성서의 깊이는 그 시대
에 맞는 내용들을 다 기록하고 있으며
그 속에 들어 있음이니라.
89 전혀 성서의 깊이를 모르기 때문에 너
희들은 모르느니라.
90 성서의 가르침이 무엇인 줄 아느냐?
91 성서는 미래를 열어 가는 책이니라.
92 나의 뜻이니라.
93 미래를 열어 가며 미래를 창조하며 아
름다운 시대를 창조하며 새로운 시대
를 열어 가며 거룩한 시대를 열어 나
여호와가 뜻하는 그 세상을 창조할 수
있는 그 내용이 거기 들어 있는 것이
니,
94 너희들은 20년, 30년, 50년 평생 동안
살아오면서 똑같은 짓만 재탕하고 있
으니, 이것이 무엇을 의미하는 것인가?
95 내가 새로운 시대를 열며 새로운 나라
를 열며 새로운 땅을 열고 그리 변해
가도록 하며 미래를 통할 수 있는 나
의 성서를, 너희들은 그리하여 수박
겉도 못 핥는다는 말이 있듯이,
96 수박 속을 보기 전에 겉도 핥지 못하
는 그와 같은 방법으로 지금 몇천 년
동안 나의 피조물 만백성이 하늘에 오
르는 길이라 깨우쳐 왔음이니, 이게
바로 무엇이라 내가 말하더냐?
97 바로 너희들이 준비 단계에서 살아온
자들이라 말하느니라.
98 너희들은 준비 단계에서 살면서 나의
십계명을 지키고 너희들이 깨우쳐 이
것이 하늘에 오르는 영의 생명이요,
영양 공급처라 생각하여 깨우치고 지
키는 자 구원을 받을 수 있었으나,
99 아무도 이를 강조하지 아니하고, 이를
지켜야 된다, 목숨보다도 더 소중히
지켜야 한다 이리 가르친 자 없으니,
오늘의 사악한 형국이 이루어졌음이
니라.
100 그러니 아무리 좋은 뜻을, 아무리 아
름다운 것을, 아무리 진리를 갖다 그
들에게 깨우쳐 준다 해도 그들은 깨닫
지 못함이니라.
101 그러나 너의 제자들과 나의 법전을 읽
는 너희들은 어떠한 백성이더냐?
102 너희들은 내가 나의 성령으로 태워 내
려 제3의 시대를 열어 나의 선지자에
게 내리는 이 법전이 너희들을 구하는
길이요, 하늘에 오르는 기본이요, 근
본이라 내가 붙여 그 법전을 내려보낸
것을 너희들은 믿고 깨우치는 자들이
니라.
103 그러니 너희들은 이것을 보고 이에 따
라 시행해야 산다 하는 것을 마음속으
로 굳히고 있음이니,
104 십계명을 지키고 살아야 되며 내가 내
린 나의 법전대로 살아야 되며, 그것
만이 하늘에 올 수 있는 너희 영혼의
영양 공급처라 생각하고 너희들이 이
를 믿고 깨우치니,
105 지금 내 말을 듣지 못하고 깨우치지
못하는 그들과 너희들이 차별화되어
하늘과 땅의 차이가 있음이니라.
106 이미 그러한 시대를 너희들은 벗어났
음이니라.
107 지금 무엇이 어찌 가는 것인지도 모르
고, 저희들 생활 속에서 세속에서 살
아가는 그들은 바로 무엇이냐?
108 인간 세속에서 육을 위하여 살아가며
발버둥치는 자들이니라.

109 그러나 나의 법전을 접하고 이를 읽고 깨우치고 나의 선지자가 강론한 그 뜻을 듣고 너희 양식으로 만드는 자들은 인간 세속의 그 삶을 이미 분별할 줄 알게 됐으며, 이성을 가지고 있으며, 지각을 가지고 있음이니라.

110 분별하지 못하는 그 인생들은 그 육신의 세계에서 그대로 살아가는 그들이며 그들이 한 단계를 오를 수 없으나, 너희들은 이미 나의 법전을 읽고 너희들이 세상사에 옳고 그름을 바라보며, 어떠한 것이 진리며 어떠한 것이 진정 하늘에 오르는 길인가를 깨닫고 있음이니,

111 거기에서 너희들은 선한 길을 선택하여 살아오며 그를 향하여 너희들이 어렵고 힘든 이 길을 오고 있음이니라.

112 구약의 시대의 모든 그 약속과 규약과 그리고 또 그 계명이 어렵고 힘들다 하여 그를 접어 두고 지키지 아니하는 망각한 인간들과 달리,

113 그 시대에 최초의 기틀이요, 기본이요, '하나님께서 지키고 살아올 수 있는 계명을 구약에 내렸음이니, 그 구약의 어렵고 힘든 그 길을 지키고 살아가야 한다.' 하며, 그를 지키면서 신약 시대를 인정하며 제3의 시대에 나의 성령으로써 너희들에게 내려보낸 나의 법전을 읽고 깨우치며, 그 속에서 너희들이 하늘에 오르는 길을 터득하고 이를 깨달음이니, 너희들은 바로 무엇이냐?

114 그 육의 세계에서 허덕이는 그들보다 더 높이 올라와 있음이며 이미 반석 위에 섰음이니라.

115 그 육의 세계를 벗어나 너희들은 남들이 지키고 시행할 수 없는 그 반석 위에 섰음이니,

116 반석 위에 서 있는 너희들의 모든 생활이나 법도는 나 여호와의 나라의 법도에 따라서 살아가는 그와 같은 깨달음을 알아야 될 것이며,

117 너희들이 나의 나라의 문턱에 와 있다는 것을 알아야 될 것이니라.

118 육신은 지금 육의 세상 속에 존재하나, 너희들이 생각하는 그 척도와 깨달음은 나의 법전을 읽는 그 순간에 인간 세속을 떠났으며,

119 너희들은 하늘나라에 와 사니 하늘나라의 법도에 따라야 될 것이며, 나의 계명에 따라가는 자들이니라.

120 그러니 너희들이 그와 같은 것을 알며, 너희들의 모든 행동을 나의 품안에서 그리하는 것을 잊지 말고,

121 내 품안에서 너희들이 살아가며 실천하고 행하는 선택된 나의 백성들이라는 걸 알라.

122 너희들의 영혼은 지금 지상에 있음이 아니니라.

123 하늘나라에 오르고 있음이니라. 하늘나라에 오르기 위하여 그 단계의 수업을 하고 있음이니,

124 너희들은 나에게 올 수 있는 하늘나라의 그 법도에, 그 속에서 살아가야 하는 것이니,

125 머지않아 너희 영혼들이 내 앞에 와 하늘나라에서 미리 삶을 영위하고 있을 것이니,

126 너희들의 그 썩어져 가는 육신이 어찌 지켜야 될 것인가를 깊이 깨우쳐, 내

가 선지자를 통하여 내리는 이 한밤의
깊은 뜻을 너희들 가슴에 새겨 살아가
도록 그리해야만 착오가 없을 것이니,
127 너희들은 하늘나라에 올라와 있는 자
들이니 하늘나라의 법도에 따라 살아
야 될 것이니,
128 이는 나의 명령에 따라 지키고 사는
것만이 너희들이 하늘나라의 법도를
따름이니 그리 알라.

2,007 번째 하나님 말씀

2002년 3월 9일 23시 20분

1 사랑하는 선지자야!
2 **"네, 여호와 하나님! 말씀하옵소서."**
3 이 세상 나의 피조물 만백성 너희들은
내가 가장 아름다운 모습으로 만들어
세상에 나와 사는 것이며,
4 내가 만든 모든 동식물이요, 지상에
있는 모든 것을 너희들이 통제하고 섭
취하며 살아가도록 되어 있느니라.
5 그리하여 지금 너희들이 나로부터 은
혜와 은총을 입는 그 속에서 내가 너
희들에게 육신의 삶을 접어 끝마치고
하늘에 오르는 길이라 하여 너희들이
그 길을 위하여 영원히 사는 나의 낙
원에 와 살고자 하는 그 마음이 가장
큰 소망이며 가장 너희들이 갈구하는
것이니라.
6 오늘 내가 선지자 너를 통하여 나의
피조물 만백성 너희들에게 명하니, 너
희들은 이것을 듣고 깨우쳐야 할 것이
니라.
7 너희들이 지금 1에서 100이라는 그
숫자가 나에게 올라올 수 있는 점수라
말하자.
8 그러나 인간 너희들이 깨닫고자 노력
하는 모든 그 깨달음은, 이 세상 어떠
한 종파든 어떠한 집단이든 너희들의
머리로써 깨닫는 것은 한계가 있음이
니라.
9 너희들이 믿음의 길을 가며 무당이요,
잡신이요, 그리고 잘못된 영들이라 하
여 너희들이 받들며,
10 또는 너희들에게 먹고살라 하여 취하
라 했던 모든 동식물을 너희들이 우상
으로 섬기든,
11 나 여호와의 뜻이라 하여 성서의 공부
를 가르친다 하는 그들이든,
12 또 불교라든지 어떠한 종파에 속하였
든 이 세상 모든 종파에 속해 있는 너
희들은 모두가 등급이 있음이니라.
13 우상을 섬기며 믿는 것 또한 모든 것
을 다 내가 창조하여 필요하여 만들었
다 하였으니,
14 너희들은 내가 만든 나의 피조물 만백
성으로서 너희들이 어디에 가 몸담고
나에게 오르고자 기도하고 경배하며
찬양하느냐에 따라서 너희들이 속한
그 종파의 점수가 있음이니라.
15 너희들은 10단위로 나눠서 10이요,
20이요, 30이요, 40이요, 50이요, 60
이라는 그러한 점수를 매긴다 하면,
너희들이 어느 종파에 따라서 나에게
오르고자 하느냐에 따라 거기에 따른
그 점수에 해당되는 그 믿음에 속해
있음이니라.
16 그러나 그 믿음에 속해 있어도 너희들
이 정녕 그들이 원하고 가르치고자 하
는 그것을 그대로 따르며 행하느냐 행

하지 아니하느냐에 따라 엄청난 차이
가 있음이니라.
17 이는 즉, 너희들이 우상을 섬기며 또
한 어떤 우상을 더 너희들이 극렬히
섬기며, 또 나의 이름을 팔아 잘못 믿
음을 가는 자며, 또 나와는 관계없이
선하고 아름답게 살며 선을 행하고자
하며 사랑을 베풀고자 하는 그 종파들,
18 이 세상에 있는 모두는 다 내가 창조
한 것이며 필요한 것이라 하였으니,
너희들이 어떤 종파에서 믿음을 위하
여 깨우쳤다, 깨달았다 말하나,
19 너희들은 1에서 100이라는 그 점수
속에서 60이라는 숫자를 넘지 못함이
니라.
20 인간의 깨달음으로써, 인간의 한계로
써는 너희들이 하늘의 뜻을 알 수 없
으며 하늘의 이치를 알 수 없음이니,
너희 스스로 아무리 깨우치고 연구하
여 어떠한 종파에서 너희들이 구원을
받고자 애원한다 해도 너희들을 가르
치는 자,
21 또 너희 자신까지도 60이라는 그 숫
자를 넘어서 하늘에 올 수 있는 길이
없음이니라.
22 그러하니 너희들이 모두 깨우치고 깨
달으며 사랑을 베풀고 살고자 하는 것
이 너희들은 60이라는 그 숫자를 인
간으로써는 넘을 수가 없으며 그 한계
를 넘지 못하여 너희들의 육은 죽어
가게 됨이니라.
23 여기서 내가 너희들에게 일러 알려 주
노라.
24 내가 나의 선지자를 통하여 너의 제자
들과 또 나의 법전을 읽고 깨우치는
너희들이 육의 세상의 한계를 벗어나
서 영의 세계에 돌입하였다 하였음이
니,
25 가장 중요한 것은 너희들이 오늘 나의
법전을 읽고 깨우칠 것이 있으니, 나
의 십계명을 읽으며 그 십계명에 따라
시행하고 지키는 자,
26 나의 법전에 따라 삶을 지키는 자, 그
자들만이 60의 선을 넘는다 하는 뜻
이니라.
27 내가 너희들에게 십계명을 내려 이르
기를, 이것이 하늘에 오르는 길이며
나의 뜻이며 너희들이 구원을 받는 근
본이라 하였음이니라.
28 그리하여 나의 십계명을 지키고 그대
로 살아가며 그대로 행하지 아니하는
자는 인간의 그 가르침이요, 깨달음
속에서 벗어날 수 없으며,
29 나에게 오르는 그 길에서 60이라는
그 숫자 이상은 나에게 근접할 수 없
으며, 나에게 너희들이 올 수 없는 그
선에서 멈추니,
30 거기에서 육신은 죽어 가며 너희들의
영혼은 거기서 멈추며 너희들이 살아
온 대가에 따라 그 죄를 받음이니라.
31 너희들은 어떤 종파든 다 점수가 매겨
져 있으며, 그 점수 속에서 나로부터
선택된 백성들이기 때문에 나에게 오
르고자 너희들이 깨닫고 연구하고 공
부하느니라.
32 그리하여 모든 종파에는 점수가 있음
을 알라.
33 그러나 그 점수가 60을 넘지 못하는
것이니라.
34 다만, 너희들이 오늘부터 내가 너희들

에게 깨우치며 나의 성령을 태워 나의
피조물 만백성을 구하며 천 년에 걸쳐
선하고 아름다운 너희들만이 나의 이
낙원에 존속하게 하니,
35 내가 하늘의 비밀을 너희들에게 알려
주니,
36 나의 피조물 만백성에게 오늘 내가 선
지자를 통하여 나의 성령이요, 하늘의
법도를 너희들에게 전해 주니, 이를
너희 것으로 만들어 너희들이 이에 차
질이 없는 깨우침을 얻어 하늘에 올라
와야 할 것이니라.
37 제3의 시대라 내가 말을 하였으며, 제
3의 시대를 위하여 지금부터 천 년에
걸쳐 나의 이 낙원에 사는 자, 살지 못
하는 자, 이를 완전히 구분하여,
38 잘못 믿는 자, 거짓 하는 자, 악의 씨
를 하나도 존재시키지 아니하며 그들
을 다 쓸어 없앨 것이며,
39 나의 법전을 읽고 깨우치며 나의 계명
에 따라 살겠다 그리 깨닫고 하늘에
오르고자 기도하고 경배하는 자, 너희
들만이 이 지상에 존재하게 됨이니,
40 너희들이 구약이요, 신약이요, 6천 년
역사를 살아오면서도 이 뜻 하나를 깨
닫지 못하였음이니,
41 이에 대한 내가 하늘의 비밀을 제3의
시대요, 내가 나의 법전으로써 나의
피조물 만백성을 지금 심판하고 재판
하며 새로 이루고자 하는 역사가 시작
되기 때문에,
42 이는 바로 내가 너희들에게 지금 하늘
의 법도를 내려 주며 너희들의 위치와
너희들이 존재하는 그 세계를 깨우쳐
줌이니,
43 이를 알아 시행하지 못하는 자는 구원
을 얻지 못할 것이니라.
44 너희들이 아무리 어떠한 종파에 속해
서 선행을 베풀며 아름답게 살며, 너
희들이 좋은 일, 세상사 남들이 할 수
없는 이와 같은 선을 베풀며 산다 해
도,
45 너희들은 나로부터 육신을 받아 나갔
으며 내가 내려 준 모든 동식물을 섭
취하고 갖고 사는 인간의 삶이 있음이
니라.
46 육을 가진 인간이 아무리 선하고 착하
게 산다 하여도 너희들이 60퍼센트의
그 선을 넘을 수 없음이니라.
47 너희들이 그 60퍼센트의 선을 넘을
수 있는 길은 단 한 길이니라.
48 내가 너희들에게 말하였음이니라.
49 나의 십계명을 지키고 그에 순종하며
지키며 나의 법전을 읽고 깨우치는 자
만이 그 60퍼센트의 인간의 한계를
넘을 수 있다 하였음이니라.
50 이는 뭐라 말하였더냐?
51 하늘에 오르는 나의 뜻이며 나의 길이
기 때문이니라.
52 그리하여 내가 너의 제자들과 나의 법
전을 깨우치는 자는 인간 세속의 육신
의 그 한계를 벗어나 나의 나라에 올
라왔다 함이니,
53 나의 법전을 읽고 십계명을 지키고 그
리 살아가는 자, 60에서 70이라는 그
선에 너희들이 도래하고 있음이니라.
54 그리하여 너희들이 60에서 70의 그
선에 나의 계명을 지키고 얼마나 아름
답고 착하게 살며 그대로 시행하느냐
에 따라서 내가 알곡식을 구하듯이 너

희들을 낙원에 보냄이니,
55 지금 나의 법전을 읽는 자, 나의 십계
명은 나 여호와의 뜻이니 이를 지키는
것만이 하늘에 오를 수 있는 길이라
하여 십계명을 지키고자 몸부림치며
그 어렵고 힘든 길을 지키며 살고자
하는 자는,
56 그리고 나의 법전을 깨우쳐 나의 법전
에 있는 그 내용을 지키고 살고자 하
는 자는 법전을 접하며 깨우치는 그
순간에 60의 인간의 세상을 넘어 60
에서 70의 나의 나라의 그 선에 도래
하며 그 계층에 와 있는 그 영광을 얻
게 됨이니라.
57 그리하여 내가 너희들에게 '나의 법전
을 가슴에 안고 정독하고 깨우치는
자, 반석 위에 일어선다.' 하였으니, 그
게 바로 너희들의 육신의 세계인 60
의 한계를 넘으니,
58 너희들보다 더 깨달은 자가 없으며,
너희들보다 하늘의 이치를 더 아는 자
가 없으며, 나 여호와의 뜻을 아는 자
가 없으며, 내가 행하고자 하는 것을
아는 자가 없음이니, 너희들이 가장
나에게 가까이 와 있는 나의 백성이라
하였음이니,
59 그게 바로 너희들이 나의 나라에 진입
하며 나의 나라의 그 60에서 70의 계
층에서 너희가 삶이니,
60 거기서 너희들이 얼마나 지키고 행하
느냐에 따라서, 그리고 너희들 마음이
얼마나 굳건하여 변하지 않느냐에 따
라서 내가 너희들을 선택하는 70의
선의 그 문을 열어 줌이니,
61 이게 곧바로 나의 낙원의 에덴동산에
들어오는 것이며 너희들이 그리도 갈
구하고 원하던 하늘나라에 들어옴이
니라.
62 거기에 들어선 자, 영원히 존재함이니
라.
63 거기에 80을 넘어 들어오는 자 또한
그가 속해 있는 그 계층에 따라서 80
이요, 90이요, 100이라는 그 계층에
따라 살되,
64 70을 넘어 80에 돌입하는 자는 다시
되돌아 내려가는 역사가 없음이나, 60
에서 70까지에 있는 자들은 60 밑으
로 내려갈 수 있는 그와 같은 양면의
위치에 서 있다는 걸,
65 너의 제자들과 나의 법전을 읽고 깨우
치는 자, 이를 깨달아야 될 것이며,
66 내가 문을 열어 주어 너희들이 70이
라는 선에 발을 디딜 때, 너희들이 곧
나의 나라에 진입하게 됨이니라.
67 이와 같은 이치의 하늘의 비밀을 너희
들에게 내가 수치로써 알려 줌이니,
68 지금의 나의 선지자와 같이 사는 시대
의 백성 너희들이 얼마나 나에게 선택
된 자이며 얼마나 너희들이 영광과 은
혜를 받은 자이더냐?
69 예수의 시대에서 예수의 그 가르침과
깨달음을 듣지 못하여 그저 죽어 간
백성들이 그와 같이 불쌍하듯이,
70 너희들은 나의 제3의 시대를 열어 나
의 선지자를 통하여 이 시대에 너희들
과 같이 있으며, 이와 같은 천기요, 하
늘의 나의 비밀이요, 하늘나라의 법도
를 너희들이 듣게 됨이니 이보다 더
큰 은혜와 영광이 없음이니,
71 너희들이 선지자 보기를 다시 한 번

너희들 스스로 판단하고 느끼는 점이 있어야 할 것이니라.
72 아무리 너희들이 믿고 또 믿는다 하여도 너희들 인간사에 그 믿는 믿음은 60의 선을 넘을 수 없으니, 거기서 모두가 멈추게 됨이니라.
73 다만, 너희들이 60을 넘을 수 있는 것은 내가 알려 주지 않았더냐?
74 나 여호와에게 온다 하며 나의 나라에 오르겠다는 너희들이 내가 불로 직접 써 내린 그 열 가지 계명을 너희들의 생명과도 바꾸지 않는 그와 같은 아픔으로써 지키는 자만이,
75 그리고 내가 제3의 시대를 열기 위하여, 새로운 시대를 열며 새로운 땅을 창조하고자 하여 나의 성령을 직접 태워서 내려보내는, 나의 선지자를 통하여 너희들에게 전하는 나의 법전을 읽고 깨우쳐 이를 보고 깨닫는 자만이 바로 반석 위에 서서 하늘에 오르는 찬란한 빛을 보게 됨이니, 그 반석이 60을 넘는 선이니라.
76 거기서부터 너희들이 바라보는 찬란한 빛이 80에 있는 선을 보게 되느니라.
77 그리하여 80을 넘었을 때, 너희는 다시 돌아갈 일도 없으며 나와 더불어 영원히 낙원에서 살게 됨이니,
78 너의 제자들과 나의 법전을 읽고 이것이 여호와 하나님의 뜻이라 하여 너를 찾아오며 나의 성전에 와 나의 음성을 듣는 자,
79 그가 바로 60을 넘는 그 단계이니, 그는 1분 만에도 넘을 수 있으며, 10분 만에도 넘을 수 있는 내 하늘의 비밀을 너희들에게 일깨워 줌이니,
80 첫 번째는 십계명이라는 것을 '여호와 하나님께서 우리를 구원하시기 위하여 내리신 말씀이니 이를 내 가슴에 새기며, 나는 지킬 것이며',
81 두 번째는 '하나님께서 성령으로 태워 내리신 십계명을 하나하나 풀이하여 가르쳐 주시며, 예수님께서 세상에 나와 하나님께서 예수님을 통하여 우리 피조물 만백성을 구하고자 했던 그 뜻을 글로써 하나하나 적어 풀이하여 우리에게 내려 준 이 양식을 지키며 살겠다.' 그리 약속을 하는 너희들은 60이라는 선을 넘어 반석 위에 서는 그와 같은 영광이니,
82 너희들은 1분 만에 얻을 수 있으며, 10분 만에 얻을 수 있으며, 너희들이 짧은 시간에 얻을 수 있음이니라.
83 너희들이 죽을 때까지 살아가면서 나의 십계명을 던지며, 십계명을 믿지 아니하며 이리 지킬 수 없다 하는 자, 나의 법전을 믿지 않는 자, 이 법전대로 살아가고자 하지 않는 자는 절대로 60의 장벽을 넘을 수 없다는 걸 알라.
84 내가 이와 같이 하늘의 비밀을 나의 선지자를 통하여 너희들에게 깨우쳐 주니,
85 이는 바로 다시 새로운 시대를, 새로운 땅을, 새로운 하늘을 열고자 하는 천 년의 역사가 이루어지는 그 기간이기 때문에 내가 지금 너희들에게 알려 줌이니,
86 지금까지 너희들을 지도하고 가르친 모든 종파의 지도자들이 과연 이와 같은 하늘의 뜻을 전한 자가 있는가?

87 너희들은 이것을 듣고도 내가 원하는
것이 무엇인가를, 그를 시행하지 아니
한다면 구원을 받을 수 없음이니라.
88 내가 그래서 말하느니라.
89 혼자 기도하라.
90 가족 단위로 기도하라.
91 그리고 나 여호와에게 너희들이 잘못
살아옴을 용서를 빌며,
92 내가 너희들의 생명을 내보냈으며 너
희들이 나의 동식물을 먹고 내 은혜
속에서 살기 때문에 그와 같이 나의
은혜와 은총 속에서만 살아가는 그 테
두리를 벗어나지 못하는 너희들이 내
가 원하지 않는 죄를 짓고 살아왔기
때문에 그 죄의 용서를 빌라 하는 것
이며,
93 그리하여 너희들이 그 잘못 살아온,
나의 모든 것을 먹고 취하고 살면서
나의 뜻을 거역한 그 죄를 먼저 빌라
함이니라.
94 그리고 모두를 내려 준 나에게 감사하
다는 말을 전하라 하는 것이니라.
95 그 마음을 갖고 살라 하는 이유는 너
희들이 그리하다 보면 나 여호와가 무
엇을 원하는지를 찾고 그를 바라보게
되기 때문이니라.
96 이 두 가지를 지키지 못하기 때문에
지금 사악한 무리들이 생겼음이니라.
97 내가 너희들의 생명을 내려 주었으며
너희들이 내가 내린 그 모든 은혜 속
에 살아가니,
98 내 것이 아닌 속에서 너희들이 살아갈
수 없음이니,
99 그러기에 너희들이 그걸 나에게 원하
고 살면서 내가 하지 말라는 짓을 하
는 것은 너희들의 죄이기 때문에 너희
들이 잘못 깨달은 그 죄의 용서를 빌
라 함이니,
100 그리 빌고 너희들이 나에게 감사하다
는 생각을 하면,
101 그 감사의 뜻을 갖고자 하는 너희 마
음속에 싹이 트기 시작하며 그 감사에
대하여 너희들이 어찌 대할 것인가를
생각하게 됨이니라.
102 그리하면 그것이 무엇이더냐?
103 너희들이 바로 십계명을 지키고 살며
십계명에 따라 하늘에 오르게 되는 그
길의 역사를 알게 됨이니, 그리하면
너희들이 60의 점수를 넘는 것이니라.
104 그리고 60의 선을 너희들이 넘어섰음
이니,
105 이제는 내가 너희들에게 하나하나 풀
어서 내린 나의 법전의 그 내용에 따
라 그대로 실행하고 지키고 살아오면
너희들이 반석 위에 서 찬란한 그 빛
을 보게 됨이니,
106 너희들은 한순간에 60의 인간의 그
한계를 넘는 것이니라.
107 나의 십계명을 버리며 나의 법전을 버
리며, 천년만년 너희들이 죽을 때까지
울며 기도하며 모든 재물을 다 바친들
그것은 허공에 뜬 것이며, 나하고는
관계가 없으며, 내가 내린 재물을 함
부로 쓴 죄만 너희들이 가중하게 받게
됨이니라.
108 이러고도 너희들이 이 길을 선택하지
아니하면 너희들이 죽어 내 앞에 왔을
때 너희들이 영원히 죽어 가는 그 모
습을 보게 될 것이며, 너희들 자신이
죽어 가는 모습을 볼 것이니라.

109 다시 한 번 너희들에게 이르노라.
110 하늘의 비밀을 내가 선지자를 통하여 오늘 너희 만백성에게 전하노니, 60의 선을 넘지 못하는 육을 위해서 너희들이 발버둥치지 말라.
111 그리고 내가 너희들에게 어려운 길을 오라 함이 아니니라.
112 단 두 가지이니라.
113 십계명을 지키고 살겠다는 목숨을 내놓는 그 결의와, 나의 법전 속에 기록된 내용을 너희들이 읽고 터득하여 그와 같이 살아가겠다는 것을 지키면 된다 하였음이니,
114 나의 법전 속에 잘못된 것이 있으며 너희들에게 잘못 가라 하며 사악한 마음을 갖고 살라는 내용이 있거든 너희들은 이를 지키지 아니해도 되며, 지금 내가 선지자를 통하여 내리는 하늘의 비밀이 잘못된 것이요, 거짓 선지자가 하는 소리라 너희가 그리해도 나는 더 이상 너희들에게 아무런 말을 하지 않을 것이니,
115 나의 법전을 찾아서 읽어 보고 뒤져 보라.
116 거기에 너희들에게 잘못 가라는 내용이 있는가? 너희들이 잘못되도록 하는가? 너희에게 사악한 자가 되라 하는 것이 있는가?
117 지금처럼 인간으로 살아야 하며 도둑질하고 강도질하며 살인하고 강간하며 이웃을 속이며 이웃 것을 훔치고자 하며 이웃 것을 탐내고 그와 같이 살라는 내용이 거기에 있다 하거든 너희들은 나의 법전을 덮고 죽어 와 나에게 너희들이 그를 항변하고 따진다면 너희들의 죄를 나 여호와가 묻지 아니할 것이니라.
118 그러나 그런 내용이 없으며, 너희들에게 착하고 아름답게 살라는, 그리고 나에게 오르는 길이 여기 있다는 것을 깨우쳐 준 것을 읽고도 시행하지 아니하고 지키지 아니한 자는 그 죄를 감당할 수 없을 것이니라.
119 너희들이 육신의 백 년을 사는 그 속에서도 부귀영화를 위하여 발버둥침이니라.
120 세속 인간사에 사는 너희들이 백 년도 안 되는 그 삶을 위해서 목숨 바쳐 투쟁하며 명예와 권세와 재물과 권능과 너희들의 육신이 편안하고자 하여 너희들이 지금 지상에서 노력하는 그것은 아무것도 아니니라.
121 그는 다 허무한 것이니라. 그의 노력은 아무것도 아닌 것이니라.
122 너희들이 나에게 와서 구원을 받는 것은 그보다 천 배 만 배를 더 애달프게 노력해도 얻을 수도 없으며 볼 수도 없는 것이니,
123 어찌하여 너희들은 나의 계명을 지키라는 그것을 던져 버리고 지키지 아니하는가?
124 내가 오늘 정녕 하늘에 오르는 것을 수치로써 가르쳐 주었으며,
125 너희들이 육신의 명예를 얻기 위하여 발버둥치는 것보다 천 배 만 배를 노력해도 하늘에 오르는 길은 오를 수 없으며 얻을 것을 얻을 수 없으며 구하는 것을 구할 수 없다 하였으니,
126 그 노력 가지고는 감히 견주어 볼 수 없는 그것이 하늘에 오르는 길이며,

127 너희들이 부귀와 영화를 얻어 거기서
누리고 너희들 자신의 육신이 행복하
게 사는 그것, 그리고 너희들이 권력
을 누리며 재물을 가지고 편안하게 살
며 너희들이 가장 행복하게 살았다는,
그 최고의 가치를 누렸다는 너희들의
그 육신의 삶을 가지고는
128 하늘의 영화롭고 화려하며 그 아름답
고 황홀한 그 삶의, 영원히 죽지 않고
사는 그 세계의 위대함과는 감히 비교
할 수도 없는, 백배 천배도 못한 육신
의 삶의 영화이니라.
129 너희들이 지상에서 가장 크게 누렸다
는 그 영광과 영화가 하늘의 천 분의
일도 안 되는 그와 같은 위대하고 방
대한 영광스러운 세상이 기다리고 있
음이니,
130 너희들은 그를 버리고 잊어버리며 던
져 버리는, 그리고 얻을 수 없는 그와
같은 어리석고 몽매한 행위를 하지 말
라.
131 내가 오늘 선지자를 통하여 하늘의 비
밀을 너희들에게 깨우쳐 주고 있음이
니 이를 들어 깊이 시행할 것이며, 너
의 제자들과 나의 법전을 읽고 깨우치
는 나의 피조물 만백성에게 이 뜻을
너는 반드시 심어 줘야 될 것이니 그
리 알라, 선지자야!
132 하늘의 비밀이니라.

2,008 번째 하나님 말씀

2002년 3월 9일 23시 45분

1 선지자야!
2 천기요, 하늘의 이 소중한 비밀을 너
에게 내림이니, 다시 한 번 너에게 내
가 강조함이니라.
3 어떠한 종교 집단이요, 미신을 믿든,
나무로 깎은 어떠한 형체를 믿든 그들
은 다 나에게 오르고자 하는 자들이
며, 그들이 속해 있는 그 종파에 따라
서 점수가 있다 하였음이니라, 10점,
20점, 30점, 40점, 50점, 60점까지.
4 그러나 어떠한 종파도 그 60점을 넘
을 수 없다 하였음이니라.
5 그러니 60점을 넘기 위해서 첫째는
나의 계명을 지키라 하였음이니라. 그
러기에 첫째는 나의 계명을 지키라 하
였음이니라.
6 저희들이 어떠한 미신을 믿든, 숭배하
든 그 모두는 다 착하고 선하게 살라
는 것을 가르침이니,
7 그들이 나 여호와에게 오르는 가르침
인 착하게 살라, 사랑을 베풀라 하는
것은 똑같음이니, 그들의 행위에 따라
서 점수가 매겨져 있느니라.
8 지금 그가 1점짜리에서 믿고 있고 가
고 있는 것인가, 몇 점짜리에서 살아
가고 있는 것인가는 나 여호와가 알고
있으며, 그들은 그 점수 속에 있음이
니라.
9 그러나 내가 너희들에게 하나를 여기
서 더 일깨워 주고자 함은, 그들은 나
여호와의 이름을 팔지 않느니라. 그리
고 나의 이름을 망령되이 일컫지 아니
하는 자이니라.
10 여기서 너희들이 믿는 모든 종교의 집
단이요, 나 여호와를 찾으며 나를 아
버지라 부르며 나에게 오르며 나의 뜻
에 따라 살아간다 하는 너희들이 잘못

지키고 잘못 간다 하면,
11 너희들은 나의 십계명에 써 있는 나
여호와의 이름을 망령되이 일컫는 자
들이며, '나 외에 다른 신을 두지 말
라.' 하였으나 너희들은 또 두 가지 신
을 두고 있음이니라.
12 너희들의 마음에 신을 두고 있으며,
또한 나 여호와의 이름을 팔아먹는 그
와 같은 너희들의 잘못된 마음을 가지
고 있으니,
13 두 가지 마음을 가지고 있는 자들이니
라.
14 차라리 나 여호와의 이름을 팔지 않으
며 그저 저희들의 우상을 섬기고 가는
자, 그는 착하게 살라는 것을 강조하
지 않는가?
15 나의 이름을 더럽히면서 나 여호와를
팔며 나의 아들을 팔며 가증스럽게 믿
음이라 하여 잘못 가르치는 그자들이
가장 점수가 낮음이니, 그들은 두 가
지 죄를 짓고 있음이니라.
16 첫째는 저희들 스스로 기복 신앙이요,
저희들의 육신의 영화와 영광을 달라,
재물을 달라 기도하는 하나의 그 믿음
이 있으며,
17 그 믿음을 이루기 위하여 나 여호와를
팔아먹으며 나를 속이며 나를 기만함
이니라.
18 그것이 그들의 죄가 더 무서움이니라.
19 차라리 나 여호와의 이름을 팔지 아니
하며 저희들이 기도하고 기복 신앙을
가진 것은 그 죄가 있을 뿐이지만,
20 나의 아들의 그 고통스러운 상처가 가
시지도 않은 이 아픔을, 그를 내려다
보는 나 여호와의 마음이 아직 아물지
도 않은 상태에서 나의 아들을 빙자하
여 팔아먹으며 나 여호와의 이름을 팔
면서 나의 피조물 만백성을 잘못 인도
하는 그들은 두 가지 죄가 있으니,
21 나 여호와와 나의 아들의 이름을 팔아
먹은 죄가 있으며 그 죄가 제일 무서
우니,
22 그들은 한 발짝도 지금 걷지 못하니 1
점 미만의 점수에서 허덕인다는 것을
너희들은 오늘 확실히 알고 깨우쳐야
할 것이니,
23 나의 이 무서운 말뜻을 깊이 새겨 너
희 것으로 만들도록 그리하라.
24 차라리 믿지 않으면서 인간관계를 하
며 형제간에 우애를 돈독히 하며 부모
를 생각하며 부모가 자식을 생각하는
믿지 않는 자들만큼도 점수가 없는 믿
에서 하늘에 오른다고 발버둥치고 있
는 그와 같은 형국이니 그리 알라.
25 뱀이 땅을 기어가는 그와 같은 형국이
니라. 이를 잊지 말라.
26 이 무서운 너희들이 잘못 가고 있는
그 죄를 깨달아 알아야 할 것이니, 너
희들이 지금이라도 나의 십계명이 너
희들의 생명이라 하여, 하나님의 뜻이
라 하여 그를 지키고 행하도록 하라.
27 나의 선지자가 지금 무엇을 강요하고
강조하는가?
28 이는 나의 성령이라는 것을 너희들이
믿어야 될 것이니라.
29 선지자가 거짓 선지자요, 나의 성령을
받아 기록하는 자가 아니라면 너희들
이 어렵고 힘든 그 십계명을 지키는
것이 영혼을 살리는 길이라 강조하지
아니할 것이니라.

30 그리고 내가 내린 160권의 이 법전이 너희들을 살리는 길이라 아니할 것이니라.
31 이를 지키고 살기에는 너희들이 너무나 힘들고 어려운 길이니라.
32 나의 열여섯 권의 법전을 너희들이 우선 한번 읽어 보라.
33 그곳에 너희들이 지금 믿어 오는 그 신앙보다 더 무섭고 두려우며 더 강하게 하늘의 법도를 지키라는 내용이 있다면 이것이 바로 나의 뜻이며,
34 너희들이 가는 것이 한 수 떨어진 것이라는 것을 알라.
35 그러면 둘 중에 하나가 진정한 진주라 생각하면 어떤 것이 진주겠는가?
36 어렵고 힘들고 고통스러운 것을 지키면서, 살인하지 말며, 거짓 하지 말며, 도둑질하지 말며,
37 이웃을 속이지 말며 그와 같은 마음 자세를 갖고 사는 것이 하늘에 오르는 길이라 하여 가르쳐 내려가는 나의 법전이 정녕 하늘의 뜻인가,
38 대충 살면서 죄를 짓고 재물을 저희들에게 바쳐 용서를 빌면 구원을 받을 수 있다는, 내가 말하는 가장 편안한 자세요, 땅에서 수영하는 그와 같은 형태의 안일한 자세요, 편안한 자세로 가는 것이 하늘에 오르는 길이며 나 여호와의 뜻인가?
39 나의 사랑하는 불쌍한 백성들아!
40 이제는 나의 법전을 여기까지 읽고 깨달은 자, 반듯이 설 줄 알아야 될 것이니,
41 마지막 너희들을 위하여 내리는 나의 이 성령의 법전을 저버리지 말고 읽고 깨우치라.
42 어느 것이 더 매서운 회초리인가를 너희들이 깨우쳐야 할 것이니라.
43 나의 법전이 너희들이 하늘에 오르는 그 길을 엄하고 힘들게 달구는 매인가, 지금 너희들을 깨우치고 가르치는 그 종교 지도자들이 너희들에게 무서운 매인가 한번 이야기를 해 보라.
44 나의 선지자는 너희들로부터 재물을 받지 않느니라.
45 어떠한 명분이든 십일조요, 헌금이요, 이와 같은 재물을 받지 않느니라.
46 성전을 짓는다 하여 재물을 받지 않느니라.
47 성전을 짓기 위하여 셋방살이하고 남의 문간방에 사는 그 집세를 빼 오며, 그 속에서 먹고살기도 어렵고 자식도 가르치지 못하는 그들에게 통장을 만들어 예금을 시키며, 그리고 금화를 정기적으로 바치라 하는 그러한 행위를 나의 선지자는 하지 아니함이니라.
48 그러면서도 하늘에 오를 수 있는 길을 인도하고 있음이니라.
49 나의 선지자의 반대 현상에서 그 모두를 방법과 수단을 가리지 않고 거둬들이는 그들이 정녕 진정한 지도자인가?
50 여기서 너희들이 확실히 알아야 될 것이니라.
51 너희들이 말하지 않느냐?
52 모든 동식물도 하나님이 주었기 때문에 다 살아가는 비법이 있어 살아간다 말하거늘,
53 어찌하여 내가 아름답게 만들고 갖은 지혜와 능력을 준 너희 백성들은 남의 것을 거둬들이고 챙기지 아니하며 하

늘에 바친다 하여 거두어 중간에서 챙
기지 아니하면 못 산다 생각하는가?
54 이것이 다름이니라.
55 나의 선지자는 나로부터 선택된 자요,
그는 내가 모든 것을 내려 주어 살아
갈 수 있다는 것을 믿기에,
56 저의 제자들이나 저를 따르는 백성으
로부터 헌금이요, 십일조요, 건축 헌
금이요, 각종 추한 이름을 붙이며 각
종 직급을 붙여서 돈을 거둬들이고 금
화와 은화를 거둬들이는 행위를 하지
아니함이니라.
57 그런 행위를 하지 아니하고 나의 성령
을 받아 세상에 전해 나가는 그 선지
자의 자세가 얼마나 아름답고 빛이 나
는가?
58 그리고 그와 같이 갈 수 있는 자가 선
지자가 아닌가?
59 모든 것을 빙자하여 너희들에게 재물
을 거둬들이며 영수증 하나 써 주지도
않고, 너희들이 말하는 가장 사악한
사탄이요, 사악한 뱀이 개구리를 그저
삼켜 넘기는 그 형국으로 입이 터지고
목이 터져라 거둬들이는 자들이 정녕
하늘에 오르는 나에게 선택된 백성인
지도자인가?
60 내가 오늘 너희들에게 마지막 경고하
느니라.
61 이 대목을 읽고도 깨우치지 못하는 자
는, 너희가 죽어 왔을 때 얼마나 고통
스러운 너희 죄가 너희들을 기다리고
있는가 그때는 알 것이니라.

2,009 번째 하나님 말씀

2002년 3월 10일 0시 25분

1 사랑하는 선지자야!
2 "네, 여호와 하나님! 말씀하옵소서."
3 네가 나의 피조물 만백성을 구하는 그
길을 가기 위하여 이 깊은 밤 나에게
기도를 하며, 나의 성령을 받아 네가
한 줄이라도 더 기록하여 나의 법전
한 권을 세상에 더 먼저 내어 나의 피
조물 만백성 중에 한 사람이라도 더
구하고자 하는 그 애절한 마음으로 기
도드리는 이 광경을 나의 피조물 만백
성에게 보여 줌이니 얼마나 아름다운
모습인가?
4 내가 너의 그 마음을 아느니라.
5 오늘에 네가 가고자 하는 그 마음을
내가 아나니,
6 그리하여 너는 나로부터 성령의 나의
뜻을 더 받아 빠른 시간에 한 권의 법
전을 더 만들어 내겠다는 그 욕심으로
네가 잠을 이루지 아니하며 나에게 기
도를 드리며,
7 한편으로는 네가 나의 십계명을 어찌
하든 너 한 사람이라도 지키겠다는 그
피나는 노력의 애절한 마음은 나의 피
조물 누구도 그와 같이 행할 수 없으
며 그리 생각할 수 없음이니라.
8 네가 지금 나 여호와에게 기도하며,
네가 거짓되지 아니하며 십계명에 위
배되지 아니하는 사람으로서 살아가
고자 네가 마음에 그 고달프고 힘든
삶을 살아가고, 네가 변하고자,
9 그리고 네가 나 여호와를 향하여, 모
든 나의 피조물 만백성이 너에게 질문

하고 따질 때, 한 점의 부끄러움이 없
는 삶을 살아가고자 네가 얼마만큼 애
타는 삶을 사는 것이며,
10 너 자신을 다 태워 버리며 너 자신을
다 지워 버리며 너의 생각과 너의 육
신이요, 너의 가슴에 있는 모두를 다
네가 버리고 살아가고자 하는 그 애달
픈 마음을, 그 애절한 마음을 나의 피
조물 만백성이 어찌 알겠는가?
11 너의 제자들이라도 이를 알았으면 하
는 것이 나 여호와의 심정이니라.
12 그리하며 네가 나의 법전의 내용들을
기억하며 그를 나의 피조물 만백성에
게 전하며 네가 그를 지키고 살아가고
자 하는 너의 그 애절한 마음을 어찌
다 네가 나의 피조물 만백성에게 기록
하여 전할 수 있겠는가?
13 이와 같이 네가 가고 있는 이 길은 오
로지 나의 법전이 빨리 세상에 나가
그를 읽고 잘못 가는 종교 지도자들이
요, 잘못 가르치는 그들을 네가 한 사
람이라도 깨우치고 바로잡고자 하는
그 마음의 아픔을 어찌 내가 모르겠는
가?
14 네가 생각하기를 잘못 가는 종교 지도
자 그 한 사람으로 인하여 파생되는
나의 피조물 만백성이 구원의 길에서
무너지는 그것을 너는 알기에, 그 종
교 지도자들이 바로 서고 깨우쳐 가기
를 바라는 그 마음이 얼마나 애절한
것인가를 내가 아느니라.
15 그리고 그들이 지금 광적으로 믿으며
정신분열자들처럼 믿어 가면서 그 모
두를 다 나의 성령으로써 그들은 대변
하고자 하며,
16 나의 성령이요, 나의 뜻이라 하여 그
를 다 덮어 두고 살아가고자 하는 불
쌍한 나의 피조물 만백성 그들을 네가
구하고자 함이니,
17 지금 나에게 오르는 믿음을 향하여 하
늘에 오르겠다는 너의 형제요, 나의
피조물 만백성이 광적이요, 광신도요,
정신이상자같이 믿어 가며,
18 그들은 그 모두를 다 나의 성령으로써
임하며 성령으로써 이루어진다 생각
하며,
19 그들을 가르치는 종교 지도자들 또한
저희들의 욕심에 의하여 모든 걸 이루
며, 모두를 저희들이 잘못 행하여 가
고 있으며,
20 또한 저희들이 이루어 놓은 교회라는
그곳에서 잘못 이루어지고 잘못 가며
부끄러운 그 모든 행위를 다 저희들이
반성하고 회개함이 아니라,
21 그것도 나의 성령으로써 모두를 다 그
들이 덮어 주고 그 성령으로써 모두를
치부하며 성령을 팔아먹고 그리 넘어
가고자 하는 것이 지금 종교 지도자들
의 그 형태이니,
22 그 속에서 잘못되는 나의 피조물 백성
들을 구하기 위하여 네가 이 깊은 밤
나에게 눈물의 기도를 드림을 나는 아
느니라, 선지자야!
23 그리하여 이리하는 너를 이단이요, 사
탄이라 욕하며 나의 성령을 태워 너를
통하여 내리는 나의 이 법전을 짓밟고
찢어 버리고 태우며 이를 열어 보지
아니하는 그들의 어리석고 우매함에
네 가슴으로써 그 아픔을 인내하지 못
하며 참고 견디기 어려운 그 시련을

네가 쥐고 나감을 나 여호와가 아느니
라.
24 너는 나의 법전이 세상을 빨리 덮으며
나의 법전을 사람들이 그저 보기만 하
면 그 뚜껑을 열어 그 표지를 읽고 깨
우치며, 제목을 보고 깨우치며, 그 내
용을 읽고 깨우쳐 인산인해를 이루는
것을 네가 바라고자 하며 네가 그리
생각하고 있는 마음을 나 여호와가 모
름이 아니니라, 선지자야!
25 그러나 너는 여기서 들어야 될 것이니
라.
26 나의 피조물 만백성이 지금 믿음이라
는 것을 어찌 가는가?
27 의인을 구하며 인간의 근본을 지키며
인간의 아름다움을 지키며 인간의 삶
의 기본 틀을 지키는 것이 아니라, 그
틀마저도 다 망가뜨렸으며 다 무너뜨
렸느니라.
28 의인을 구하기는 고사하고 저희들은
어찌 살아가는가?
29 사악한 무리 속에서 저희가 인간 속에
들어가 더 사악한 행위를 하고 살아감
이니라.
30 그리고 지금의 믿음이 어찌 가느냐,
선지자야?
31 그들은 방언이요, 예언이요, 또 귀신
을 추방하며 귀신을 몰아내며, 기적을
부르며, 또 저희들이 은혜를 입으며,
병든 자를 고치며, 쓰러진 자를 일으
켜 세우며 저희들은 그와 같은 믿음으
로써 그와 같은 세계를 가고자 하며,
그들은 거기에 맹종하여 거기에 매달
려 있음이니라.
32 그것이 나로부터 받은 은혜요, 나로부
터 받은 은총이요, 그리고 그것이 나
로부터 받은 성령이요, 그로 하여금
저희들이 구원을 받는 그 척도로 삼아
거기다 비추고 비교하고 있음이니,
33 이는 나 여호와와 아무런 관계도 없음
이니라, 선지자야!
34 그들이 귀신을 추방한다 하며, 병든
자를 고친다 하며, 그리고 예언을 하
며 방언을 하며, 그와 같은 길이 저희
들은 구원을 받는 길이라 생각하며 그
에 성령이 임하여 저희들이 구원에 임
하였다 그리 말하나니,
35 그는 나와는 아무런 관계도 없음이니
라, 선지자야!
36 나는 지금의 제3의 시대에서 의인을
구하고 있느니라.
37 그리고 인본주의를 지키는 그 백성들
속에서 나의 피조물 만백성을 구하고
자 하느니라.
38 의인을 구하는 것이니라.
39 예수가 말하였느니라, 의인이라는 것
을.
40 이와 같은 나의 가르침과는 전혀 관계
가 없이 저희들은 기복 신앙의 근본으
로 무엇을 얻을 것이라, 구할 것이라,
그리고 병자를 고친다, 또는 귀신을
추방한다, 귀신을 본다, 방언을 한다
하는 그와 같은 기적이라는 것을 바라
며,
41 그와 같이 이루어 주기를 바라는 그것
이 지금 그들이 가고 있는 믿음의 세
계가 아닌가?
42 수천 년 역사 속에, 수십 년 동안 평생
을 믿음을 위하여 가고 있는 자들이
거기에 매달려 있으며 거기에 모두를

다 걸고 있음이니,
43 그리하여 그 역사라는 것에, 또 기적
이라는 것에 의하여 저희들이 성전이
라는 것을 위대하게 지으며,
44 그곳에서 그들이 재물과 은화를 거두
어들이는 그와 같은 기적을 이루고 싶
어 하며,
45 그러한 역사를 이루는 것이 저희들에
게 은혜를 내리며 나의 성령의 은총을
받아 저희들이 구원의 길에 들어섰다
그리 착각하고 있음이니라.
46 사랑하는 선지자야, 너의 제자들에게
일깨워 줘야 될 것이니라.
47 지금 내가 나의 피조물 만백성을 구하
고 인도하는 것은 그와 같은 방법이
아니니라.
48 의인을 구하는 것이며, 의인을 만드는
것이며, 인본주의의 인간을 만드는 것
이며, 그와 같이 되고자 노력하는 나
의 피조물 만백성을 그리 인도하고 삶
의 길을 열어 주는 것이며,
49 너희들이 말하지 않느냐?
50 모두는 여호와 하나님의 말씀으로 이
루어지며 성령이 임한다 하지 않느냐?
51 바로 그것이니라.
52 나의 성령을 태워 내려보내는 나의 법
전이요, 이는 곧 나의 성령이요, 나의
뜻이요, 나의 말이니라.
53 이와 같이 내가 나의 피조물 만백성을
다스리고 구원하고자 하는, 이 보배보
다도 귀하고 소중한 나의 법전이 내려
감이니,
54 지금 나의 법전을 읽고 깨우치는 너희
들이 깨달아야 할 것이니라.
55 방언이요, 귀신을 쫓아내며, 병자를
고쳐 냈다 하며, 귀신을 본다 하며, 또
기적을 이루었다 하며, 길 가다 동전
한 닢을 주워도 여호와 하나님의 은혜
요, 그를 기적이라 말하는 이와 같은
행위는 모두가 다 나와는 관계없는 것
이거늘,
56 너희들은 그와 같은 믿음의 자세로 영
혼을 구함을 그리 생각하고 사느니라.
57 내가 너희들에게 말하였느니라.
58 너희들은 그와 같은 행위요, 그와 같
은 것을 바라며 그것이 은사를 입고
은혜를 입었으며 구원의 길에 서 있는
것이라 생각하나,
59 그와 같은 행위는 나와는 아무런 관계
가 없음을, 내가 오늘 하늘의 뜻을 너
희들에게 밝혀 줌이니,
60 너희들이 구원의 길에 오는 것과는 아
무런 상관도 없으며, 그는 나와 상관
이 없느니라.
61 그는 정녕 나의 성령이 너희들에게 임
하여 이루어짐이 아니니라.
62 그러나 너희들은 그 모두를 다 나의
성령이 임하였으며 나의 성령의 은사
요, 나의 성령의 은총에 의하여 그리
이루어진다 생각하고 그리 치부하고
덮으니,
63 이러한 생각을 너희들은 다 버려야 할
것이니라. 그는 나와 아무런 관계가
없는 것이니라.
64 너희들의 환상이요, 너희들의 생각이
요, 너희들의 착각에서, 그러한 속에
서 이루어지며, 너희 스스로 만드는
것이며 너희 스스로 착각 속에서 성령
이 임하였다 그리함이니라.
65 성령이 임하는 것은 나의 말이니라.

66 나의 뜻이니라.
67 성령이 임하는 것이 그리 성령이 임하는 것이 아니니라.
68 내가 무어라 하였느냐?
69 영혼을 구하는 양식이 따로 있다 하였으며, 육의 양식을 너희들은 바라보면서 영의 양식을 모른다 하였음이니,
70 지금 너희들이 바라고 추구하는 것은 영의 양식이요, 영의 세계에서 이루는 것이 아니라, 육의 세계에서 이루고자 하며 육의 속에서 너희들이 바라는 것이니,
71 이는 너희들의 착각과 너희들의 환상과 너희들의 광적인 그 믿음과 광란의 믿음에서 자기 이성을 잃은 속에서 이루어지는 것임을 알라.
72 나와는 아무런 관계도 없는 이 엄연한 사실을 나의 피조물 만백성에게 가르쳐 줘야 될 것이며,
73 너의 제자들에게 이 뜻을 확실히 심어주어, 너의 제자들이 흔들리는 삶을 살아가지 아니하도록 그리해야 할 것이니라.
74 성령이 무엇이더냐? 말씀이니라.
75 너희들은 성령이 무엇이냐 물으면 말씀이라 말할 것이니라.
76 그리고 말씀으로써 나의 성령이 임하는 것이 너희들은 성령이라 말하는 것이니라.
77 그런데 내가 너희들의 마음에 성령으로써 임하여 계명을 지키고 하늘에 올라와 영혼을 구하는 그 길이 있거늘,
78 어찌하여 너희들은 내가 생각할 수도 없는 귀신을 쫓아내며, 귀신을 보며, 병든 자를 고치며, 병든 자를 일으켜 세우며, 방언을 하며, 너희들의 그러한 환상의 착각이 나의 성령이 임하여 이루어진다 어찌 그리하느냐?
79 나의 성령이 임하는 것이 그것이 아니니라.
80 너희들의 마음이 서서히 변하여 의인이 되는 것이니라.
81 의인이 되고자 너희들이 노력하며, 의인을 구하고자 하는 것이 나 여호와의 뜻이니, 그 의인이 되어 가는 길이 무엇인가를 알아 보라.
82 의인이 되어 가는 그 길은 너희같이 광란적인 믿음을 갖는 자도 아니요, 광신도의 믿음도 아니요,
83 소리 지르고 악쓰며 눈물로써 기도하며 너희들의 광적인 그러한 행동에서 진정한 의인을 구할 수 있는가?
84 너희 인간사에 학자라는 사람들도 그러한 행위는 아니 하느니라.
85 너희 인간들을 가르치는 스승이라 하는 자들도 그와 같은 광적인 행위를 않느니라.
86 너희 인간 속에서 좀 더 깨우침이 있으며 너희들이 성인이요, 군자라 하는 자들도 그러한 행위는 아니 하느니라.
87 그리고 나의 피조물 만백성에게 인성을 가르치는 인간의 지도자요, 선생도 그러한 행위는 아니 하느니라.
88 그러면서 너희들은 하늘에 오르는 의인을 구하고자, 의인만이 내가 선택하며 의인만이 내가 기억하여,
89 그런 자가 그와 같은 인간을, 그와 같은 나의 백성을 만들고자 하는 데 그 길을 간다 하는 자들이 광란적이요, 광신적이요, 오도방정을 떨며 세상에

너희들처럼 그리 춤추는 자도 없을 것
이니라.
90 직업의 무용수도 너희들같이 그렇게
광란적으로는 하지 않을 것이니라.
91 그러한 행위 속에서 너희들이 어찌 의
인을 구하며, 너희들은 배웠다 하는
인간의 군자의 도리도 모르며 군자의
자세만큼도 취하지 못하면서 어찌 하
늘이 원하는 그 의인이 될 수 있다 말
하는가?
92 이는 그런 형태로 오는 것이 아니며
그런 광란적인 행동에서 이루어지는
것이 아니니라.
93 차분히 나의 법전을 읽고 깨우치며 내
가 내린 계명을 너희들이 가슴속에 새
기면서 그를 지키고자 오늘과 내일이
점점 서서히 변해지며,
94 넓게 깨달음을 얻고 깊이를 알며 나의
성령의 뜻이 무엇인가를 알아 너희들
이 조용한 사람으로서 변해져 가며,
95 남들에게 존경받고 남들에게 추앙을
받는, 남들이 보기에 너희 얼굴에서
빛이 나는 그와 같은 내면의 아름다운
양식을 조용히 쌓아 가는 것이 너희들
이 의인이 되는 것이며, 내가 원하는
그 백성이 되는 것이니라.
96 그리하여 성령은 말씀으로 옴이니, 성
령은 성령으로써 가슴으로 통함이니
라.
97 그와 같이 광란적으로 귀신을 쫓는다
하며, 귀신을 본다 하며, 너희들이 병
든 자를 일으켜 세우는 역사를 이루고
자 기도하며,
98 그것이 은사라 하며 쓸데없이 너희들
이 착각에, 환상 속에서 지껄이고 있
는 그 방언이라는 그와 같은 것까지도
너희들은 어찌하여 그것이 기적이며
은사라 말하는가?
99 이는 나하고는 아무런 관계도 없는 잡
신의 귀신들의 행위이니라.
100 이를 너희들이 알아야 될 것이니라.
101 의인을 구하는 것은 그런 행위로 가지
아니함이니라.
102 너희들이 인간사에 배운 스승이요, 군
자요, 성인이라는 자들도 책 읽기를
즐겨 하며 정좌하여 그 자세를 바로
가며,
103 모든 학식이요, 학문이라는 것을 머릿
속에 넣기 위하며 조용한 자세로 마음
의 단련과 수련을 해 가면서 그리 공
부하여 그가 군자 소리를 들으며 성인
소리를 들으며 지도자라는 소리를 듣
거늘,
104 하늘에 구원하는 의인이 되어야 하는
것이며 의인의 그 길을 가야 되는 너
희들은 어찌하여 그와 같이 귀신 장난
같은 광란 짓을 하면서 너희들이 의인
이 될 수 있으며 내가 원하는 그 백성
이 될 수 있다 하는 것이냐?
105 이것이 잘못되었기에 지금에 도둑이
이 세상을 덮으며,
106 살인을 하며 강도질하며 강간하며 인
간의 생명을 너희들 말대로 파리 목숨
만큼도 취급하지 않는 이와 같은 험악
한 세상을 만든 것이 그 미친 자들의
광란이요, 광기를 가지고 있는 믿음을
행하는 자들이니라.
107 그리고 저희들의 집단의 잘못됨도, 저
희들의 모든 집단의 성전이라 만든 그
것도, 그리고 저희들도, 또 지도자도,

저희들의 모두가 잘못된 그 모든 것을 성령이라는 그 이름으로 다 덮어 가며 치부하며 그리 밀어붙이고 나가는 것이 지금의 너희들이니,

108 너희들의 더럽고 추한 그 죄를 다스릴 수 없으며, 나의 성령으로써 너희들의 추함을 덮어 감이니 이를 어찌하여야 너희들이 선한 백성이 되며 의인이 될 수 있다 생각하는가?

109 자기들의 지은 죄를 반성하며 오늘의 잘못을 뼈저리게 깨우쳐 다음에 행하지 않는 그와 같은 생활을 가지고 그와 같은 마음 자세로 살아가는 것이 의인이 될 수 있는 길이거늘,

110 너희들은 너희들의 잘못된 그 모든 죄요, 잘못된 그것도, 그리고 너희들이 집단을 이끌어 가는 그 방향이 잘못된 것도,

111 그 속에서 부끄러운 행위도 모두는 다 성령에 의하여 이루어지는 것이며 성령의 뜻에 의하여 이루어진다 하여, 너희들의 추하고 더럽고 간음하고 도적질하고 사기치는 그 모두를 다 탓할 수 없으며 다스릴 수 없으며 규제할 수 없으며 단죄할 수 없다 그리 성령으로 맞추어 가니,

112 지금 몇십 년 동안 믿음을 가져 온 자들이 도적질하고 거짓말한 그 숫자를 다 성령으로 또 덮으니,

113 오늘 한 사기극도 성령이요, 내일의 사기극은 또 열 배도 더함이니,

114 그것도 성령으로 다 치부함이니, 이와 같은 잘못된 사악한 믿음이 어디 있느냐?

115 이와 같은 나의 아픈 마음을 너희들에게 전하는 내 뜻을 너희들이 깨우쳐야 될 것이니라.

116 의인이 되는 것은 어찌 되는 거냐?

117 성인군자도 의인이 되고자 하여 노력하는 자는 그 자세가 바르며, 배움을 게을리하지 아니하며, 삶을 부끄럽게 살지 아니하니,

118 너희들과 같이 오도방정을 떨며 미쳐 광신자 같은 그와 같은 믿음의 자세로 가면서 의인이 될 수 없는 것이니라.

119 군자가 되기 위해서 그와 같이 힘든 고행의 길을 가는 것이거늘,

120 의인이 되는 길이 군자의 가는 길보다 열배 백배 더 힘들고 조심스러우며 청결하며 바른 자세로 가야 되는 것이니라.

121 그리하기 위해서는 나의 십계명의 뜻을 따르고 지켜야 된다는 것이니라.

122 그리하고 성령은 말씀으로 온다 너희들이 말하지 않는가?

123 너희 가슴에 온다 말하였느니라.

124 가슴에 오는 것이 너희들이 오도방정을 떨 수 있는 성령이라면, 그 성령은 잘못된 것이 아니더냐?

125 성령은 조용히 차분히 너희들의 마음을 변화시키며 미래를 통할 수 있는 마음 자세를 바꿔 놓으며,

126 모두를 아름답게 볼 수 있으며 선하게 볼 수 있으며, 질서를 파괴하지 않는 마음으로 다스려 주는 것이 바로 성령이 임한 것이니라.

127 여기에서 몇십 년간 믿어 온 너희들의 마음의 자세가 어찌 되어 있으며 어찌 행동하는가를 보고, 너희들이 단 하루만 나의 법전을 읽어 보라.

128 나의 성령으로써 내가 내려보낸, 나의
선지자가 기록한 '하늘에 오르는 길'
이요, '하나님! 말씀하옵소서.' 이 나
의 법전을 너희들이 하루만 읽어 보라.
129 하루만 읽어 보면 너희들이 지금까지
의 믿음이 잘못됨을 알며, 잘못 깨우
쳤음을 알며, 나 여호와의 성령은 행
함이요, 실천함이요, 순종함이요,
130 나의 뜻을 그대로 따르고자 고통과 시
련을 겪고 인내하면서, 모든 육신의
잘못된 영화와 즐거움과 행복을 다 저
버리면서, 오로지 정도의 길만 가도록
너희들의 마음이 바뀔 것이니,
131 30년 동안 믿음을 가진 자가 하루에
나의 법전을 읽고 깨우침이 30년 간
깨우친 것보다 더 높고 깊으며 깨달음
이 더 높다 하면 어떠한 것이 바른 것
인가, 나의 사랑하는 피조물 만백성들
아!
132 내가 성령으로써 나의 선지자를 통하
여 너희들에게 천 마디, 만 마디 깨우
침을 가르쳐 본들 무엇하겠는가?
133 너희들이 들으려 하지 아니하며, 받으
려 하지 아니하며, 너희들 것으로 만
들려 하지 아니함이니,
134 그리하여 내가 나의 법전을 읽어 보라
함이니라.
135 의인이 되는 그 자세부터 배우라.
136 의인을 구함이며, 의인이 하늘에 오를
수 있음이니, 의인이 되고자 하면 너
희들이 자세를 바꾸도록 하라.
137 육신의 행동과 육신의 자세부터 바꿔
야 될 것이며, 그리하여 너희들의 마
음속을 조용히 다스릴 때, 성령이 임
하여 너희들의 눈을 뜨게 함이니라.
138 지금 너희들같이 오도방정이요, 광신
자처럼 가며 모든 죄를 지으면서 나의
이름을 팔아 성령으로 이리되었으며,
성령은 탓할 수 없으며, 성령으로 이
루어지는 것이니 누구도 탓하지 말라,
오로지 성령의 뜻이라 하는 이와 같은
도둑놈의 심보를 가진 것이 너희들 믿
는 자요, 가르치는 자이니라.
139 성령이라는 그 이름 하나로 모두를 다
덮으니, 도적질을 오늘 열 번 했으면
내일은 스무 번을 하며, 서른 번을 하
며, 이와 같이 가는 것이 너희들이니
라.
140 그러나 정녕 성령으로 임하며 의인이
되는 길이 어떤 길이더냐?
141 너희들처럼 거짓을 오늘 열 마디를 하
고 성령으로 덮으며, 내일은 또 스무
마디를 하며 서른 마디를 하며 또 성
령으로 덮는 것이 의인이 되는 길이더
냐?
142 오늘 거짓을 열 번을 했으면 내일은
다섯 번을 하며 모레는 두 번을 하며
또 세월이 지나면 한 번을 하며 다시
는 그것을 하지 않도록 줄여 나가고
잘못된 것을 버려 가는 것이 의인이
가는 길이 아니더냐?
143 성령으로써 모든 걸 치부하고 덮는 것
이며 성령의 이름을 팔아먹는 그 자체
는 절대로 나와는 관계도 없는 것이니,
144 내가 너희들에게 60점에서 점수를 준
다 하면 1점도 안 된다는 뜻이 여기
있느니라.
145 의인이 되는 것은 성령 속에 있음이니
라.
146 나의 법전의 한 권을 하루에 걸쳐 너

희들이 읽어 보라. 그러면 의인이 되는 길이 거기 있으며 의인이 되는 것을 깨달을 것임이니,
147 의인이 되는 자만이 구원을 받을 수 있으며 하늘에 오를 수 있음이니라.
148 너희들을 이리 채찍질하는 나의 마음이 너무도 아프고 쓰림이니라.
149 나의 사랑하는 피조물 만백성 너희들을 내가 이리도 채찍질하고 너희들을 꾸짖는 나의 마음이 너무나 아픔이니라.
150 나의 사랑하는 선지자가 세상에 나와 33년을 살며, 그가 160권의 법전을 세상에 내보내니,
151 너희들을 구원할 수 있는 길이 없으며 너희들이 구원을 받을 수 있는 기회가 없음이니,
152 지금 쉬지 않고 세월이 흘러감이니, 너희들이 내일 죽을 자가 있으며 모레 죽을 자가 있으며 열흘 후에 죽을 자가 있으며 10년 후에 죽을 자가 있으니,
153 그들이 나의 법전을 읽어 보지 못하며 나의 선지자를 만나 보지 못하며 내가 내린 성령, 나의 피조물 만백성 너희들을 구하고자 하여 내가 내려보내는 이 법전을 내일 죽어 가는 사람이 볼 수 없으니, 내 마음이 얼마나 아프고 쓰리겠는가?
154 내일에 죽어 갈 자가 나의 성령으로 임하여 내린 나의 법전을 읽고 깨우치며 정녕 나에게 기도하며,
155 그리고 너희들이 죽어 가면서 말할 때, 너희들이 믿음을 10년이요, 20년을 믿어 온 자가 너희 자식이요, 너희 주변 사람들을 모아 놓고,
156 '내가 죽음에서 깨달음이 있음이니, 이 법전이 정녕 여호와 하나님께서 내리신 법전이요, 내가 지금 믿어 온 것은 허상이요, 잘못됨이요, 잘못된 종교 지도자들 밑에서 허황된 꿈속에서 너무나 편안하고 안일한 자세로 하늘에 오르는 그 길을 선택하였음이니,
157 여러분들은 십계명을 지키면서 이 법전을 읽고 구원을 받는 길로 오늘 이후로 여러분들이 다시 자신을 바꾸시오.' 하며 너희가 숨을 거둔다 하면, 그 순간에 너희 영혼을 내가 살려 구원할 것이니 그리 알라.
158 이 무서운 나의 뜻을 듣고도 너희들이 시행하지 아니하며 지키지 아니한다면, 이는 너희들이 나에게 죄를 지음이며,
159 너희들은 천추의 한을 갖고 영원히 나에게 고개 들지 못하며 그 무서운 죄의 대가에, 별 속에서 살아감을 알아야 할 것이니라.

2,010 번째 하나님 말씀

2002년 3월 10일 08시 30분

1 사랑하는 선지자야!
2 "네, 여호와 하나님! 말씀하옵소서."
3 수천 년 역사 동안 흘러오는 나의 피조물 만백성 너희들의 삶은 오로지 나에게 오르며 구원을 받는 것이 너희들의 가장 원하고 가장 바라는 것이었으나,
4 그러면서도 너희들은 나 여호와가 존재하는가 존재하지 않는가, 또한 정녕

너희들이 어찌 살아가야 하는 것인가
하는 이와 같은 의구심을 가지고 살아
오는 것이 나의 피조물 만백성 너희들
이었느니라.
5 그리하여 지금의 믿음에 오고 있는 자
들이 저희들 자신도 확고한 신념과 자
신을 갖지 못함이니,
6 너희들은 말로써는 평상시에 나 여호
와를 위하여 목숨을 바치며 나를 위하
여 모두를 다 던질 수 있다 그리 말하
느니라.
7 그러나 너희들은 어찌 살아가는가?
8 내가 너희들에게 깨우쳐 일깨워 준 그
방법과는 너무나도 먼 거리에 있음을
너희 스스로 알아야 될 것이니라.
9 너희들은 지금 믿어 오고 살아오는 그
믿음이 너희들 손바닥으로 하늘을 가
리는 그와 같은 형국으로써 믿음을 향
하여 왔음이니,
10 내가 너희들에게 그리 말하는 것을 너
희들은 믿지 않으려 할 것이며 나 여
호와를 원망할 것이니라.
11 그러나 너희들은 스스로 깨우쳐야 될
것이니라.
12 내가 너희들에게 명하기를 의인이 되
는 그 길을 바랐으며 의인이 되어 너
희들이 스스로 하늘에 오르는 자를 내
가 선택하고자 하였음이니,
13 그리하여 너희들에게 내가 많은 계명
을 내렸으며, 또 지키고 살도록 그 지
표를 내렸음이니라.
14 지금의 너희들이 어찌 살아가는가?
15 너희들은 스스로 나 여호와가 지키라
는 그 계명을 지킬 수 없다 말하여, 믿
음을 향하고 있는 것은 너희들의 손바
닥으로 하늘을 가리고 나를 속이며 너
희들 양심을 속이는 그와 같은 믿음의
형태에 지금 와 있어,
16 너희들이 존재하는 이 세상이 도적이
우글거리고, 살인한 자요, 간음한 자
요, 도적질한 자요,
17 이와 같이 내가 지켜서 살아오라 한
그 모두를 다 너희들은 역행하고 사는
것이 만연되어 있으며 그리하여 종말
의 시대에 이르러 와 있음이니라.
18 너희들은 말하기를, 나 여호와를 위하
여 생명을 바치며, 모두를 다 던지며
버릴 수 있다 그리 이야기하며,
19 구약에 믿음을 가져 자식을 버리는 자
있었으며, 그리고 나의 아들이 나의
성령의 뜻에 따라 만백성을 구원하는
길을 가다 그가 너희들에 의하여 죽어
갈 때 그를 거부하지 아니하며,
20 나의 피조물 만백성이 얼마나 나 여호
와가 존재함을 이해하지 아니하고 따
르지 아니하였으면 그가 내가 존재한
다는 것을 보여 주기 위해서 그와 같
은 고통의 죽음을 선택하였는가?
21 그리하여 너희들은 말로 하느니라.
22 자기 아들을 죽여 제사를 지내는 자처
럼 할 수 있으며, 나의 아들 예수의 죽
음처럼 장렬히 죽음을 택할 수 있다고
너희들은 평소 믿음을 그리 말하고 있
으며,
23 종교의 가르치는 지도자들 또한 그리
말하고 있느니라.
24 그러나 너희들은 나의 가르침을 따르
는가?
25 너희들이 도적질하고 싶어하여 도적
질을 할 때 그 손을 자르라 하였으며,

너희들이 더럽고 추한 것을 보고 싶어
하여 보면 그 눈을 빼라 하였으며, 잘
못 가는 쪽을 향하여 가는 너희들 발
을 잘라 너희들이 바로 서는 그와 같
은 길을 가라 하였으며,
26 그와 같이 너희들이 육신을 절단하여
버리더라도 의인의 길을 가며 의인이
되도록 너희들은 살아가라 내가 말하
였느니라.
27 그러나 너희들은 과연 그리 살아가는
가?
28 마음으로 지킬 수 있으며, 결심을 하
면 지킬 수 있으며, 생각을 바로 하면
지킬 수 있는 그러한 나의 십계명도
지키지 아니한 그와 같은 너희들은 나
와는 전혀 관계도 없는 그 길을 가고
있음이며,
29 소위 청개구리라는 것이 있느니라.
30 산으로 가라 하면 들로 가며, 들로 가
라 하면 산으로 가는 그와 같은 행위
를 한 청개구리가 있다는 그런 이야기
를 들었음이니,
31 너희들이 지금 그와 같은 형국으로 살
아가고 있으며,
32 그를 돌이키려 생각하지 아니하는 그
와 똑같으니라.
33 너희들은 나 여호와를 위하여 목숨을
바칠 수 있으며, 가장 소중한 자식까
지도 바쳐 제사를 지내는 그와 같은
너희 선조들의 그 뜻에 따라 행할 수
있는 믿음을 갖고 살아간다 말하느니
라.
34 그리하여 너희는 광분하여 광란의 짓
을 다하며 이성을 잃은 자와 같이 울
고불고하며 기도를 하고 나를 위하여
경배를 드리는 것이 너희들의 실정이
아니던가?
35 그리고 너희들은 말하느니라.
36 '주여, 여호와여! 나는 모두를 당신을
위하여 다 바칠 것입니다.' 하나,
37 내가 너희들에게 도적질하고자 하는
그 손을 잘라 도적질하지 말며 의인이
되라 하였거늘, 너희들은 과연 그 손
에 상처 한 번을 냈는가?
38 그리고 내가 명한 모든 것을 지키지
아니할 때 너희들은 너희 몸에서 피를
쏟아서 상처를 내는 그와 같은 독한
마음으로써 잘못된 것을 지키고자 하
는 생각을 해 본 자 얼마나 있는가?
39 그리 결단을 내리지 못하는 너희들이
어찌하여 나에게 무슨 목숨을 바치고
무엇을 다 바친다 그리 말하며 너희들
은 나에게 그리 경배한다 하는가?
40 그리고 그와 같은 것이 어찌하여 너희
들이 열화와 같은 믿음이요, 진정한
믿음이라 하는가?
41 너희들이 도적질하고자 하는 그 손을
자르기 전에, 너희들이 도적질하는 그
손에 칼로, 가위로, 못으로, 또는 나뭇
가지로라도 상처를 한번 내 보았는가?
42 도적질하고자 하는 그 손에 너희들이
칼로써 상처를 낸다 할 때, 그 피를 흘
리면서도 너희들은 도적질을 하겠는
가?
43 너희들이 팔은 자르지 아니하여도 좋
으니라.
44 팔도 하나 자르지 못하는 주제에, 그
리고 팔에 상처까지 내면서 너희들이
악한 짓을 하지 아니하려는 그런 결단
과 용기도 없는 주제에, 그리고 시행

하지 않는 주제에 너희들이 목숨을 바
쳐 나를 따르며 경배한다 그리 말하는
가?
45 그러니 지금까지 너희들의 그 믿음이
라는 것은 나를 기만하고 나를 속이며
너희들 자신을 속이며 너희들의 육신
의 영화와 영달을 위하여 그와 같은
광란의 짓과 미친 짓을 하면서 믿음을
왔다 하면 너희들은 믿겠는가?
46 너희들은 하늘을 손바닥으로 가리고
자 하는 마음이요, 그와 같은 형국으
로써 가리고서 너희들이 살아왔다는
나의 말이 틀리다 하면,
47 너희들은 도적질하는 너희 손을 자른
자가 있으며, 더럽고 추한 것을 보고
서 즐거워하는 눈이 있어 너희들의 눈
을 뺀 자 있는가, 그리고 입에서 악하
고 더러운 말만 나와 너희들 혀를 잘
라 그 말을 하지 아니하고자 한 자 있
었는가 물어보라.
48 지금의 종교 집단에 가 너희들이 믿음
이라 하여 성전에 들어가 광란의 짓을
하며, 온통 무대에서 무용수보다 더
요란하고 광란적으로 흔들며 소리 지
르며 아우성치는 너희들이,
49 그리고 재물을 바치면 구원을 받는다
는 허황된 그 속에서 지금의 너희들이
어떠한 믿음의 길을 가고 있는가?
50 그리고 예수의 보혈로써 다 은혜를 받
았다 하는 자, 너희들이 의인이 되는
그 길을 위하여 너희들 몸에서 상처를
내면서까지도 옳고 그름을 구분하여
선을 선택하여 살아온 자 있는가?
51 그러니 너희들이 나를 기만하며 나를
속였음이니라.
52 너희들은 마음 하나를 정리하며 마음
하나를 바로잡으면 지키고 하늘에 오
를 수 있는 십계명 그 자체도 힘들고
어렵다 하여 지키지 못하였으니,
53 마음으로써 지킬 수 있는 그 계명 하
나도 지키지 못하는 너희들이 너희들
의 손발을 자르며 너희들의 목숨을 던
져 가면서 과연 계명을 지키려 하였던
가?
54 오늘 내가 나의 선지자를 통하여 너희
들에게 명하노니,
55 내가 너희들에게 지키라 하여 불로 직
접 쓴 그 계명이, 나의 명이 더 중요한
것이며 나의 뜻이 더 중요한 것이며
내가 너희들에게 명한 것이 더 중요한
가,
56 그렇지 않으면 너희들의 종교 지도자
그들이 가르치는 똑같은 인간이 말하
는 것이 더 중요한 것인가?
57 너희들은 여기서 나와는 너무나도 멀
고 먼 길로써 지옥 불로 가고 있는 행
위를 하고 있음을 알아야 할 것이니라.
58 너희 스스로 판단하고 너희 스스로 지
켜야 될 것이니라.
59 나 여호와가 너희들을 구원하는 자며,
너희들이 나에게 오르고자 하며 나에
게 구원받고자 모두를 다 바칠 수 있
다 말하면서,
60 너희들은 내가 너희들에게 지키고 살
라 한 그 십계명을 지키지 아니하며
나 여호와가 내린 것은 지키지 아니함
이니,
61 나 여호와가 내린 명령이 더 중요한
가, 너희 인간들이 내린 명령이 더 중
요한가?

62 여기서 너희들은 이와 같은 이치를 하나 깨우쳐 본다 해도 너희들이 눈을 뜨고 귀를 열어야 할 것이니라.
63 전지전능하신 여호와 하나님이요, 창조주인 나 여호와라 너희들이 말하면서,
64 창조주인 내가 너희들의 생명을 주었으며, 너희들을 창조한 나 여호와가 지키라는 그 명령이 너희들에게 소중한가, 그리고 그 명령을 엄히 지켜야 하는가,
65 나의 인간으로서 똑같은 너희들의 형제인 인간이 지키라는 그 명령이 정녕 더 위대하고 근엄하며 너희들이 더 지켜야 되는가?
66 너희들은 나에게 오르고자 하며, 하늘에 오르고자 하며, 전지전능한 너희 아버지라 눈물로 부르짖으며 그를 위하여 목숨과 모든 것을 다 바칠 것이라는 허황된 짓을 하고 있음이니라.
67 그러면서 내가 내린 명령은 무시하며, 너희 인간 속에서 세 치 혓바닥으로써 간악한 형국으로 너희들을 인도하고 부르짖는 그들의 말을 너희가 따르니, 이는 어찌된 것이냐?
68 그러하니 너희들이 나의 백성이요, 나의 자식이 아님이니라.
69 누구의 명령이 더 엄하고 소중하고 근엄하며 너희들이 절대적으로 지켜야 하는 것인가?
70 이는 당연히 나의 명령이 더 위대하며 나의 명령을 지키는 것 외에는 다른 길이 없거늘,
71 너희들은 힘들고 어려운 그 길을 가지 아니하며, 너희들의 육신의 안일과 너희들이 편안한 사탄과 더불어 지옥으로 가고자 하여,
72 내가 너희들과 똑같이 창조한 너희 형제요, 인간이 생각하여 지시하는 그 명령만을 따르고 '주여, 여호와여!' 하며 하늘에 오르겠다 부르짖으니, 나를 찾지 말라.
73 이제는 너희들이 나를 부르고 찾을 수가 없느니라.
74 선지자 너는 너의 제자들에게 오늘 이를 반드시 심어 줘야 될 것이며 그들에게 깨우쳐 줘야 될 것이니라.
75 나 여호와에 의하여 창조된 너희들에게 나의 명령이요, 내가 내린 명령이 더 소중한가, 너희 인간들이 내린 명령이 더 소중한가?
76 이를 깨우쳐야 될 것이니라.
77 나 여호와가 선지자를 통하여 너희에게 명하는 모든 법전의 내용대로 지키고 살라 하는 그 명령이 중요한가, 나의 선지자가 말하기를 이는 여호와 하나님께서 내린 것이나 너희들이 대충대충 지키고 살고 슬금슬금 거짓 하고 도둑질하고 사기 치고 간음해도 된다 그리 가르친다 하면 그 명령이 중요한가?
78 너희들은 여기서 무엇을 선택하여야 되는가?
79 나의 법전대로 살라는 것은 험난하고 힘든 그 고비를 가야 되는 것이며 선지자가 내리는 것은 즐겁고 향락 속에서 살아가는 것을 선택함이니,
80 너희들은 가장 근엄한 지상의 명령인 나의 명령을 접어 두고 나의 선지자가 이야기하는, 대충대충 거짓 하며 사기

치며 간음하며 즐겁게 살라 하는 그것
을 따른다 하면 너희들은 무엇이더냐?
81 나와는 아무런 관계가 없지 않은가?
82 그중에서 정녕 법전대로 지키는 것은
나 여호와 하나님의 뜻이라 하여, 법
전대로 지키는 것만이 구원을 받을 것
이며,
83 선지자가 가르치는 것은 잘못 가르치
며 그가 스스로 자기 자신을 위하여
그를 따르는 많은 나의 피조물 만백성
을 그가 이끌어 그저 향락주의로 가고
자 하여 그가 속이고 저희를 기만하는
것이니,
84 그를 따라서는 안 된다 이리 말하고
깨우치는 자가 바로 지금 너의 제자들
이니라.
85 바로 그렇지 아니한가?
86 모두를 대신하여 나를 태워 내려보낸
내가 불로 직접 쓴 그 명령장이니라.
87 그리고 내가 거기에 같이 있으며 나의
성령이 같이 있음이니라.
88 그리하여 그를 지키고 사는 자만이 나
의 성령이 너희 가슴에 임하거늘, 너
희들은 그는 어렵고 힘들고 가시밭길
이라 하여 그를 버렸음이니라.
89 그리고 너희들 인간 세상의 향락을 즐
기면서 살아갈 수 있는 길이 있다 하
여 십계명은 접어 두고 너희들 스스로
인간이기 때문에 지킬 수 없다는 그
간판 테두리 하나로써 너희들은 거기
에 현혹되어 나에게 기도하며
90 '여호와여, 주여!' '주여, 아버지여!' 그
리고 '창조주여!', 나의 아들 '예수여!'
그리 찾으며, '여호와 하나님!' 또한
'주여!' 그리 찾고,
91 그리고 너희들의 모두를 바쳐 살겠다
하는 그것이 나에게 들리기는 어찌 들
리는지 아느냐?
92 '우리는 당신의 뜻을 따를 수가 없으
며 당신의 뜻을 따르지 아니하겠나이
다. 당신은 싫소이다.
93 나는 우리 종교 지도자, 우리 사악한
무리가 지시하는 그것만을 따르겠소
이다. 나는 이것이 더 좋고 편하니 나
는 이 길을 갈 테니까, 당신과 나는 아
무런 관계가 없소이다.' 그리 그 음성
이 나에게 들린다면 너희들은 어찌하
겠는가?
94 너희들이 나 여호와를 찾으며 나 여호
와를 위하여 너희들의 자식을 바치며
너희들의 목숨을 바쳐 모두를 다 바칠
수 있다고 아우성치고, 광란의 그 몸
짓과 소리가, 그리고 피로 죽어 간 나
의 아들을 부르는 그 너희들의 모습
이, 그 아들을 따라 너희들이 구원받
고자 소리 지르고 하는 것이 나에게는
어찌 들리는지 아는가?
95 그리 너희들이 아우성치고 소리 지르
는 것이 '주는 있지도 아니하다, 하나
님은 있지도 아니하다, 그건 다 허상
이다, 거짓이다, 그리고 예수의 보혈
로써 구원받는다는 것도 다 쓸데없는
소리다,
96 그 소리를 들으면 사람이 고달프고 힘
들며, 여호와 하나님을 찾으며 주를
찾으며 그가 살라는 그 뜻대로 생명수
와 같은 말씀에 따라 사는 것은 고통
스럽고 힘드니, 이건 다 필요 없는 것
이다.
97 그리고 우리에게 여호와 하나님은 계

시지도 아니하다.

98 우리는 인간이 가르치는 이야기, 편하게 살고 향락주의로 살며 힘들고 어려운 길을 가지 아니하며 즐겁고 편안한 삶을 갈 수 있는 이 길을 가는 것이 타당하며 이게 맞다.' 그렇게 나에게 번역하여 들림이니라.

99 너희들이 하고 있는 행위가 그리 들림이니라.

100 타국의 말로써 번역하여 들리는 것이며,

101 너희들이 설교하며 강론하며 자기들의 의사를 표시하는 것같이 아무리 그리 떠들고 광란 짓을 해도 나에게 번역하여 들리는 것은,

102 '우리는 주 예수요, 창조주가 없으며 예수의 보혈로 구원받는다는 것도 다 거짓말이며 이는 쓸데없는 짓이니라. 우리끼리 즐겁게 향락을 즐기며 살다가면 되는 것이니, 우리의 우두머리를 따라가자.' 이리 기도드리는 것으로 번역하여 나에게 들림이니,

103 너희들이 기도하는 것은 강아지가 우는 소리만큼도 나에게 관계되지 아니하며 파도 소리만큼도 나에게는 아무런 관계가 없다 하는 뜻이 여기에 있느니라.

104 내가 변역하여서 듣는 것이 중요한 것이지, 너희가 소리 지르고 광란 짓을 하는 것이 그대로 하늘에 와 닿는다 생각하지 말라.

105 너희들이 정녕 구원을 받고자 한다면 내가 명한 것을 엄히 들으라.

106 지금 너희들이 선택의 기로에 서 있느니라.

107 오늘 나의 선지자를 통하여 내가 성령의 뜻을 내려보내며 나의 선지자의 제자들과 그를 따르는 백성에게 가르치는 이야기를 듣고 깨우치는 자는 구원을 받을 것이나,

108 그렇지 않으면 구원을 받지 못할 것이니, 지금 너희들이 양단간에 선택할 그와 같은 기로에 서 있음을 알라.

109 나 여호와가 직접 내린 그 명령이, '십계명을 지키고 살라는 그 명령은 여호와 하나님의 명령이니 죽어도 그 명령에 따라 우리는 행해야 구원을 받는다.'는 결정을 하는 자와,

110 너희들과 똑같은 인간이 세 치의 혓바닥으로 금화와 은화를 거둬들여 제가 배불리 편안히 살고자 하는 그 사악한 무리들 속에서 그 명령이 더 위대하다 하는 자,

111 이것은 너희들이 결정을 지어야 될 것이니라.

112 이제 너희들이 그런 사악한 자의 명령이 엄하며 소중하다 생각하면 그리 갈 것이며,

113 나 여호와의 명령은 소중하지 아니하다면 나를 위해 기도하지 말라, 나의 이름을 부르지도 말라.

114 십계명을 지키고 살겠다는 각오와 나의 법전을 읽고 깨달아 하늘에 오르는 길을 보고자 하지 아니하는 자는 나 여호와를 찾지도 말며, 나의 아들 예수를 부르지도 말며, 그 보혈로써 은혜 받았다는 그 허황된 소리를 하지 말라.

115 너희들과 나는 아무 관계가 없음이니라.

36 나의 뜻을 따르며 나의 뜻을 행하고자
하며 내가 명하는 것을 순종하는 자가
모두를 다 관리하고, 그의 것이라는
것이 명확한 사실이 아니던가?
37 그리하여 이제는 오늘부터 모두가 선
지자와 더불어 너희들 것이니, 내가
너희들에게 영광을 내릴 것이니 그리
알라.
38 오늘 너희들이 다시 한 번 마음에 짚
고 넘어갈 것이 있느니라.
39 정녕 십계명을 지키지 않는 것은 나
여호와의 명에 거역하는 것이며, 너희
들이 불복하는 것이며, 너희 마음속에
내가 존재하지 아니하는 것이기 때문
에,
40 너희들 마음속에는 너희 목숨을 바쳐
서라도 십계명을 지키며 그에 따라 살
아가겠다는 너희들의 마음 하나를 굳
히며, 어떠한 태풍이나 비바람이 불어
온다 해도 너희들이 흔들리지 않는 마
음을 가져 준다면 너희들이 원하고 소
원하는 것을 선지자를 통하여 하나하
나 내가 거둬들일 것이니,
41 나의 이 약속을 소홀히 생각하지 말라.
42 오늘 너희들이 돌아가면 너희 모습을
거울이라는 것에 비추어 보라.
43 그 모습이 너희들이 아님을 알아야 될
것이니라.
44 내가 너희 이름을 낙원에 걸어 놓았다
하였음이니,
45 그리하여 너희들이 지금 반석 위에 일
어서 하늘에 오르는 빛을 보는 그와
같은 위치에 서 있는 것이 내가 70이
라는 선을 넘었다 하였음이니라.
46 지금 이 세상 나의 피조물 만백성 중
에 너희들과 같이 깨우친 자 있으나
그들은 행함을 모르느니라.
47 그들은 말로써, 너희들이 말하는 책으
로 전하는 것으로써 모두 깨우치고,
세상사 이치를 너희보다 높고 높은 자
리에서 그들은 깨닫고 알고 있느니라.
48 너희들과 마주앉아 대화를 할 때 그들
은 육하원칙을 따져서 너희들에게 말
할 것이며,
49 너희들은 나의 법전만을 갖고 댈 것이
니, 너희들이 그들을 따를 수 없으며
그들을 이길 수 없다 하나,
50 그들은 인간의 머리에서 나오는 것이
기 때문에 한계가 60을 넘지 못함이
니라.
51 결국은 너희들 앞에 고개를 숙이게 되
어 있느니라.
52 너희들의 넓고 높은 그 뜻을 그들은
이해하게 될 것이며 그들은 너희들을
이길 수 없음이니라.
53 이것이 바로 나에게 선택된 자이며,
나의 법전을 읽고 공부하는 자들이며,
나의 성령을 들어 깨우치는 너희들이
니라.
54 지금 나 여호와가 너희들의 변하는 그
모습을 보고 기쁨이요, 너희들을 사랑
하고 너희들보다 몇백 배, 몇천 배 더
기쁨을 얻고 있으니, 너희들이 너희
육신을 사랑하는 것보다도 내가 너희
들을 더 사랑함이니,
55 내가 사랑하는 너희들에게 무엇인가
를 주고 싶지 아니한 마음이 어디 있
으며 무엇인들 내가 너희들에게 주는
것이 두렵겠는가?
56 나의 마음을 너희들이 더욱 깊이 깨닫

고 깨달아 나에게 너희들이 한 발 한
발 다가오는 나의 백성으로서 살아가
는 데 손색이 없이 그리하라.
57 그리고 나 여호와가 존재함을 믿으라.
그리고 너희들이 죽어 와 반드시 심판
을 받음을 알라.
58 이와 같은 이치를 깨닫고 너희들의 마
음이 흔들리지 아니한다 하면 이 성전
의 모두에 영광이 같이 있을 것이니라.
59 이를 잊지 말라.

2,012 번째 하나님 말씀

2002년 3월 11일 0시 40분

1 내 사랑하는 선지자야!
2 "네, 여호와 하나님! 말씀하옵소서."
3 내가 무엇으로써 너를 위로하며 무엇
으로써 너에게 나의 마음을 전해야 할
까?
4 네가 나의 피조물 만백성을 구하고자
하는 그 마음의 갸륵함에 나 여호와가
너에게 무엇으로써 상을 내려야 할까?
5 "여호와 하나님!
6 하나님께 받은 그 은혜와 은총도 하늘
과 같거늘, 제가 감히 무엇을 받으며
무엇을 원하며 무엇을 얻고자 하겠나
이까?
7 그러한 마음에서 제가 오늘의 삶을 가
고 있는 것이 아니옵나이다.
8 아무것도 원하는 것이 없으며, 저에게
내려 주시는 그런 은혜를 거두어 주옵
소서.
9 아무것도 저는 필요가 없으며, 받을
것이 없으며, 그리고 여호와 하나님으
로부터 어떠한 은혜와 은총도 받을 자
격이 없사옵나이다.
10 지금까지 받은 그 은혜와 은총이요,
그 영광만으로도 제 몸이 부서지도록
그 모두를 다 바쳐도 그 은혜를 입을
수가 없으며, 갚을 수가 없사옵나이다.
11 저 자신이 깨우침이 없으며 저 자신이
아직도 깨달음이 없는 오늘의 이 삶에
서 제가 여호와 하나님으로부터 무슨
은혜를 받으며 또한 저를 따르고자 하
는 저의 제자들을 위해서 무엇을 구하
며 받으며 원하는 것이 있겠사옵나이
까?
12 저는 정녕 그러한 길은 갈 수 없으며
그러한 기도를 드릴 수도 없으며 그러
한 마음을 가질 수도 없나이다.
13 정녕 저를 따르는 제자들이요, 저를
보고 느끼는, 그리고 여호와 하나님의
법전을 읽고 깨우치는 백성들이 이보
다 더 은혜와 은총과 영광이 없으며,
14 영혼을 구하는 길과 구원을 받는 그것
보다도 더 축복이며 소중한 것이 없거
늘, 무슨 육신에 대한 영광이며 영화
를 또 받을 수 있겠사옵나이까?
15 저는 정녕 그리할 수는 없사옵나이다.
그리고 정녕 원하지도 아니하며 바라
지도 아니하옵나이다.
16 그것이 싫으면 그들이 떠나면 될 것이
옵나이다.
17 육신의 부귀와 영화를 얻고자 하여 생
각한다면, 그를 주지 아니하고 얻지
못한다 하여 그들이 오늘의 시련과 고
통을 견딜 수 없다면 그들이 그저 이
자리를 떠나면 되는 것이옵나이다.
18 저는 이제 알았사옵나이다. 그리고 제
가 또 가야 할 길과 해야 할 일을 알았

사옵나이다.
19 여호와 하나님 아버지께서 말씀하시
기를, 감자라 하는 종자의 그 모든 씨
앗이 다 썩어졌으니,
20 그 하나의 성한 감자 씨앗이 남아 그
를 추려 심어 그로써 세상에 만백성이
먹을 수 있도록 그와 같은 양식을 만
든다 하셨던 그 뜻을 이제야 깨닫고
있사옵나이다.
21 저희들이 아무것도 모르고 뜻도 잘 모
르면서 십계명이라는 여호와 하나님
의 말씀을 지키고 살아야 되겠다 그리
생각하며,
22 그리고 또 하나님께서 내리신 이 법전
을 지키고 그 내용대로 살아가겠다는
생각을 하면서 몇 개월의 세월이 흘렀
사옵나이다.
23 지금의 세월이 흐른 저희들이 바라볼
때, 이제는 저희들이 지킬 수 있다 말
하며 그리고 지켜 갈 수 있다 생각하
며 지키고 갈 수 있다는 그와 같은 마
음의 자세가 이제는 굳어져 가고 있으
며,
24 저희들은 지키고 살 수 있으며 또 그
리 지키고 살아갈 것이옵나이다.
25 지키고 살아가겠다는 생각과 지키고
살겠다는 그 마음을 반복하고 또 반복
하고 계속 그를 반복할 때, 그를 지킬
수 있고 희생할 수 있는 용기와 힘이
있음을 알겠사오며, 그리고 그를 지키
지 아니하고는 살 수 없음을 알겠사옵
나이다.
26 지금 저의 제자들과 하나님이 내려 주
신 법전을 읽고 깨우친 백성들은 이제
는 그를 지키지 아니하고는 살 수 없
는 그와 같은 경지에 올라와 있사옵나
이다.
27 저희가 하루에 세 끼의 식사요, 밥을
먹지 아니하면 아니 되며, 때가 되면
스스로 밥을 찾아 저희들이 먹고사는
것과 마찬가지로,
28 여호와 하나님의 그 어렵고 힘들고 누
구도 지킬 수 없는 십계명을 지킬 수
있다, 지키며 살아야 되겠다, 그와 같
이 저희들이 하나님께 매일 맹세하고
약속하는 그 세월이 몇 개월이 지나지
도 않은 지금,
29 하루에 사람들이 세 끼의 밥을 찾아
먹으며 때가 되면 배고픔과 마찬가지
로 십계명을 지키고 살겠다는 마음이
그와 같이 자리를 잡고 있으며 그와
같이 지켜 갈 수 있는, 그리고 때가 되
면 식사를 찾듯이 십계명을 저희는 지
키고 살 수 있는 것을 깨닫고,
30 지키지 아니하고는 이제는 살 수 없다
는 그와 같은 저희들의 변화의 역사를
알고 있사옵나이다.
31 여호와 하나님께서 썩은 종자 속에 하
나의 종자가 살아 있음이니,
32 싱싱하고 새순이 나는 그 종자로 하여
금 새것으로써 이 세상을 다 덮겠다
하시던 그 말씀을, 그리고 그것으로써
여호와 하나님의 피조물 만백성을 먹
이고 살리는 양식으로써 충분히 기를
수 있다는 여호와 하나님의 그 말씀을
이제야 깨달았사옵나이다. 그리고 알
았사옵나이다.
33 저희들이 지금 미천하오나, 저희들이
지금 이 험악한 세상에서, 혼탁한 세
상이요, 도적이 우글거리며 인간의 육

신에 의하여 삶에 의하여 모두의 생명
까지도 소중히 여김을 다 저버린 이와
같은 험악한 세상에서,
34 누구도 인간의 기본의 자세요, 아름다
움을 찾을 수 없으며 여호와 하나님께
서 말씀하시는 그 사랑의 뿌리를 도저
히 내릴 수가 없으며 그 근거와 뿌리
를 찾을 수 없는 그와 같은 절망감 속
에서 살아가는 저희들이었사오나,
35 저희들이 여호와 하나님의 법전을 읽
고 깨우치는 그 몇 개월의 생활 속에
서 저희들의 마음이 변해져 가는 그
무서움을 저는 보았으며 그리고 그를
깨닫고 있사옵나이다.
36 여호와 하나님께서 말씀하시기를, 60
이상의 점수를 인간은 넘을 수 없으나
저희들이 70이라는 그 선에 올라왔다
말씀하신 뜻을 이제야 깨달았사오며,
37 그 70에 올라온 저의 제자와 여호와
하나님의 법전을 읽고 깨달은 백성들
이 80에 진입했을 때, 그는 완전한 새
로운 시대요, 새로운 사람으로서 새로
운 시대를 열어 가는 그와 같은 역사
를 이룰 수 있는 굳건한 마음의 자세
로 서진다는 것을 알았사옵나이다.
38 하나의 종자를 잘 가꾸어 씨를 뿌려
그것이 만백성이 먹고살 수 있는 양식
이 된다 하셨던 그 말씀에 따라서 저
희들이 지금 한 사람도 아니요, 두 사
람도 아니요, 저의 제자들이 수없이
늘어나고 있으며,
39 여호와 하나님의 법전을 읽고 깨우치
는 백성들이 수없이 늘어남이니,
40 이는 바로 하나의 종자가 많은 백성을
먹일 수 있는 양식으로 자랄 수 있고
그를 가꾸고 거둘 수 있다는 것을 깨
달았사오며, 저희들은 그리할 수 있다
는 것을 깨닫고 있사옵나이다.
41 이제는 알았사옵나이다.
42 여호와 하나님의 아들이신 예수님께
서 세상에 나와 떡 한 광주리와 생선
한 광주리를 가지고 수천수만의 백성
들을 먹였던 그 뜻을 이제야 깨달았사
옵니다.
43 여호와 하나님! 정녕 그것은 떡을 먹
은 것이 아니며 생선을 먹은 것이 아
님을 알고 있사옵나이다.
44 예수님께서 여호와 하나님의 뜻을 받
들어 그 성령의 가르침을 그들에게 바
로 전해 주었고 바로 그들에게 깨우쳐
주었기 때문에, 그를 깨닫고 있는 자
들이 넘치고 넘쳐 그들이 영광의 은혜
와 축복을 받았음이니,
45 그를 떡이요, 생선과 어디 그리 감히
비교할 수 있겠사옵나이까?
46 말로 표현하기는 생선과 떡을 만들어
서 먹었다 하오나, 그건 떡과 생선이
아님을 이제야 제가 깨닫고 그를 알았
사옵나이다, 여호와 하나님 아버지!"
47 사랑하는 선지자야!
48 그를 네가 알았는가? 그리고 네가 그
를 깨우쳤느냐?
49 하나의 종자의 그 씨앗이 수천수만의
나의 백성을 먹일 수 있는 그 양식이
되는 것은 세월이 필요하듯이, 그리하
여 그것이 만백성을 먹이는 양식이 될
수 있듯이,
50 나의 법전이 세상에 퍼지면서 지금 썩
어져 간 이 속에서 너희들같이 곱고
아름답게 살아가는 그 백성이 하나 둘

깨닫고 늘어 감이니, 그게 바로 무엇
이더냐?
51 나의 아들 예수가 떡이요, 생선을 광
주리에서 많은 사람들에게 그 자리에
서 먹였다 함이니, 그는 떡과 생선을
먹인 것이 아님이니라.
52 나의 성령의 깨우침을 그들에게 먹였
고 그들에게 전하였으니 그들이 무엇
이 배가 고프겠는가?
53 사랑하는 선지자야,
54 떡 하나를 먹고 배부르며 생선 한 쪽
을 먹는 것이 배부름을 얻었다 생각하
는가?
55 너의 제자들에게 물어보라.
56 너희들이 지금 선지자가 주는 떡과 생
선 한 쪽을 먹는 그것으로써 너희 배
가 부르다 말할 것이며 수천수만 명이
그를 먹었다 말하겠는가,
57 나의 성령의 가르침이요, 나의 성령의
뜻이요, 나의 열과 같은 성령을 너희
가슴으로 받는 것이 너희들이 더 배부
르며 양식이라 말할 수 있겠는가?
58 내 사랑하는 선지자야, 여기에 뜻이
있음이니라.
59 나의 아들 예수가 떡을 떼어 주며 생
선을 떼어서 그들의 입에 넣어 주었다
그리 기록되고, 너희들은 그리 말하느
니라.
60 그러나 그것이 아니니라.
61 거기에 모였던 수천수만의 그 백성들
이 나의 뜻을 알았으며 내가 가르치고
자 하는 것을 알았으며 예수가 전하고
자 하는 것을 알았음이니,
62 내가 존재함을 알았음이니라.
63 그것이 생선과 떡과 비교되겠느냐?
64 예수의 전하는 말이 입에서 입으로 전
해지면서 거기에 모였던 나의 피조물
만백성이 내가 존재함을 알았으며, 내
가 하늘에 있음을 알며, 너희들이 죽
어 와 심판을 받음을 알았으며,
65 나의 아들 예수가 가르치는 것이 곧
나의 성령의 가르침이니 그들이 나의
성령을 가슴에 받았음이니라.
66 그리하여 그것이 어찌 너희들의 육신
이 먹는 양식이요, 떡과 생선에 비교
되겠느냐?
67 그것은 떡과 생선이 아니라, 떡과 생
선보다도 더 위대한 나의 성령을 그들
에게 전했으니, 이를 표현하기를 그리
표현했음이니 그리 알라, 선지자야!
68 이와 같은 너의 깨우침을 지금의 종교
지도자들이 알겠는가?
69 그들에게 이 이야기를 전한들 그들이
이해하겠는가?
70 그들은 너에게 미친 자요, 허황된 자
라 말할 것이니라.
71 예수가 그리 기적을 보인 것이 아니니
라.
72 너희들은 예수가 너희들에게 육신의
떡을 주는 것이며 육신의 생선을 주는
것이며, 너희들이 떡을 먹고 생선을
먹으면 배부른 것을 느끼니 그 예수의
기적을 그리 보나,
73 정녕 너희들이 배워야 되고 너희가 구
원을 받아야 될 것이며 너희들이 가슴
속에 받아야 될 것은 무엇이냐?
74 한 쪽의 생선이요, 한 쪽의 떡이 아니
니라.
75 나의 성령을 너희들 가슴에 심는 것이
니, 그 성령을 심음을 그리 표현한 것

이니라.
76 선지자야, 이를 너의 제자들과 나의 피조물 만백성에게 가르쳐,
77 나 여호와가 너에게 내리는, 나의 성령을 태우는 이 법전이 진정 여호와 하나님이라는 너희들의 전지전능한 아버지인 내가 직접 내리는 것인 것을 깨우치도록 그리하라.
78 여기에 성서의 비밀이 있으며 깨우침이 있느니라.
79 너는 알겠는가?
80 네가 그를 깨우쳤음이니, 네가 그를 보고 있음이니, 네가 그를 깨달았음이니, 그것이 무엇이더냐?
81 네가 70이라는 그 선을 넘어 80의 선에 진입하여 들어와 있음이며, 나 여호와요, 나의 아들 예수의 마음과 그 생각에 근접하여 왔음이니, 네가 그를 볼 수 있으며 그와 같은 것을 깨달을 수 있음이니라.
82 선지자야, 그리하여 너는 나에게 선택된 종이요, 선지자요, 나의 아들이라 내가 너를 칭함이니라.
83 알겠는가? 그리한 것이니라.
84 수천수만의 백성들에게 나의 아들 예수가 어찌 떡을 떼어 그들에게 하나하나 먹였으며 그 생선을 그들에게 먹였겠느냐?
85 어찌하여 너희들은 육신의 배부른 것을 생각하는가?
86 너희들에게 가서 그 귀한 생명을 바치며 나 여호와가 존재함을 깨우쳐 주었던 나의 아들 예수가 너희들에게 떡 한 쪽과 생선 한 쪽으로 배를 불리도록 하는 것으로써 가르침으로 삼으려 했다 생각하는가?
87 그리고 그와 같은 기적을 가지고서 그들을 깨우치고자 예수가 나가 그와 같은 기적을 행하였겠는가?
88 그런 것은 일순간이니라. 지나가면 잊어버리며 돌아가면 잊어버리는 것이니라.
89 그리고 먹은 자들이 죽으면 그를 다 잊어버림이니라.
90 그것은 기적이 아니니라.
91 육신을 위하여 기적을 이룰 수가 없음이니라.
92 오로지 성령을 전달함이니라. 성령을 깨우침이니라.
93 성령으로써 그들의 배를 채워 주었음이니라.
94 이제는 너의 제자들이 70의 그 선에 넘어가 있음이니, 너의 제자들 또한 떡과 고기요, 생선으로써 배를 채우는 것보다 나의 성령으로써 너희들 가슴에 한 점을 심어 주고받는 그 영광이 더 위대하고 큰 것을 그들이 알 것이니,
95 이게 바로 나의 뜻이었으며 그때 이루어졌던 역사이니라.
96 이것을 내가 그리 기록하라 하였으며, 예수가 그리 기록하라 하였던 그 표현의 뜻을 그들이 그와 같이 기록하여 과장시켰음을 너희들이 벗겨 줘야 될 것이니라.

부 록

【하나님께서 가르쳐 주신 운동】

천재지변이 일어날 때, 동물이나 미물들은 미리 알고 대피하지만, 인간은 알지 못하고 큰 화를 당합니다. 하나님께서 인간에게 가장 높은 지혜를 주시고 완벽하게 창조해 주셨기에 동물들보다 더 잘 알 수 있지만, 욕심으로 마음이 혼탁해져서 한 치 앞을 보지 못하는 것입니다.

마찬가지로, 인간은 누구나 스스로 필요한 운동을 해서 건강을 지킬 수 있도록 하나님께서 만들어 주셨습니다. 우리의 머리에서 우리 몸에 필요한 동작을 해 달라고 끊임없이 신호를 보내지만, 인간이 혼탁하게 살아서 그 신호를 알아채지 못합니다. 그러니 자연스럽게 자기 몸이 원하는 그 신호를 따라서 운동하는 것이 하나님께서 가르쳐 주신 운동 방법입니다. 바로, 우리의 영이 육을 이끄는 운동입니다.

▶ 하나님 운동법

1. 눈을 감고, 발을 어깨너비로 벌리고 바르게 선다.
2. 몸에 힘을 풀고, 허리를 숙이면서 손과 머리를 아래로 내린다.
3. 허리를 펴고 싶을 때, 천천히 펴면서 하고 싶은 동작을 하면 운동이 시작된다. (사람마다 다르다.)
4. 멈추지 말고, 어떤 동작이든지 자기 몸의 느낌대로 계속 이어서 한다.

▶ 참고 사항

① 눈을 감은 상태로 아무 생각 하지 않고, 자기 몸의 느낌대로 움직입니다.

② 마음을 비우고, 욕심을 버리고, 지난날의 잘못을 반성하면서 몇 차례 시도하다 보면, 자기도 모르게 하고 싶은 동작이 끊임없이 생깁니다.

③ 운동 장소는 방 안이든 운동장이든 관계없으며, 걷거나 달리고 싶을 때는 눈을 떠도 됩니다.

④ 매일 40분 이상, 주 4회 이상, 3개월 이상 하면 음식 조절에 들어갑니다.
- 음식으로 생긴 병은 음식으로 치료하게 되며, 어떤 음식을 먹어야 하는지 스스로 알게 됩니다.
(자기 몸에 필요한 음식만 먹고 싶어집니다.)

⑤ 사랑하는 사람과 함께 운동하면 서로 치료해 주기도 합니다.

⑥ 운동을 하다가 몸의 어느 한 부분을 계속 손으로 자극한다면 그쪽에 이상이 있는 것이니, 의사에게 상담을 받고 적절한 치료를 받으면 됩니다.

⑦ 다이어트 및 기타 건강관리에 효과적입니다.

⑧ 꾸준히 운동하여 영이 맑아지면, 자신의 과거와 미래를 스스로 보게 됩니다.

누구나 스스로 하실 수 있습니다.

간 행 사

《새로운 성경》은:

· 새로운 성경은, 하나님께서 선량하고 선한 자를 선택하여 십계명을 암송하도록 하시고, 십계명을 암송한 다음에 음성으로써 들려주시는 말씀을 듣고 그대로 카세트테이프에 녹음해서 받아쓴 책입니다.

· 90분짜리 녹음테이프 700여 개에 달하는 말씀으로, 1999년 8월부터 2004년 7월까지 총 160권(권당 288쪽)을 완성하였으며, 그 이후에도 현재까지 계속 말씀을 내려 주고 계십니다.

· 새로운 성경은 "하늘을 두루마리 삼고 바닷물을 먹물 삼아 쓰고 써도 다 못 쓴다"는, 끝없이 방대한 하나님의 말씀이 두루마리로 직접 내려오는 것입니다. 이러한 새로운 성경은 구약과 신약을 폐하려는 것이 아니라 "인봉된 성서의 비유의 뜻"을 상세히 설명하여 완성하고자 하나님께서 직접 내려 주신 말씀입니다.

《새로운 성경》의 구성:

· 제 목: 2013년, 160권 모음집을 발간하면서, 본 도서의 제목을 "하나님! 말씀하옵소서"에서 《새로운 성경》으로 명해 주셨습니다.

· 단행본: 각 권당 288쪽(신국판) 책이 160권까지 시리즈로 출판됩니다.
(모음집은 단행본을 16권씩 묶어서, 총 10부로 구성됩니다.)

《새로운 성경》의 성경적 근거:

· 신약 성경 [요한복음] 16장 13절에 "진리의 성령이 오시면 그가 너희를 모든 진리 가운데로 인도하시리니 그가 자의로 말하지 않고, 오직 듣는 것만을 말하며" 하신 말씀처럼 하나님의 음성을 들은 것만 기록하였으며,

· "장래 일을 너희에게 알리시리라" 하신 말씀과 같이 개인, 나라, 인류의 "장래"일을 하나님께서 알려 주시는 것만 기록하여 책으로 만들었습니다.

《새로운 성경》의 기록 방법:

· 1999년 8월부터 하나님께서 저에게 들려주시는 음성을 기록하였습니다. 처음에는 제가 들은 말씀을 불러 주면 저의 아내가 기록하여, 2000년 1월 29일에 1권 초판이 세상에 나왔습니다. 2000년 4월부터는 주시는 말씀을 받아 녹음기에 기록하기 시작하였습니다.

· 녹음을 시작하면서 하나님의 말씀을 받는 데 가속도가 붙었고, 2001년 5월 3일에 1부(1~16권까지)를 인쇄하여 출판하였으며, 2004년 7월까지 총 160권 분량의 말씀을 받아 기록하였습니다.

하나님께서 저에게 주신 것은:

· 첫째, 만백성을 상대로 내려 주시는 "기도", 둘째, 수시로 내려 주시는 "묵상", 셋째, 개인의 과거, 현재, 미래를 알려 주시는 "개인 기도", 넷째, 개인의 건강을 위해서 내려 주시는 "음식 처방", 다섯째, 하나님께서 가르쳐 주신 "운동"등이 있습니다. 이 중에 첫 번째, "기도"를 책으로 편찬하였습니다. 사람의 생사, 개인의 미래에 관한 천기는 수록하지 말라 하셨습니다.

강론 안내:

· 하나님께서는 지금도 매일 저에게 새로운 하늘의 비밀의 말씀을 내려 주고 계십니다. 수시로 내려 주시는 말씀을 정리해서 제자를 육성하라는 말씀에 따라 매주 강론을 하고 있습니다. 누구나 무료로 들으실 수 있습니다. (book160.com)

《새로운 성경》을 읽는 분들에게 드리는 선물:

· 개인 기도: 개인의 과거, 현재, 미래에 관하여 말씀을 내려 주십니다.

· 음식 처방: 사람은 음식을 먹고살다가 건강을 잃으니, 음식과 운동으로 건강을 되찾는 방법을 알려 드립니다. 단, 하나님이 계심을 믿고, 십계명을 지키겠다고 진실로 서약하는 분들께 알려드립니다.

《새로운 성경》의 은혜와 기적:

· 새로운 성경 전160권은 16권씩 묶어서 총 10부의 모음집으로 구성됩니다. 모음집 한 부를 읽고 깨우치는 자에게 하나님께서 다음과 같은 기적이 있다고 하셨습니다.

· "첫째, 그가 죽어 하늘에 갔을 때 그의 죄를 묻지 아니하며, 구원을 받는 위대한 은혜가 있으며, 둘째, 그의 소원과 소망이 이루어지고, 셋째, 죽은 자(부모, 형제, 자식, 사랑하고 은혜 입은 분)의 이름으로 구입한 책을 읽고 누군가 한 사람이 깨우칠 때, 그 죽은 자가 지옥에서 천국으로 구원을 받게 되며, 넷째, 유산, 중절 수술 등으로 태어나지 못한 아이를 위하여 구입한 책을 보고 한 명이 깨우쳤을 때, 그 아이가 사람으로 다시 한 번 태어나는 은혜를 받는다."

· "새로운 성경"을 3회 이상 정성을 다해 정독하는 자, 성서의 비밀을 알게 되고, 세상의 이치를 알게 되며, 세상을 지배하고 통제할 수 있는 지혜를 다 얻게 된다고 하셨습니다. 이 책은 만백성이 정독하고 이웃에게 전하여, 평생 가슴에 묻은 슬픔과 고통의 짐을 벗고 미래를 위한 힘찬 삶을 살아가도록 하는 책입니다.

끝으로

· 하나님께서는 흰 눈이 세상을 덮듯이 새로운 성경을 온 세상에 전하라고 하셨습니다. 《새로운 성경》을 각국어로 번역해서 온 인류에게 구원의 길을 깨우쳐 주고, 그 수익으로 가난하고 어려운 백성을 구제하여, 만백성의 영과 육을 함께 구원하는 선지자의 임무를 수행하라고 저에게 명하셨습니다.

· 하늘에서 내려 주신 말씀의 보화를 만백성에게 나누어 주는 것이 선지자의 임무라고 하셨습니다. 새로운 성경을 통해서 얻는 재물을 사용할 곳도 하나님께서 일일이 명해 주십니다. 모든 재물은 저의 자의로 쓸 수 없고, 하나님께서 명하시는 대로만 쓰여집니다.

· 어떤 명분으로든 십일조나 각종 헌금을 거두어들이지 말라 하셨으며, 국내뿐 아니라 각국에 성전과 단독 서점을 운영하며, 한국의 많은 젊은이들을 전 세계에 지도자로 내보내라고 하셨습니다.

· 우리는 세계적으로 새로운 성경을 보급하며 어려운 이들을 돕는 역사를 해 나갈 것입니다. 지금까지 비록 몇 명 안 되는 제자들과 함께 이러한 일을 역사했지만, 앞으로도 계속 하나님께서 기뻐하시는 일들을 해 나갈 것입니다. 부족한 저희에게 여러분들의 지혜와 성원을 보내 주시기를 바랍니다. 많은 분들의 참여와 도움을 간절히 기디립니다. 간사합니다.

한국어로 내려온 《새로운 성경》 단행본을 출간하며
2016년 4월 10일

발행인 **김 용 철**

한국어로 내려온

새로운 **성 경** · 2부 · 제25권

지은이 하나님 말씀
대역자 김용철

초판인쇄 1쇄 2006년 12월 12일
재판인쇄 1쇄 2017년 4월 3일

펴낸 곳 도서출판 하얀마음
등록번호 제 10-2107호 (2001년 2월 14일)
주소 서울시 노원구 덕릉로86길 5, 2층
전화번호 02) 313-1114
팩스 02) 393-5554
전자우편 book160@hanmail.net
편집위원 조나영 김미향 이석교
제작지원 민평기 양영아 민대웅 민영주 김도윤 민지영 이현종

도서상담 1600-7527
ISBN 978-89-5875-125-0 (04230)
978-89-5875-100-7 (세 트)

값 10,000원
잘못된 책은 구입하신 곳에서 바꾸어 드립니다.

※이 책은 10부로 제작되며, 각 부 16권씩 총160권으로 구성됩니다.※

1부	**2부**	3부	4부	5부	6부	7부	8부	9부	10부
1권	17권	33권	49권	65권	81권	97권	113권	129권	145권
2권	18권	34권	50권	66권	82권	98권	114권	130권	146권
3권	19권	35권	51권	67권	83권	99권	115권	131권	147권
4권	20권	36권	52권	68권	84권	100권	116권	132권	148권
5권	21권	37권	53권	69권	85권	101권	117권	133권	149권
6권	22권	38권	54권	70권	86권	102권	118권	134권	150권
7권	23권	39권	55권	71권	87권	103권	119권	135권	151권
8권	24권	40권	56권	72권	88권	104권	120권	136권	152권
9권	25권	41권	57권	73권	89권	105권	121권	137권	153권
10권	26권	42권	58권	74권	90권	106권	122권	138권	154권
11권	27권	43권	59권	75권	91권	107권	123권	139권	155권
12권	28권	44권	60권	76권	92권	108권	124권	140권	156권
13권	29권	45권	61권	77권	93권	109권	125권	141권	157권
14권	30권	46권	62권	78권	94권	110권	126권	142권	158권
15권	31권	47권	63권	79권	95권	111권	127권	143권	159권
16권	32권	48권	64권	80권	96권	112권	128권	144권	160권